湖北省学术著作
Hubei Special Funds for
Academic Publications
出版专项资金

司法改革背景下我国民事诉讼运行机制完善研究丛书／总主编　占善刚

民事证明制度改革的架构与径路研究

刘显鹏　著

WUHAN UNIVERSITY PRESS
武汉大学出版社

图书在版编目(CIP)数据

民事证明制度改革的架构与径路研究/刘显鹏著.—武汉：武汉大
学出版社,2020.8(2022.2 重印)
司法改革背景下我国民事诉讼运行机制完善研究丛书/占善刚总主编
湖北省学术著作出版专项资金资助项目
ISBN 978-7-307-21676-1

Ⅰ.民… Ⅱ.刘… Ⅲ.民事诉讼—证据—司法制度—体制改革
—研究—中国 Ⅳ.D925.113.4

中国版本图书馆 CIP 数据核字(2020)第 137741 号

责任编辑:张　欣　　　责任校对:汪欣怡　　　版式设计:马　佳

出版发行:**武汉大学出版社** （430072　武昌　珞珈山）
　　　　（电子邮箱：cbs22@whu.edu.cn　网址：www.wdp.com.cn）
印刷:武汉中远印务有限公司
开本:720×1000　1/16　印张:13.75　字数:198 千字　插页:2
版次:2020 年 8 月第 1 版　　2022 年 2 月第 2 次印刷
ISBN 978-7-307-21676-1　　定价:68.00 元

总　序

民事诉讼乃为解决民事纠纷而设的司法程序。为妥当地解决民事纠纷，在民事诉讼运行的不同阶段，除应恪守各自固有的程序规范外，更应自觉遵循民事诉讼的基本原理。各国民事诉讼立法虽然具有各自不同的具体程序设计，但蕴含的基本法理是共通的。譬如，各国民事诉讼立法殆皆将处分权主义、辩论主义奉为民事诉讼运行的圭臬，将直接原则、言辞原则立为民事诉讼程序展开的基石。

自 1999 年最高人民法院颁行第一个司法改革五年纲要迄今，中国的司法改革已推行二十余载。从最初的民事审判方式改进、举证责任的落实到近来的互联网法院、诉讼电子化，我国民事诉讼总体上已由职权主义转向当事人主义。在民事诉讼运行中，体认并遵守处分权主义、辩论主义的本旨，明了并贯彻直接原则、言辞原则的要义已成为我国民事诉讼学者与法律职业共同体的共同鹄的。在当前司法改革的大背景下，立足于立法论及解释论，进一步探究民事诉讼运行的基本法理，并就我国民事诉讼运行机制的完善提出科学的学术方案是吾人责无旁贷之职责。受湖北省学术著作出版专项资金项目资助，笔者主持完成的《司法改革背景下我国民事诉讼运行机制完善研究丛书》正是因循这一思路的学术成果。

《司法改革背景下我国民事诉讼运行机制完善研究丛书》以民事诉讼运行原理与我国民事诉讼运行机制的完善为立论基点，分别研究了民事诉讼运行的内在机理及各具体制度良性运作应有的逻辑起点与妥当路径。本丛书共计九册，具体如下：

1. 占善刚博士的《民事诉讼运行的内在机理研究》以程序的整体推进为视角，对民事诉讼运行应遵循的基本法理做了深入的比较法研究；

1

2. 刘显鹏博士的《民事证明制度改革的架构与径路研究》宏观分析了我国民事诉讼证明制度存在的问题，指出了我国民事证明制度应有的改革方向；

3. 朱建敏博士的《民事诉讼请求研究》厘定了我国民事诉讼请求的特有意涵，探讨了诉讼请求与诉讼标的在规范层面与实务中的不同功能；

4. 杨瑜娴博士的《民事诉讼鉴定费用制度研究》阐释了民事诉讼鉴定费用的性质、构成及给付路径，提出了完善我国民事诉讼鉴定费用制度的建议；

5. 刘丹博士的《民事诉讼主张制度研究》以主张内涵的界定为逻辑起点，缕析了民事诉讼中主张的类型及机能，提出了完善我国主张制度的建议；

6. 郝晶晶博士的《民事诉讼身份关系案件审理程序研究》立足于身份关系诉讼与财产关系诉讼之二元论，讨论了如何科学设计民事诉讼身份关系案件审理程序；

7. 刘芳博士的《民事诉讼担保制度研究》全面梳理了诉讼担保的性质、特征、类型，指出了完善我国民事诉讼担保制度的建议；

8. 黄鑫焱博士的《民事诉讼发回重审制度研究》以发回重审与程序违法之关系为主线，探讨了构成发回重审事由的条件，界分了发回重审事由的类型；

9. 倪培根博士的《民事诉讼听审请求权研究》阐明了听审请求权在民事诉讼中的确立依据，在我国民事诉讼规范中的体现以及未来的改进方向。

需要特别提及的是，《司法改革背景下我国民事诉讼运行机制完善研究丛书》从最初的项目策划到最后的顺利付梓都倾注了武汉大学出版社张欣老师的心血，没有他的辛苦付出，丛书的面世断无可能。在此对张欣老师表示最真挚的谢意！

占善刚

2020 年 1 月 1 日

于武汉大学珞珈山

目　　录

法律文件缩略语

法律文件的全称	缩略语
中华人民共和国宪法（1982 年 12 月 4 日公布并施行，2018 年 3 月 11 日修正）	《宪法》
中华人民共和国民事诉讼法（1991 年 4 月 9 日公布并施行，2017 年 6 月 27 日修正）	《民事诉讼法》
中华人民共和国民事诉讼法（试行）（1982 年 3 月 8 日公布，1982 年 10 月 1 日施行。已废止）	《民事诉讼法》（试行）
中华人民共和国刑事诉讼法（1979 年 7 月 1 日公布，2018 年 10 月 26 日修正）	《刑事诉讼法》
中华人民共和国行政诉讼法（1989 年 4 月 4 日公布，1990 年 10 月 1 日施行，2017 年 6 月 27 日修正）	《行政诉讼法》
中华人民共和国海事诉讼特别程序法（1999 年 12 月 25 日公布，2000 年 7 月 1 日施行）	《海事诉讼法》
中华人民共和国民法通则（1986 年 4 月 12 日公布，1987 年 1 月 1 日施行）	《民法通则》
中华人民共和国合同法（1999 年 3 月 15 日公布，1999 年 10 月 1 日施行）	《合同法》

中华人民共和国继承法（1985 年 4 月 10 日公布，1985 年 10 月 1 日施行）　《继承法》

中华人民共和国公司法（1993 年 12 月 29 日公布，2005 年 10 月 27 日修改通过，2006 年 1 月 1 日施行）　《公司法》

中华人民共和国商标法（1982 年 8 月 23 日公布，2001 年 10 月 27 日修改通过，2001 年 12 月 1 日施行）　《商标法》

中华人民共和国专利法（1984 年 3 月 12 日公布，2000 年 8 月 25 日修改通过，2001 年 7 月 1 日施行）　《专利法》

中华人民共和国著作权法（1990 年 9 月 7 日公布，2001 年 10 月 27 日修改通过，2001 年 10 月 27 日施行）　《著作权法》

中华人民共和国刑法（1979 年 7 月 1 日公布，1997 年 3 月 1 日修改通过，1997 年 10 月 1 日施行）　《刑法》

中华人民共和国道路交通安全法（2003 年 10 月 28 日公布，2007 年 12 月 29 日修改通过，2008 年 5 月 1 日施行）　《道路交通安全法》

国务院诉讼费交纳办法（2006 年 12 月 8 日公布，2007 年 4 月 1 日施行）　《诉讼费交纳办法》

最高人民法院关于适用《中华人民共和国民事诉讼法》若干问题的意见（1992 年 7 月 14 日公布并施行）　《民诉适用意见》

最高人民法院关于民事经济审判方式改革问题的若干规定（1998 年 7 月 6 日公布，1998 年 7 月 11 日施行）	《民事审改规定》
最高人民法院关于民事诉讼证据的若干规定（2001 年 12 月 21 日公布，2002 年 4 月 1 日施行）	《民事证据规定》
最高人民法院关于未经对方当事人同意私自录制其谈话取得的资料不能作为证据使用的批复（1995 年 3 月 6 日公布）	《关于未经对方当事人同意私自录制其谈话取得的资料不能作为证据使用的批复》
最高人民法院关于对诉前停止侵犯专利权行为适用法律问题的若干规定（2001 年 6 月 7 日公布，2001 年 7 月 1 日施行）	《专利诉前禁令》
最高人民法院关于诉前停止侵犯注册商标专用权行为和保全证据适用法律问题的解释（2001 年 12 月 25 日公布，2002 年 1 月 22 日施行）	《商标诉前禁令》
最高人民法院关于审理著作权民事纠纷案件适用法律若干问题的解释（2002 年 10 月 12 日公布，2002 年 10 月 15 日施行）	《著作权解释》
最高人民法院关于审理涉及计算机网络著作权纠纷案件适用法律若干问题的解释（2006 年 11 月 20 日公布，2006 年 12 月 8 日施行）	《计算机网络著作权解释》

第一章 证明之发端

第一节 当事人陈述

一、作为主张的当事人陈述

当事人基于诉讼主体之地位所为之陈述，又曰主张。可分为法律上之陈述与事实上之陈述。所谓法律上之陈述，即当事人为支持其所提诉讼请求，供述关于该事件应适用之法律或法理以及解释法律之意见。所谓事实上之陈述，即当事人为支持其所提诉讼请求，就该特定事件，供述其请求理由之事实现存或曾经存在者。由于法律之适用，系受诉法院依职权判断事项，故当事人所为法律上陈述，固有促进受诉法院正确适用法律以为有利己裁判之效果，但于受诉法院并无拘束力。① 因此，一般所理解的主张，即为事实上之陈述。

从理论上讲，当事人对事实的主张形态有四：（1）积极主张。积极主张系指当事人一造（通常指原告）为支持自己的诉讼请求而主张特定民事法律关系存在的事实。而对造当事人基于维护自身利益之考量，而主张特定民事法律关系变更、消灭的事实加以对抗，此亦为一种积极主张，在学理上被指称为"抗辩"。（2）否认。否认是指对于一造提出的事实主张，他造当事人并不另外提出事实进行反驳，而是单纯对对造提出的事实作出诸如"不存在"、

---

① 陈计男：《民事诉讼法论》（上），台湾三民书局 2000 年版，第 270 页。

"不真实"等回应。（3）自认。自认一般指当事人一造在言辞辩论中对于他造当事人提出的于己不利的事实主张予以承认。当然，作为当事人陈述之一种，自认必须以明示的方式为之始足当之，默示的自认乃为法律上的拟制，非属当事人陈述之列。（4）不知、不记忆之陈述。此类陈述是指"当事人作出'不知道这样的事实'之陈述的行为"。① 易言之，即对于他造对特定事实的主张，当事人表示不知道、不清楚及不记得，其虽未主张一定事实、亦未否认或承认他造主张的事实，但实质上仍对对造的事实主张作了一定评价，进而会影响法官的心证，故亦应被归入当事人陈述之列。

由上可知，作为主张的当事人陈述之目的在于充实所提诉讼请求之理由，属于提供诉讼资料之行为，虽为当事人意的表示，然并不以有效果意思为其要素，在性质上属于观念通知，② 为准法律行为之一种。③ 当事人陈述尽管为意思表示，然究乃诉讼行为之一种，故无诉讼行为能力的当事人便不能独立为陈述，而须由法定代理人代为陈述。由于现代法治国家民事诉讼皆采辩论主义，故"只有当事人才能把争议的事项导入程序，并判断法院是否有必要对此作出决定，同时当事人有权要求法院作出决定；作为程序规范，法院自身则不得考虑当事人双方都未提出的事实"。④ 这在客观上就使得当事人主张的事实构成了法院裁判之诉讼资料基础。基于辩论主义之第一要义"主张责任"之本旨，提出何种于己有利

---

①　［日］高桥宏志：《民事诉讼法——制度与理论的深层分析》，林剑峰译，法律出版社 2003 年版，第 374 页。

②　在大陆法系国家和地区的法学理论中，准法律行为乃指表意行为中除法律行为以外的其他行为，其法律效果之产生乃依法律之直接规定而非行为人之意思表示。一般将准法律行为分为意思通知（意思之表现）、观念通知（事实之通知）和感情通知（情感之表露）三类。参见王泽鉴《民法总则》（增订版），中国政法大学出版社 2001 年版，第 257 页。

③　陈计男：《民事诉讼法论》（上），台湾三民书局 2000 年版，第 270 页。

④　［日］谷口安平：《程序的正义与诉讼》，王亚新、刘荣军译，中国政法大学出版社 1996 年版，第 25 页。

之事实悉取决于当事人之意愿，受诉法院不仅不能斟酌当事人未主张之事实以为裁判之基础，一般亦不得经由讯问当事人而获知有关诉讼资料。只有在当事人的主张或陈述不明确、不充分或不适当时，法院才可通过发问使当事人澄清不明、补充不足及排除不当。之所以作如此处理，乃是因为两造当事人在法律知识、事实提供及诉讼技巧等诸方面客观上存有差异，故绝对的辩论主义实难符合发现真实、解决纠纷之民事诉讼应然要求，这便要求法院通过行使阐明权来平衡两造当事人在事实主张上的差异，从而实现两造诉讼地位的实质平等。譬如《德国民事诉讼法》第 139 条第 1 款规定："审判长应该使当事人就一切重要的事实作充分的说明……为达此目的，在必要时审判长应与当事人共同从事实上和法律上两方面对于事实关系和法律关系进行阐明，并且提出发问。"《日本民事诉讼法》第 151 条第 1 款第 2 项规定，为了明了诉讼关系，在口头辩论的期日，法院认为必要时使为当事人处理事务或辅助的人出庭陈述。

二、作为证据资料的当事人陈述

作为证据资料的当事人陈述在大陆法系立法例上亦被称为讯问当事人，乃指当事人以其本人作为证据方法，基于其对案件事实的了解这一地位向受诉法院所作的陈述。作为证据资料的当事人陈述与作为主张的当事人陈述尽管均为当事人就案件事实向受诉法院所作的表达，但二者之区别至为明显，举其荦荦大者，约有以下几个方面：

其一，从涵义上讲，作为证据资料的当事人陈述乃当事人知的表示，属于人证①范畴；而作为主张的当事人陈述乃当事人意的表

---

① 在大陆法系国家和地区的诉讼理论及实践中，证据资料一般分为人证和物证两大类。前者系指把人作为证据方法，将对其予以询问所提供的陈述作为认定事实的证据资料，分为证人、鉴定人和当事人三种；后者则是指把物作为证据方法，将通过对其检查勘验所取得的结果作为认定事实的证据资料，分为文书和勘验物两种。

示，属于诉讼资料范畴。

其二，从性质上讲，当事人作为证据方法向受诉法院为陈述时，便一如证人向受诉法院陈述证言，皆为受诉法院为证据调查行为之内在构成环节。在此层面上，当事人陈述并非一独立引起诉讼法效果的诉讼行为，毋宁认为其乃事实行为。因此当事人为陈述时，只须同证人般有表达能力即为已足，无须有诉讼行为能力。作为证据方法，当事人纵无诉讼行为能力，亦须亲自向受诉法院为陈述，而不能由法定代理人代为陈述。而当事人作为诉讼主体，其陈述乃一能独立引起诉讼法效果的主张行为，若该当事人无诉讼行为能力，即不能单独为此主张行为，须由其法定代理人代为进行。

其三，从功能上讲，作为证据资料的当事人陈述乃法官认定案件事实的根据；而作为主张的当事人陈述则为法官裁判之基础，即基于辩论主义之要求，法官必须在当事人主张之范围内作出裁判。

毋庸讳言，法官获取作为证据资料的当事人陈述往往须经由对当事人亲自讯问而得。之所以如此，不仅是由于经由法官之讯问，当事人陈述之真伪更易得到检验，并且是由于当事人在回答法官讯问时所表现出来的态度气势可以成为法官斟酌当事人陈述证明力之参考之态度证据。故大陆法系国家和地区立法例，为彰显当事人陈述之功能，皆课以当事人到场义务及陈述义务，① 即当事人必须亲自到场接受法官之讯问，此乃直接原则之要求使然。当事人若违背该两项义务，则遭受一定处罚。当然，虽当事人和证人皆属人的证据方法，但因证人与本案的处理结果并无直接利害关系，故大陆法系主要国家之立法均对证人不到场或不陈述之行为仅仅课以诸如罚款或拘留等公法上之间接制裁措施迫使证人到庭陈述证言；而于当事人，则直接课以其裁判上之不利后果，藉以杜绝当事人故意不到庭陈述、妨碍对造为正常之证明。譬如《德国民事诉讼法》第446条规定："对方当事人拒绝对他进行讯问，或者对于法院的要求不作表示，法院应考虑全部案情，特别考虑拒绝的理由，依自由心

---

① 吕太郎：《民事诉讼之基本理论》，中国政法大学出版社 2003 年版，第 322 页。

证，判断当事人所主张的事实可否视为已得到证明。"《日本民事诉讼法》第208条规定："在询问当事人本人的情况下，该当事人无正当的理由不出庭，或者拒绝宣誓或陈述时，法院可以认定对方当事人所主张的有关询问事项为真实。"

　　衡诸考察大陆法系主要国家之立法例，在对待作为证据资料的当事人陈述之利用上，主要有两种做法：其一，以德国民诉法为代表，将当事人陈述仅作为补充性证据，法官只有在依其他证据无法就案件事实真伪形成内心确信时，始可就待证事实询问当事人。《德国民事诉讼法》第445条第1款明定："一方当事人，对于应该由他证明的事项，不能通过其他的证据方法得到完全的证明，或者未提出其他证据方法时，可以申请就应证明的事实询问对方当事人。"同法第448条亦规定："如果言词辩论的结果和已经进行的调查证据的结果，对于应证事实的真实与否不能提供足够的心证时，法院也可以在当事人一方并未提出申请时，不问举证责任的归属，而命令就该事实询问当事人一方或双方。"此即为适例。其二，以《日本民事诉讼法》为代表，对当事人陈述的适用不作限制，法官在证据调查的任何阶段均可自由决定是否对当事人进行讯问。如《日本民事诉讼法》第207条第1款规定："法院根据申请或依职权，可以询问当事人本人。……"对当事人陈述之所以有这两种不同之处理方式，乃因各国对当事人陈述证据力的看法不同。德国法将当事人陈述定位为补充适用，是认为不应期待与案件事实有直接利害关系的当事人能作客观的陈述，故不应赋予其与其他证据方法相同的证据力，而仅应作为弥补其他证据方法证据力不足的辅助性手段。我们认为，这种考虑从某种意义上讲虽有其合理性，但难免失之偏颇。当事人是纠纷的直接参与者，故其供述事实真相之可能性应远比其他人高，若仅将其陈述作为补充性证据，则有违发现真相、促进诉讼之民诉本旨；同时，对当事人陈述的补充性适用还构成对法官自由心证范围和方式的羁束，有悖自由心证主义之应然要求。故在我们看来，日本法上完全依法官自由裁量之讯问当事人，获取当事人陈述可资赞同。从大陆法系主要国家的立法及实践之发展态样，对当事人陈述亦呈摒弃补充性适用之趋势。譬如日本，其旧民诉法第 336 条"法院经过调查证据而不能得到心证时，可以依据申请或依职权询问当事人本人"之规定显然是将当事人陈述置于补充性适用之地位。而经 1996 年之修订，前述现行法第 207 条第 1 款则确立了当事人陈述的独立价值。同时，从法条编排的顺序来看，当事人讯问在旧法中被排在证据调查部分的最后一节，而现行法则将其与询问证人一起列于证据调查部分的头两节，此既显示出当事人讯问地位的提升，亦是其独立价值的凸显。而于德国法，即使在现有补充适用之规定下，审判实践中则往往将其解释为一种训示规定，在具体运用时逐渐放宽其适用条件而强化法官自由心证之色彩。①

三、完善我国现行法的当事人陈述规范

我国现行《民事诉讼法》第 64 条第 1 款规定："当事人对自己提出的主张，有责任提供证据。"从而确立了作为主张的当事人陈述。同时依《民事诉讼法》第 63 条"证据包括：（一）当事人的陈述；……"之规定可得知，作为证据资料的当事人陈述亦为现行法所采。而从第 138 条将当事人陈述作为法庭调查证据首要环节之规定更可得知，现行法一如域外先进立法例并不将当事人陈述作为补充的证据调查手段。如此立法，堪可赞同。惟若对现行法关于当事人陈述规范作全方位考察可以窥见，作为证据资料的当事人陈述由于缺乏相应的制度保障而几乎被虚无化，使得其应有之证据功能未能凸显。基于前文当事人陈述两种涵义之理论阐释与大陆法系主要国家相关立法例之评介，我们认为，应从以下几个方面改进现行法：

1. 课以证据方法层面之当事人到场义务及陈述义务，并明定当事人不到场及不为陈述相应之后果

《民事诉讼法》第 62 条规定："离婚案件有诉讼代理人的，本人除不能表达意思的以外，仍应出庭；……"此自反面可推知，在现行法，离婚案件以外的其他所有民事案件，若当事人为无诉讼

① 邱联恭：《当事人本人供述之功能——着重于阐论其思想背景之变迁》，载《民事诉讼法之研讨》（三），台湾三民书局 1995 年版，第 650 页。

行为能力人或虽非无诉讼行为能力人而委托了诉讼代理人，该当事人无论其为原告或被告便不负出庭义务。同法第143条"原告经传票传唤，无正当理由拒不到庭的，或者未经法庭许可中途退庭的，可以按撤诉处理"及第144条"被告经传票传唤，无正当理由拒不到庭的，或者未经法庭许可中途退庭的，可以缺席判决"之规定虽明确了当事人不出庭之不利后果，然则无论按撤诉处理还是缺席判决，法院所作之处理皆非针对作为证据方法的当事人不出庭而为，毋宁认其针对作为诉讼主体的当事人不出庭而为。道理很简单，作为证据方法的当事人，其出庭之目的在于接受法官之讯问，而由法官获取证据资料。按撤诉处理与缺席判决显然均难达此效。虽然《民事诉讼法》第109条明定人民法院对必须到庭的被告，经两次传票传唤，无正当理由拒不到庭的，可以拘传方式强制其到庭，但显而易见的是，何谓"必须到庭的被告"不仅在解释上存在困难而使得拘传之适用缺乏可操作性，且拘传仅适用特定之被告在适用范围上亦失之褊狭。

此外，作为证据方法，当事人出庭仅为法官讯问当事人之首要环节，若当事人出庭而不为陈述，法官便无法经由询问当事人而获得证据资料，故当事人为真实完全陈述一如当事人之出庭，亦为其应尽义务。然则从《民事诉讼法》第75条第2款"当事人拒绝陈述的，不影响人民法院根据证据认定案件事实"之规定可推断，在现行法，当事人陈述似被定位为当事人的一项权利而非义务。毋庸讳言，立法作此安排不仅与第63条将当事人陈述作为独立证据一种相抵触，客观上亦极大地限制了法官利用当事人陈述为裁判之机会，其不当至为明显。

一言以蔽之，在现行法，作为证据方法，当事人之出庭及陈述纵可解为一项义务，其软化之处理客观上使得作为证据资料的当事人陈述为法官利用以为认定事实基础之可能性大大降低。为保障作为证据资料的当事人陈述能为法官有效利用，立法应从正面课以证据方法层面之当事人到场义务及陈述义务，并明定当事人不到场及不为陈述相应之后果。而如前所述，对与案件裁判结果有直接利害关系的当事人违反到场义务及陈述义务的，最有效用的制裁方式莫过于让其直接承担裁判上的不利益，即法官可以基于一方当事人之不到场或不为陈述而认定对方当事人所主张的有关询问事项为真实。

2. 彰显当事人陈述独立之证据价值

现代法治国家民事诉讼皆采自由心证主义，法官斟酌某一证据是否可采及在多大程度上能对待证事实起证明作用，悉由法官依经验法则，遵循逻辑（论理）法则，根据案件具体情况而为判断，法律并不规定法官审查判断证据之标准。此在书证、物证的判断上如此，即如人的证据亦然。① 作为证据资料之一种，当事人陈述是否可采、具有多大证据价值，应一任法官自由判断，殊无由法律规定法官如何判断当事人陈述之理。惟依《民事诉讼法》第75条第1款"人民法院对当事人的陈述，应当结合本案的其他证据，审查确定能否作为认定事实的根据"之规定，在现行法，当事人陈述似并无独立之证据价值，仅有当事人陈述尚不足以认定案件事实。2001年出台的《最高人民法院关于民事诉讼证据的若干规定》（以下简称《民事证据规定》）第76条更是进一步从正面明定了这一规则。该条规定："当事人对自己的主张，只有本人陈述而不能提出其他相关证据的，其主张不予支持。但对方当事人认可的除外。"② 显而易见，立法（司法解释）否认当事人陈述具有独立证

---

① 在刑事诉讼中，为避免审判机关过分依赖被告人口供定案，以及为防止刑讯逼供以维护被告人人格尊严，在大陆法系证据领域殆皆规定被告人自白补强规则。依该规则，仅有被告人自白尚不能认定被告人有罪，须有被告人自白以外之其他证据予以补强始足当之。现行《刑事诉讼法》第55条即为自白补强规则之具体体现。该条明定："对一切案件的判处都要重证据，重调查研究，不轻信口供。只有被告人供述，没有其他证据的，不能认定被告人有罪和处以刑罚；……"

② 从该项司法解释的规定可以看出，当事人一方若承认对方当事人陈述的事实为真，法官即可直接采纳该当事人的陈述。如此规范，显见失当。这是因为当事人作为证据方法，其向法院所作的陈述仅为法官可得判断之证据资料一种，同其他人证如证人证言之判断并无二致，即皆须由法官依案情自由斟酌是否真伪，于对造当事人对其之态度无涉。当事人之陈述为对造认可即可被法官采纳乃作为主张的当事人陈述中自认之适用范围，于作为证据资料的当事人陈述并无适用之余地。

8

据价值，将当事人陈述作类似于刑事诉讼中被告人自白之处理（即确立补强规则，否认被告人自白具有独立证据力），不仅有违自由心证之旨，且有将当事人陈述作刑事化处理之虞，客观上亦使得当事人陈述之价值大打折扣。因此，应删除《民事诉讼法》第72条第1款及《证据规定》第76条第一句对当事人陈述证据力的限制，还作为证据资料的当事人陈述应有之独立证据价值，即对于当事人陈述之证明力，由法官依自由心证予以判断取舍。

3. 引入讯问当事人制度，界分当事人陈述与主张之适用畛域

如前所述，作为证据方法，当事人向法院陈述案情乃法官证据调查一环节，法官讯问当事人不仅成为获取当事人陈述之方法，且亦为检验当事人陈述真伪的不二法门。因此，作为证据资料本身的当事人陈述绝非作为主张的当事人陈述的简单重复。故大陆法系立法例将当事人陈述冠以讯问当事人之名，以示其与主张之区别。在讯问当事人，适用证据调查程序，当事人乃证据方法；在主张，为贯彻审判中的言词原则，适用言词辩论程序，当事人乃诉讼主体。现行民事诉讼法虽然将开庭审理区分为法庭调查与法庭辩论两大环节，但由于缺乏法官讯问当事人之制度，使得作为证据资料的当事人陈述与作为主张的当事人陈述畛域不甚清晰。此从第138条"法庭调查按照下列顺序进行：（一）当事人陈述；……"之规定及第141条"法庭辩论按照下列顺序进行：（一）原告及其诉讼代理人发言；（二）被告及其诉讼代理人答辩；……"之规定中可见一斑。其结果，导致"在司法实务中，当事人的陈述往往不能直接作为一种证据材料来运用，甚至也不作为一种辅助性的证据方式来看待，而往往把当事人的陈述与当事人的事实主张一并作为证明的对象"。① 故引入讯问当事人制度，以此凸显作为证据资料的当事人陈述与作为主张之区别，使二者分别于法庭调查程序与言词辩论程序各展其能，各主其事。

---

① 毕玉谦：《民事证据法及其程序功能》，法律出版社1999年版，第63页。

第二节　民事诉讼中的抗辩

一、抗辩的基本理论

（一）抗辩的含义

抗辩，是当事人对相对方的主张进行争执的行为，是指一方当事人为了使对方当事人提出的事实主张在法律上的效果能不发生或使其消灭而提出的与对方当事人主张的事实能够两立的并且能够独立引起法律效果的要件事实。易言之，抗辩是指"被告根据与基本规定（权利发生规定、权利根据规定、原则规定，据此发生法律效果的权利或法律效果）相对立之反对规定（例外规定，据此发生反对效果，即权利障碍规定、权利消灭规定、权利排除规定）以要求驳回原告的请求之被告的主张"。[①]

（二）抗辩的形式

根据内容和功能的不同，民事诉讼中的抗辩主要有实体法上的抗辩和程序法上的抗辩两种形式。

1. 实体法上的抗辩

实体法上的抗辩是狭义上民事诉讼中的抗辩，其是由当事人以民事实体法所确定的民事权利为基础，针对相对方的主张所进行的抗辩。一般来说，该种抗辩具有两种表现形式：一是当事人将诉讼外行使抗辩权的事实于民事诉讼中向法院提出，此为单纯的抗辩，仅引起民事诉讼法上的效果。二是当事人在民事诉讼外未行使抗辩权，而在诉讼中在法官面前针对相对方行使抗辩权。此类抗辩实际上是当事人将民事实体法上的抗辩权于诉讼中行使，故具有双重意义，其既产生民事诉讼法上的效果，又引起民事实体法上的效果，故是最严格意义上的民事诉讼中的抗辩。

通说认为，抗辩虽不排斥对方所主张的事实上的权利和诉讼上的权利（即请求法院为一定内容判决的权利），却能一时或永久使

---

① 骆永家：《民事法研究》（二），台湾三民书局 1988 年版，第 127 页。

其行使为无效；或虽与限制的反对权的主张以及与对方所主张的真实为一致，却与其效力相反。所以，一般而言，最严格意义上的民事诉讼上的抗辩分为权利障碍抗辩、权利消灭抗辩与权利阻止抗辩三种形式。

（1）权利障碍抗辩。该种抗辩是指当事人提出的妨碍对方主张的事实效果予以成立的事实。通常情形下权利障碍抗辩由被告提出，其乃自始妨碍原告主张的权利成立，而不论请求原因事实是否存在。被告主张该抗辩并不否认原告主张的权利成立事实，而是主张妨碍权利成立的例外事实。例如，原告要求被告履行合同义务，主张合同有效成立，被告主张合同违反强制性法律规定，并未生效，被告的主张即为该种抗辩。另如，在饲养动物致人损害的侵权诉讼中，动物饲养人或者管理人可以依据最高人民法院 2001 年颁布的《关于民事诉讼证据的若干规定》第 4 条第 5 项的规定，主张法律规定的免责事由（即受害人有过错或者第三人有过错），从而排除受害人请求赔偿的权利。

（2）权利消灭抗辩。该种抗辩是指一方当事人提出的认为对方当事人所主张的权利虽曾存在但现在已消灭的事实。这种消灭的事由与债的消灭原因相一致，[①] 主要有两种：一是基于目的的消灭。此可区分为基于目的之达成以及目的之不能达成。前者即指债之给付，如清偿、代物清偿、提存、抵销等；后者则指债之目的因不能达成而使债消灭，如因不可归责于双方当事人事由致使给付不能。二是基于其他理由而消灭，如免除、混同、解除条件成就或终期届满等。

（3）权利阻止抗辩。该种抗辩是指当事人因主张民事实体法上的拒绝履行权而提出的事实。当事人在诉讼中提出相应事实援用该抗辩时，虽不能使对方的请求权归于消灭，但却使其一时或永久无法有效行使，如主张留置权、同时履行抗辩权存在的事实即为权利阻止抗辩。值得注意的是，当事人在行使留置权以及同时履行抗

---

① 林城二：《民法债编总论——体系化解说》，中国人民大学出版社2003 年版，第 520 页。

辩权的情形下，其必须援用该抗辩，也即当事人若想法官考虑上述抗辩的法律效果，其首先必须具有行使权利的意思表示。此乃权利障碍抗辩和权利消灭抗辩所不具备的特殊性。当然，当事人不仅在诉讼上可以援引该抗辩权存在的事实，在诉讼外也可以行使此抗辩。只要有一方当事人在诉讼中提出该抗辩权曾被行使的事实，法官就可以考虑认定其效果。

权利阻止抗辩与权利障碍抗辩、权利消灭抗辩的不同之处在于：权利障碍抗辩和权利消灭抗辩又可称为事实抗辩，当事人在民事诉讼中只需主张其要件事实，法院即可以认定；权利阻止抗辩又可称为权利抗辩，当事人除应主张权利发生的基础事实外尚须主张行使该民法上的权利的事实。

抗辩还可以根据民事实体法的规定由双方当事人一再主张。对于一方当事人的抗辩，开始主张原因事实的对方当事人可以再主张妨碍、消灭或排除该抗辩效果发生的事实，此为再抗辩；而对于再抗辩，另一方当事人又可主张妨碍、消灭或排除再抗辩效果发生的事实，此为再再抗辩。此外，一方当事人可在对方提出抗辩之前，先主张再抗辩，从而使得对方的抗辩难以发生法律效果，此为预先的再抗辩。

2. 程序法上的抗辩

上述实体法上的抗辩乃以民事实体法为基础，目的在于通过在民事诉讼中的主张引起民事实体法上效果的发生，故亦被称为真正意义上的抗辩或本案抗辩。除此之外，当事人还可以主张与民事实体法上的事项没有关系的事实或事项来排斥对方的请求，这就是所谓程序法上的抗辩。因不能产生民事实体法上的效果，程序法上的抗辩不属于当事人主张范围的抗辩，仅是为了阻碍对方诉讼请求的成立从与程序本身相关的事项入手来进行相反的陈述，故其是非严格意义上的抗辩，即属于广义上民事诉讼中的抗辩。

程序法上的抗辩可分为妨诉抗辩和证据抗辩两种。

（1）妨诉抗辩。妨诉抗辩亦称本案前的抗辩或诉讼要件欠缺的抗辩，是指被告主张原告之诉欠缺诉讼要件故为不合法，即被告举证证明本诉不合法或诉讼要件欠缺，拒绝对原告的请求进行辩论。如《民事诉讼法》第 119 条规定："起诉必须符合下列条件：
（一）原告是与本案有直接利害关系的公民、法人和其他组织；
（二）有明确的被告；（三）有具体的诉讼请求和事实、理由；
（四）属于人民法院受理民事诉讼的范围和受诉人民法院管辖。"
被告向法院提出原告起诉不具备其中一项或几项条件，从而使得诉
讼不进入实体审理。除管辖错误时由法院裁定移送外，该种抗辩通
常构成被告向法院提出要求其裁定驳回起诉的理由。该类抗辩
"皆为共通之形式，须于同时提出之，并须于被告就本案之辩论前
提出之。而其共通之效力，亦不过妨碍本案之裁判而已"。① 由于
诉讼要件的存在与否原则上应属于法院依职权主动调查的事项，即
不以被告的主张为必要，故此时被告的主张仅具有促使法院发动职
权进行调查的意义，故严格意义上讲不适用于抗辩的称谓。

（2）证据抗辩。证据抗辩是指当事人举证证明对方提供的证
据不具证据能力或缺乏证据力，要求法院不予采纳。详言之，该抗
辩是指声明某证据的一方当事人的相对方主张该证据不合法或无证
据能力，在法院调查该证据前要求法院不予采纳；在调查证据后要
求法院不采用调查该证据的结果作为裁判的依据。但特定证据的调
查与否属于法院职权决定的范围，同时证据力的大小也应由法官自
由心证，故证据抗辩是当事人陈述证据上的意见的一种方式，成为
证据抗辩对象的事实也仅为案件辅助事实而非案件要件事实，故不
属于严格意义上民事诉讼中的抗辩。

二、抗辩的本质属性

（一）抗辩与抗辩权

从表述上看，与抗辩最为接近的概念莫过于抗辩权。作为民事
权利的一种，抗辩权是指"妨碍相对人行使其权利之对抗权"。②

---

① ［日］松岗义正：《民事证据论》，张知本译，中国政法大学出版社
2004 年版，第 57 页。

② 史尚宽：《民法总论》，台湾正大印书馆 1980 年版，第 22 页。

抗辩源自罗马法上的抗辩（exceptio）制度，[①] 在罗马法发展的各个阶段均有体现。在法定诉讼时期，公共权力的功能颇为有限，当事人在执法官面前陈述争议的事由，即相互的要求，但不陈述这些要求所依据的具体事实，另外，执法官不仅不审判，而且也不对应当以何种方式进行审判作出任何规定或发布任何指示。执法官仅限于设法调和双方，使他们达成公平的和解协议以实现和平。但是如果当事人不能达成协议，执法官则只能命令他们接受审判，而审判员的选择也主要不是由执法官定夺。当时并没有一个双方当事人之间的争诉程序，所以，exceptio 在这个阶段还不多见。在程式诉讼时期，开始出现程序意义上的抗辩，而且，对于抗辩的提出，主要是由当事人进行，当在某些特殊情况下，裁判官亦可主动提出抗辩。在非程式诉讼时期，抗辩只能由当事人提出，法官不能主动提出抗辩。[②] 而抗辩权概念的产生却一直到了 19 世纪，当时德国潘德克顿学派将权利按照"法律上的力"区分为四种类型，即请求权、支配权、形成权和抗辩权。其中，为了区别于程序法上的诉权，人们从罗马法和普通法中的"诉"的概念中发展出了"请求权"的概念。[③] 相应地，为了区别于诉讼上的抗辩，人们从"抗辩"概念中发展出"抗辩权"，从而使实体法与程序法进一步分离。[④] 因渊源相同、语义近似，抗辩与抗辩权两者在使用时被混同的情形时有发生。换言之，针对同一法律现象，人们有时使用"抗辩"来表述，有时又通过"抗辩权"来指代。但应明确的是，两者绝非可以等同。

1. 基础不同

作为一种权利，抗辩权以对方请求权的有效存在为前提，表现

[①] 黄风：《罗马法词典》，法律出版社 2002 年版，第 106 页。

[②] 刘宗胜，曲峰：《抗辩权概念的历史发展》，载《云南大学学报》（法学版）2004 年第 4 期。

[③] ［德］迪特尔·梅迪库斯：《德国民法总论》，邵建东译，法律出版社 2001 年版，第 67 页。

[④] 汪渊智、李志忠：《抗辩权略论》，载《福建政法管理干部学院学报》2003 年第 3 期。

为一种对抗权；而抗辩则为一种用以防御的主张，这种主张表现为否认对方请求权形成或存续的合理性，而非以对方权利的存在及有效为前提。

2. 表现形式不同

依权利法定原则的要求，抗辩权必须在法律条文中有明文规定；而抗辩为诉讼权的行使，只要有可以防御对方主张的事实存在，当事人即可主张。

3. 启动方式不同

作为一种权利，抗辩权的行使与否应完全交由当事人决定，即"当事人如不为抗辩之主张，法院不得主动斟酌"；① 而抗辩则为一种事实，这种事实的存在与否直接决定着一方请求权的有效存在与否，足以使请求权归于消灭，故另一方当事人在诉讼中即便未提出抗辩，法院有时也应查明案件事实，如果认为有抗辩事由的存在，则须依职权作出相应裁判。正因如此，德国学界才用"Einrede（需要主张的抗辩）"和"Einwendung（无须主张的抗辩）"两个术语来概括抗辩权和事实抗辩，从而将二者很好地区分开来。②

4. 效果不同

因抗辩总是涉及合法性问题、权利争议整体问题或法律救济问题等，法院原则上不受双方当事人行为的拘束，特别是不受自认的拘束，应主动审查相关事实；在而当事人一方提出抗辩权的情况下，法院要受到双方当事人行为，特别是自认的拘束。

比如对诉讼时效的性质便有不同的看法。若法院在案件审理时，将原告债权已过诉讼时效这一事实作为被告的抗辩权事由，被告自己如未主张该事实，则法院不能主动援引；反之，如果将该事实看做抗辩事由，那么法官自应主动援引，作为判决的事实依据之一。立法上也以此而出现分野：一是主动援引。如最高人民法院

---

① 黄立：《民法总则》，中国政法大学出版社 2002 年版，第 67 页。

② 柳经纬、尹腊梅：《民法上的抗辩与抗辩权》，载《厦门大学学报》（哲学社会科学版）2007 年第 2 期。

1992 年颁布的《关于适用中华人民共和国民事诉讼法若干问题的意见》第 153 条即规定："当事人超过诉讼时效期间起诉的，人民法院应予受理。受理后查明无中止、中断、延长事由的，判决驳回其诉讼请求。"二是不主动援引。如《法国民法典》第 2223 条规定："审判员不得自行援用时效的方法。"《日本民法典》第 145 条规定："除非当事人援用时效，法院不得根据时效进行裁判。"近年来，随着认识的逐渐深化，我国亦逐渐开始将诉讼时效由抗辩事项转变为一种抗辩权事项，即与上述大陆法系诸国之规定相一致。如最高人民法院 2008 年颁布的《关于审理民事案件适用诉讼时效制度若干问题规定》第 3 条规定："当事人未提出诉讼时效抗辩，人民法院不应对诉讼时效问题进行释明及主动适用诉讼时效的规定进行裁判。"第 4 条规定："当事人在一审期间未提出诉讼时效抗辩，在二审期间提出的，人民法院不予支持，但其基于新的证据能够证明对方当事人的请求权已过诉讼时效期间的情形除外。当事人未按照前款规定提出诉讼时效抗辩，以诉讼时效期间届满为由申请再审或者提出再审抗辩的，人民法院不予支持。"

（二）抗辩与否认

与抗辩一样，否认也属于一方当事人对对方当事人的主张进行争执的行为。其具体是指一方当事人针对对方当事人提出的事实主张，所作出的认为其不存在或不真实的陈述。根据内容的不同，可以将否认分为以下两种：第一，单纯的否认，亦称直接否认或积极否认，即针对对方的主张，当事人仅直接予以否认，不提出其他事实；第二，附理由的否认，亦称间接否认或积极否认，即当事人提出另外的事实，此事实与对方主张的事实不能并存。有些国家立法中，规定当事人对其陈述负有"具体化义务"，即当事人一般而言对对方的主张并不能进行单纯的否认，仅在特定情形下，也即在该对方当事人不能具体、充分地知道事实发生的原因和经过或处在事案经过以外时，始可作单纯的否认。否认虽不以具体事实的提出为依据，但在诉讼中仍有存在的价值。其目的在于可以要求法院判断对方所提证据是否达到证明标准，以免轻易形成内心确认的心证。

抗辩与单纯的否认之间的区别较为明显。无论何种抗辩，其主要功能均是阻止对方当事人主张权利的发生与行使，即是为了推翻对方提出的请求原因事实对应的法律效果。同时，抗辩的当事人对于抗辩的事实承担主张责任。易言之，抗辩以承认或证据上可以认定请求原因事实为前提，当事人都承认双方之间存着过一定法律关系，也就是说抗辩事实与请求原因事实在诉讼中能够同时成立，只是因为抗辩事由的出现，对方所主张的法律后果不能发生或者相关权利已消灭（此处说抗辩事实与请求原因事实同时成立是从事实层面考虑的，而非法律效果意义上的。抗辩事实乃是在与请求原因事实同时成立的基础上产生相反的法律效果）。如果某事实不能与请求原因事实同时成立的话，则该事实并非抗辩事实，而是否认。单纯的否认即是从根本上不承认双方当事人之间存在过任何法律关系，即否认对方当事人陈述事实发生的真实性。

值得注意的是，虽然从表面上来看，权利障碍抗辩与附理由的否认都先期承认了对方所主张事实的成立，但两者亦是性质各异。权利障碍抗辩是在承认双方当事人之间法律关系的前提下，通过证明其他要件事实的存在而排除对方的效果事实；而附理由的否认则是通过主张当事人之间存在另一种法律关系来否认对方的请求，认为对方主张的效果事实没有因为对方主张的要件事实成立而成立，即提出附理由的否认的一方认为对方所主张的要件事实尚无法足以证明效果事实的成立。

民事诉讼的过程是双方当事人对事实的主张和陈述，法院以此为基础结合相关法律规范对当事人的民事实体权利进行裁判。其中，双方当事人对事实的主张和陈述可谓是民事诉讼的核心和基础，是其他一切诉讼行为得以开展的前提。从陈述主体角度来看，当事人对事实的主张可分为两类：一是一方当事人向法院提出的使自己的请求得以成立的事实；二是一方当事人为使对方当事人的主张得不到法院的支持所作的陈述。对于前者，在采取辩论主义的民事诉讼中，若当事人在诉讼中未向法院提出此项事实，纵然法官通过证据调查得知该事实的存在，也不能将其作为裁判的基础。对于后者，是对前者的反驳和否定，其形式和内容较之前者要复杂，一般来讲包含抗辩和否认两种，其中又尤以抗辩为重。抗辩可以说是维系民事诉讼架构平衡的最重要的手段，因此对其进行细致的研究对促进民事诉讼体系的完善具有极为重要的理论与实践意义。

第三节 民事诉讼当事人不知陈述

一、当事人的不知陈述的基本理论

（一）当事人的不知陈述的概念

在民事诉讼中，当事人要主张其权利就必须提出该权利赖以存在的基础——事实主张。当事人提出事实主张，只能以陈述事实的方式来实现，即当事人的事实主张包含在当事人对事实的陈述中，以当事人陈述的形式展示于法官眼前。一般而言，当事人陈述主要有如下三种表现形态：第一，积极主张。其是指当事人一方为支持自己的诉讼请求而对相关事实所作的主张。而对方当事人处于维护自身利益之考量，亦会主张一定的事实对其加以反抗，此亦为一种积极主张，称为"抗辩"。第二，否认。其是指对于一方提出的事实主张，对方当事人并不另外提出一定事实予以反驳，而是单纯地对对方提出的事实作出不存在或不真实等此类回应。第三，自认。其是指当事人一方在言辞辩论中就对方所主张的对己不利的事实表示承认。

在这三种陈述之外，还可能出现当事人作出"不知道这样的事实"的陈述的情形。此时，一方当事人对于对方当事人关于某一特定事实的主张，在诉讼中向法官表示不知道、不清楚或不记得。该行为虽未主张一定事实、亦未对对方主张的事实予以否认或承认，但实质上仍对对方当事人提出的事实作出了一定评价，进而会对法官的心证产生一定影响，故也应将其纳入当事人陈述的范畴。此即为当事人的不知陈述。

当事人的不知陈述介于否认与自认的中间地带，一方面，其不像否认那样明确反对对方的主张，即未对特定事实的不存在与对方公开冲突；另一方面，其亦未如自认一般直接赞同对方的主张，即也未对特定事实的存在与对方保持一致。其是以不知道或不记得这种既不承认亦不否认的较含混和模糊的态度应对对方的主张。当事人回答不知情或不记得有两种情况：一是因为各种原因确实不知情或不记得；二是虽然记得或知情，但因相关事实于己不利而不愿承认，也不愿意在庭上虚假陈述，出于回避的目的而作不知情或不记得的陈述。因此，不能否认的是，对于这种不知陈述，立法不能一盖置之不理，法官亦不能视若无睹，而应对其在特定情形下的法律效果予以规制。如《德国民事诉讼法》第138条第4款规定："对于某种事实，只有在它既非当事人自己的行为，又非当事人自己所亲自感知的对象时，才准许说不知。"《日本民事诉讼法》第159条第2款规定："对于对方当事人所主张的事实，已作出不知的陈述的，则推定为争执了该事实。"我国台湾地区"民事诉讼法"第280条第2款规定："当事人对于他造主张之事实，为不知或不记忆之陈述者，应否视同自认，由法院审酌情形断定之。"

（二）当事人的不知陈述成立的理论基础

对当事人的不知陈述法律效果的承认，即当事人在特定情形下可以进行不知陈述，并非无源之水、无本之木，而是有其据以立足之理论基点，即具体化陈述义务之例外。

具体化陈述义务是指当事人的陈述不以大概为限，必须尽可能地具体。① 具体化义务的内容包括原告的起诉主张、原告的证据声明、原告对于被告抗辩的争执、被告的争执、被告抗辩的主张以及被告的证据声明等。具体化陈述义务是当事人对案件事实进行具体陈述的一种程序要求，其以主张责任的分配为基础。主要国家和地区的民事诉讼理论皆采取辩论主义的审理方式，即"只有当事人才能把争议的事项导入程序，并判断法院是否有必要对此作出决定，同时当事人有权要求法院作出决定；作为程序规范，法院自身则不得考虑当事人双方都未提出的事实，且不得根据自己的判断，

---

① 参见曹鸿兰：《不必要证据之处理程序问题》，载民事诉讼法研究基金会：《民事诉讼法之研讨》（三），台湾三民书局有限公司1990年版，第239页。

主动收集或审查任何证据"。① 辩论主义的第一要义便是要求法院的裁判应建立在当事人于辩论中所主张的事实之基础上，此即为当事人设定了一种"主张责任"。主张责任是指当事人必须提出确切具体的事实主张，以此来说服法院承认当事人所期望的法律后果的小前提即要件事实。② 易言之，在法的适用过程中，当事人向法院请求作出具有一定法律效果的判决时，如果不就一定的事实进行主张，法院自然无法将法规规范适用于具体的案件审理之中，即难以将抽象的法律具体化。当对特定事实负主张责任的当事人已经对其主张进行具体化陈述时，对方当事人才有具体化争执的必要；若该负主张责任的当事人未履行其具体化陈述义务，即要求不负主张责任的相对方进行具体争执，则有颠覆主张责任分配的危险。具体化陈述义务在民事诉讼中的确立，一方面可使法院顺利地确定争点之所在，进而决定证据调查的方向，提高诉讼效率；另一方面，在准备程序中的具体化陈述可避免当事人在言词辩论中受到来自对方的突袭，进而进行适当的攻击防御，有助于贯彻诉讼权之保障。

　　在当事人进行不知陈述的情况下，除故意外，其并非主观上不愿为具体陈述，而是因客观原因不能进行。此时若要求其履行具体化陈述义务未免太过苛刻，不利于当事人诉讼权利的保护，亦有违诉讼公平的原则，而且不利于证据调查的进一步进行，从而最终不利于案件真实的发现。

二、当事人的不知陈述的立法例

　　处于不同立法政策和立法传统的考量，各国和地区对于当事人的不知陈述的法律效果主要有三种立法例，其法律效果不尽一致。

（一）立法例

1. 德国

---

　　① 参见［日］谷口安平：《程序的正义与诉讼》，王亚新、刘荣军译，中国政法大学出版社1996年版，第25页。
　　② 参见［德］汉斯·普维庭：《现代证明责任问题》，吴越译，法律出版社2001年版，第68页。

《德国民事诉讼法》第138条第4款承认当事人的不知陈述的法律效果，但明确限定其范围，即当事人仅能对既非当事人自己行为、亦非当事人自己所亲自感知对象的事实作不知陈述，即只有当涉及他人行为或他人感觉时才合法。可见，这种不知陈述在德国法上被作为一种陈述人的争辩；反之，对自己的行为和感受作不知陈述则被认为是不合法的，并因而被看作是不争辩。①

2. 日本

《日本民事诉讼法》第159条第2款则是直接将不知陈述推定为争执，即作为否认来予以对待。易言之，对对方主张的事实作"不知道"的陈述，将推断其对该事实有争议。② 其对推定争执的理解在于，除明显不合理的情形之外，应将不知陈述视为具有否定的意思，至于是否为不合理，则由法官斟酌证据调查的结果依据自由心证予以判断。③

3. 我国台湾地区

我国台湾地区"民事诉讼法"第280条第2款的规定则将判断不知陈述能否得以承认完全交由法官自由心证。易言之，法官若将该陈述视同自认，则负主张与证明责任的对方当事人就该事实不须再予举证；而若将其视为否认，则尚须由对方当事人再行举证。当然此处的自认乃一种拟制的自认，即一方当事人对对方当事人所主张的不利于己的事实，在言词辩论时不明确争执，且此种不争执一直持续到法庭辩论结束时，依法律规定可推论其有承认的意思，而视为对于他方当事人主张为默示同意。

当然，因法官对于该不知陈述所作的评价常常影响诉讼的成败，故理论上一般认为对该项判断亦有一定的限制，即凡事实于情

①　参见［德］奥特马·尧厄尼希：《民事诉讼法》（第27版），周翠译，法律出版社2003年版，第238页。

②　参见［日］中村英郎：《新民事诉讼法讲义》，陈刚、林剑锋、郭美松译，法律出版社2001年版，第202页。

③　参见新堂幸司：《新民事诉讼法》（第3版补正版），弘文堂2005年版，第389页。

理上不能责当事人知悉或记忆者，皆不得因其为不知或不记忆之陈述而视同自认；反之，凡某事实于情理上当事人应能知悉或记忆而为不知或不记忆之陈述的，则应视同自认。① 详言之，根据日常生活中的经验法则，当事人对于非其本人所经历的事情回答为不知道，或对于非重大的事实，因历时过久，回答为不记得，因为存在不知道或不记得的可能，自然可以认可该种陈述具有成立的效果；如对于他方主张的事实应当为其所知晓或可以为其所知，或者对于其所经历之事历时并非久远而应为其所记得，从而可以推论其系佯装不知道或不记得的，则该种陈述不成立，反而成立自认（拟制的自认）。

（二）评析

比较以上三种立法例，笔者认为，德国和日本的相关立法例都难免有武断之处。因为事实情形千状万态，法律不可能预为断定，不能排除在特定情形下存在当事人对于亲身经历的事实由于时间和记忆的因素而淡忘的可能，② 如果当事人对于他方主张的某种事实确实不知道或不记得，强迫其作出明确表示，无异于鼓励说谎；而且，对于不知陈述一律视为争执或否认，也太过绝对，既不利于案件真相的发现，亦不便于诉讼效率的提高。而我国台湾地区交由法官自由心证的作为则缓和了德、日两国立法例的呆板与僵化，较为灵活和方便，因此最为可取。如前所述，当事人回答不知情或不记得存在因各种原因确实不知情或不记得和虽然记得或知情但因相关事实于己不利而出于回避的目的而作不知情或不记得陈述两种情况。因此，对当事人的不知陈述应由法官根据日常经验法则和其他证据，综合考量当事人知悉该事实的可能性来具体分析、区别对待，进而作出裁量。

---

① 参见王甲乙、杨建华、郑健才：《民事诉讼法新论》，台湾三民书局股份有限公司 2002 年版，第 359 页。

② ［日］伊东俊明：《不知陈述的规则》（二），载《民商法杂志》1998年第 6 期，第 868 页。

三、当事人的不知陈述在我国的布设

（一）我国现有规定及评析

在我国，现行《民事诉讼法》虽然没有规定具体化陈述义务，但 2001 年最高人民法院颁布的《关于民事诉讼证据的若干规定》（以下简称《民事证据规定》）第 50 条"质证时，当事人应当围绕证据的真实性、关联性、合法性，针对证据证明力有无以及证明力大小进行质疑、说明与辩驳"之规定则包含有具体化陈述的意味，进而使作为具体化陈述例外的当事人不知陈述之确立具备相应之基础。同时，虽然现行《民事诉讼法》未设置不知陈述的法律效果，但《证据规定》第 8 条第 2 款"对一方当事人陈述的事实，另一方当事人既未表示承认也未否认，经审判人员充分说明并询问后，其仍不明确表示肯定或者否定的，视为对该项事实的承认"之规定在一定程度上对不知情或不记得之陈述的效力从侧面进行了界定。从司法解释制定者的态度来看，其是将其视为一种拟制自认，但前提是经过审判人员的释明①。

可见，在我国，不同于上述三种立法例，不管在何种情形下，经过审判人员的释明，均认定当事人的不知陈述为拟制自认。这种方式的弊端着实明显，一方面，未赋予法官相应的自由裁量权，显得过于决断，无丝毫的回旋余地；另一方面，忽视了对当事人不知陈述的形成原因进行分析，未区分当事人客观不知或不记得和因回避不利事实而为不知陈述两种情形，对因客观原因所作不知陈述的当事人极为不公。

（二）完善

为使关于当事人的不知陈述的相关制度在我国能够真正充分发挥实效，笔者认为应从以下几个方面对其予以完善：

1. 可为不知陈述的主体应限于不负主张责任的当事人

根据主张责任的基本原理，并非所有当事人对事实皆可为不知

---

①　参见李国光主编：《最高人民法院〈关于民事诉讼证据的若干规定〉的理解与适用》，中国法制出版社 2002 年版，第 123 页。

道或不记得的陈述。负有主张责任的当事人首先应当对有关的事实予以主张，并且应尽完全真实陈述的义务和具体化陈述的义务，而不可为不知道或不记得的陈述，否则即会因未尽主张责任而遭受败诉判决。因此，可为不知陈述的主体仅限于不负主张责任的一方当事人。

2. 当事人必须主观上对他方当事人主张的事实不知道或不记忆

不知陈述与单纯否认的差别在于当事人主观上就某一事实的真实性有无认识。若当事人表明其因欠缺认识无法就事实经过为进一步的说明或无法确认对方的主张是否真实，此即为不知陈述。在有疑义时，法官应进行阐明，使当事人表明其究竟是不知还是否认。若当事人明知却借口不记得而不为具体化陈述则属于违背完全真实陈述义务与具体化陈述义务，此时则应遭受拟制自认的制裁效果。

3. 当事人应履行必要的资讯探知义务

不知道或不记得涉及个人主观活动，外界一般难以知悉。因此，即便如我国台湾地区一样将当事人的不知陈述交由法院依其自由心证予以判断，虽然不一定会招致从宽认定不知陈述的结果，但法院在何种情形下应就当事人的不知陈述认定为否认、在何种情形下应视同自认，如未能于裁判前适时向当事人表明，使其对于法院的认定有表示意见的机会，则易产生突袭性裁判，进而对当事人的诉讼权利产生重大影响。而在法院从宽允许当事人可以为不知陈述的情形下，学者认为"易导致争点整理上之困难，而有碍于贯彻民事诉讼法审理集中化与促进诉讼之理念"。①

因此，为避免当事人借口不知道或不记得而规避具体化陈述义务，应进一步明确相应的客观要件，即在为不知陈述之前，当事人应履行必要的资讯探知义务。详言之，不负主张责任的当事人在收集和调查证据的过程中，并非完全置身事外，而就他方的陈述一概为不知陈述。在其就某事实为不知陈述之前，即使该事实并非属于

---

① 沈冠伶：《论民事诉讼程序中当事人之不知陈述》，载《政大法学评论》第 63 期，第 389 页。

其自身行为或其认识范围内的对象，而涉及他人的行为，但若该事实为不知陈述的当事人容易探知或可期待由其探知时，则该当事人必须就该事实先行查明探知后，方可为不知陈述。否则其所作的不知陈述将被视为不合法而产生拟制自认的效果。反之，即便是有关自身的行为或认识范围内对象的事实，若当事人已尽所能予以探知后仍难以知晓或记忆，则应允许当事人为不知陈述。

但应当注意的是，当事人所负的资讯探知义务并非毫无范围限制，而是仅在具有期待可能性时才具有探知义务。所谓期待可能性，是指当事人毫无困难即可接近、取得或认识的事实及资料。①

4. 明确成立拟制自认时当事人的追复权

若当事人的不知陈述乃是因为相关事实于己不利而出于回避的目的而作出时，法官应认定成立拟制自认（此时可被称为不知陈述型拟制自认）。拟制自认同明示自认一样产生免除对方当事人证明责任的法律效力，所不同的是对于拟制自认当事人不享有撤销权，而只享有追复权，即"得随时追述其未经陈述之事实，消灭以前推定之效力"，② 因为在法庭言词辩论终结前允许当事人随时提出异议，再赋予其撤销权已无必要。

对于不知陈述型拟制自认的追复，笔者以为应当允许当事人在本审级结束前追复，但不能跨审级自由追复。允许当事人追复的理由在于，不知陈述型拟制自认的效力是以经验法则为基础的，当事人在诉讼中对于凭生活经验应该知悉的事实作出不知陈述，法官即可判决该当事人承担拟制自认的不利后果。但是，不知陈述型拟制自认的法理依据并不十分牢靠，仅凭生活经验即认定当事人应该知悉的事实并非意味着客观上当事人就一定知悉。可见，不知陈述型拟制自认是一种存在一定风险的制度，故赋予当事人一定的追复权可以减低出错的机率。但是，受不知陈述型拟制自认制约的当事人

---

① 参见姜世明：《论拟制自认》，载《成大法学》2005年第9期，第99页。

② ［日］松岗义正：《民事证据论》，张知本译，中国政法大学出版社2004年版，第19页。

绝对不能拥有毫无限制的追复权，否则将会严重影响该制度功能的发挥。从当事人角度来看，在当事人拥有自由追复权的情况下，其追复行为可能会使对方当事人陷入困境，此时拟制自认对于自认人而言就不再意味着不利后果的承担，而演变为一种极具杀伤力的攻击手段，这对他方当事人显著不公；从法院角度而言，当事人的自由追复权会使法院判决的效力处于不稳定的状态，既削弱了判决的权威，亦破坏了程序的安定性，并会严重滞碍诉讼的顺利进行。

民事诉讼法为各个具有不同愿望和要求的民事主体搭建起一个表达其各自诉求的互动平台。借助该平台与机制，可以有效地引导各个利益主体以较为理性的方式来表达诉求，并在此基础之上来化解相互之间的矛盾和冲突。通过上述分析可以看出，对于当事人的不知陈述的判断和相应制度的设置实质上面临着价值衡量，究竟是侧重于全方位保护当事人的诉讼利益，还是侧重于要求当事人必须积极行使权利履行义务从而推动整个诉讼程序的顺利进行，进而提高诉讼效率。如果对当事人不知陈述成立之情形界定过宽，即一旦出现该类陈述就要法官重新审视全案其他证据综合判断，势必会增加诉讼成本，不利于诉讼经济；若多将此情形拟制为自认，则可能出现对陈述方利益保护不周的情况。因此，笔者认为应从可为不利陈述的主体、主观方面、客观要件及拟制自认下的追复权等各方面入手对相应制度予以完善，从而使我国的当事人不知陈述能够得以良性运行。

第二章 证明之切入

第一节 免证事实

一、免证事实的概念

在证据法上，免证事实又称不要证事实，是指在诉讼中，无须经由当事人或公诉机关提供证据予以证明，而可直接由受诉法院裁判确认的事实。如前所述，现代诉讼都采取证据裁判主义，受诉法院认定案件事实必须以证据为基础，所以免证事实乃证据裁判主义的例外；又因为在诉讼中，当事人或公诉机关负有举证的任务，所以免证事实同时构成证明责任的例外。由于免证事实攸关当事人或公诉机关证明责任的范围，对当事人或公诉机关的影响非常大，故各国和地区立法上均对免证事实的范围予以明确界定，从而防止受诉法院滥用自由裁量权。

二、免证事实的范围

免证事实之所以在诉讼中成为必要，乃在于以人的认识活动为基础的证明活动总是建立在特定的人类常识性认识基础之上，无须重复证明一些显而易见、不应有合理争议的事实，这样才能把主要精力集中于关键的争点上，使论证更有针对性，从而提高证明活动的效率，降低诉讼成本。正是鉴于免证事实的重要性，域外各国和地区证据立法均对其有所规定，并有明确的适用范围，一般来说，主要有以下几类。

（一）诉讼上自认的事实

诉讼上的自认，是指在诉讼中当事人一方就对方所主张的事实以明示或默示的方式表示承认。其中，当事人所承认的事实即为自认的事实。自认的事实不须举证。

如《德国民事诉讼法》第288条规定："（第1款）当事人一方所主张的事实，在诉讼进行中经对方当事人于言词辩论中自认，或者在受命法官或受托法官前自认而作成记录的，无须再要证据。（第2款）审判上的自认的效力，不以（对方当事人）承认为必要。"第291条规定："于法院已经显著的事实，不需要证据。"《日本民事诉讼法》第179条规定，当事人在法院自认的事实，无须进行证明。我国台湾地区"民事诉讼法"第279条规定："（第1款）当事人主张之事实，经他造于准备书状内或言词辩论时或在受命法官、受托法官前自认者，无庸举证。（第2款）当事人于自认有所附加或限制者，应否视有自认，由法院审酌情形断定之。（第3款）自认之撤销，除别有规定外，以自认人能证明与事实不符或经他造同意者，始得为之。"第280条规定："（第1款）当事人对于他造主张之事实，于言词辩论时不争执者，视同自认。但因他项陈述可认为争执者，不在此限。（第2款）当事人对于他造主张之事实，为不知或不记忆之陈述者，应否视同自认，由法院审酌情形断定之。（第3款）当事人对于他造主张之事实，已于相当时期受合法之通知，而于言词辩论期日不到场，亦未提出准备书状争执者，准用第一项之规定。但不到场之当事人系依公示送达通知者，不在此限。"

（二）公知的事实

公知的事实，又称众所周知的事实，是指具有一般知识与经验之不特定的普通人都相信，且会在毫无怀疑的程度上予以相信的事实。法官以此作为裁判基础时，由于其具有公知的客观性，无需经由当事人举证证明，即会在内心达到对该事实确信的状态。

如《德国民事诉讼法》第291条规定："于法院已经显著的事实，不需要证据。"《日本民事诉讼法》第179条规定，显著的事实，无须进行证明。我国台湾地区"民事诉讼法"第278条第1

款规定，事实于法院已显著者，无庸举证。

（三）司法认知的事实

司法认知的事实，也称审判上的认知或审判上的知悉，是指在审理案件的过程中，无须当事人举证，法官依申请或依职权直接确认其真实性而予以采信的事实。

如《美国联邦证据规则》第 201 条规定："（a）适用范围。本条规则仅适用于关于裁判事实的司法认知。（b）事实种类。适用司法认知的事实必须不属于合理争议的范畴，即：（1）在审判法院管辖范围内众所周知的事实；或（2）能够被准确地确认和随时可借助某种手段加以确认，该手段的准确性不容被合理质疑。（c）任意采用。无论被请求与否，法庭可以采用司法认知。（d）强制采用。如果当事人提出请求并辅之以必要的资料，法庭应当采用司法认知。（e）被听证的机会。对于采用司法认知是否妥当和关于认知的要旨，当事人有权及时请求给予听证的机会。在未事先通知的情况下，可以在司法认知作出后提出这样的请求。（f）采用司法认知的时间。在诉讼的任何阶段都可以采用司法认知。（g）指示陪审团。在民事诉讼中，法庭应指示陪审团将业经认知的事实作为结论性事实采纳。在刑事诉讼中，法庭应指示陪审团可以（但不要求这样做）将业经司法认知的事实作为结论性事实采纳。"我国台湾地区"民事诉讼法"第 278 条第 1 款规定，事实于法院已为其职务上所已知者，无庸举证。

（四）推定的事实

推定是指由法律规定或由法院按照经验法则，从已知的前提事实推断未知的结果事实存在，并允许当事人举证推翻的一种证据法则。其中据以作出推断的事实，即已知的前提事实，为基础事实；根据基础事实而推定存在的事实，即结果事实，为推定的事实。

如《美国联邦证据规则》第 302 条规定："在所有民事诉讼中，除国会制定法或本证据规则另有规定外，一项推定赋予其针对的当事人举证反驳或满足该推定的责任，但未向该当事人转移未履行说服责任即需承担风险意义上的证明责任。该证明责任仍由在审判过程中原先承担的当事人承担。"《德国民事诉讼法》第 292 条规定，对于一定事实的存在，法律准许推定时，如无其他规定，许可提出反证。我国台湾地区"民事诉讼法"第281条规定："法律上推定之事实无反证者，无庸举证。"第282条规定："法院得依已明了之事实，推定应证事实之真伪。"

三、我国现有规定及评述

我国现行《民事诉讼法》虽未明定免证事实及其范围，但相关司法解释对其均做了规定。《民诉适用意见》第75条规定："下列事实，当事人无需举证：（1）一方当事人对另一方当事人陈述的案件事实和提出的诉讼请求，明确表示承认的；（2）众所周知的事实和自然规律及定理；（3）根据法律规定或已知事实，能推定出的另一事实；（4）已为人民法院发生法律效力的裁判所确定的事实；（5）已为有效公证书所证明的事实。"《民事证据规定》第8条第1、2款规定："诉讼过程中，一方当事人对另一方当事人陈述的案件事实明确表示承认的，另一方当事人无需举证。但涉及身份关系的案件除外。对一方当事人陈述的事实，另一方当事人既未表示承认也未否认，经审判人员充分说明并询问后，其仍不明确表示肯定或者否定的，视为对该项事实的承认。"《民事证据规定》第9条规定："下列事实，当事人无需举证证明：（一）众所周知的事实；（二）自然规律及定理；（三）根据法律规定或者已知事实和日常生活经验法则能推定出的另一事实；（四）已为人民法院发生法律效力的裁判所确认的事实；（五）已为仲裁机构的生效裁决所确认的事实；（六）已为有效公证文书所证明的事实。前款（一）、（三）、（四）、（五）、（六）项，当事人有相反证据足以推翻的除外。"《民诉法解释》第92条规定："一方当事人在法庭审理中，或者在起诉状、答辩状、代理词等书面材料中，对于己不利的事实明确表示承认的，另一方当事人无需举证证明。对于涉及身份关系、国家利益、社会公共利益等应当由人民法院依职权调查的事实，不适用前款自认的规定。自认的事实与查明的事实不符的，人民法院不予确认。"《民诉法解释》第93条规定："下列事实，当事人无须举证证明：（一）自然规律以及定理、定律；（二）众所周知的事实；（三）根据法律规定推定的事实；（四）根据已知的事实和日常生活经验法则推定出的另一事实；（五）已为人民法院发生法律效力的裁判所确认的事实；（六）已为仲裁机构生效裁决所确认的事实；（七）已为有效公证文书所证明的事实。前款第二项至第四项规定的事实，当事人有相反证据足以反驳的除外；第五项至第七项规定的事实，当事人有相反证据足以推翻的除外。"

三部司法解释在免证事实范围的界定上，从整体上看几乎同一，这充分表明法律适用者对于免证事实应有之义的认识并未有实质性的改变，前者所存在的错误仍为后者所沿袭。本书认为，其根本缘由在于法律适用者对现行民事诉讼的运作样式及相关诉讼理论缺乏基本认识。在我国现今民事诉讼架构内，自认的事实并不能称为民事诉讼中的免证事实。而依据相关诉讼理论，自然规律及定理，生效裁判所确认的事实，仲裁裁决所确认的事实及有效公证文书所确认的事实亦不能当然地作为民事诉讼中的免证事实。在现行民事诉讼法的框架下，只有众所周知的事实与推定的事实方称得上民事诉讼中的免证事实。

1. 诉讼上自认的事实不能作为我国民事诉讼中的免证事实

自认的事实之所以不能作为我国民事诉讼中的免证事实，其根本原因在于自认乃辩论主义的产物，在采职权探知主义的我国绝无适用余地。现代各国民事诉讼，就当事人对证据资料的提供与受诉法院认定案件事实的关系而言，有两种运作样式：一是辩论主义，二是职权探知主义。辩论主义包括三层要义：其一，受诉法院不能将当事人双方未主张的事实作为判决的基础；其二，对于当事人双方之间无争执的事实（自认、拟制自认），受诉法院无须调查证据，可直接采纳作为判决的基础；其三，受诉法院对于当事人双方争执的事实，应依当事人所声明的证予以调查。① 而职权探知主义在内涵上与辩论主义截然相反，表现为：其一，对于当事人双方未主张的事实，受诉法院仍可依证据予以调查；其二，对于当事人

---

① 参见骆永家：《既判力之研究》，"辩论主义与处分权主义"，台湾三民书局 1999 年版，第 207 页。

双方之间无争执的事实，受诉法院仍需调查其真伪，而不能直接采纳作为判决的基础；其三，受诉法院对事实的调查不受当事人所声明的证据范围的限制。比较辩论主义与职权探知主义内涵可得知，自认乃为充分尊重当事人双方意思表示的辩论主义所独有，而职权探知主义以发现案件事实真相为第一要义，对当事人双方意思表示的尊重则退居其次，故其无自认的适用基础。

纵观我国现行《民事诉讼法》，仍然采取的是职权探知主义，具体理由有三：其一，当事人主张的事实并无拘束受诉法院裁判基础资料范围的功能，《民事诉讼法》第75条第2款"当事人拒绝陈述的，不影响人民法院根据证据认定案件事实"之规定即为依据。其二，如前所述，现行立法将当事人看做一种独立的证据方法，而未明确赋予其诉讼资料提供主体的地位。① 所以当事人的陈述并不具有辩论主义民事诉讼当事人主张的应有功能，故即便在当事人陈述中，当事人之间不存在争执的事实，受诉法院也应调查其真伪而不能直接采用，《民事诉讼法》第75条第1款"人民法院对当事人陈述，应当结合本案的其他证据，审查确定能否作为认定事实的根据"的规定即表明了该意思。其三，依《民事诉讼法》第64条第2款"当事人及其诉讼代理人因客观原因不能自行收集的证据，或者人民法院认为审理案件需要的证据，人民法院应当调查收集"的规定可知，我国受诉法院认定案件事实不受当事人所声明的证据方法的限制，在当事人声明的证据以外，为审理案件的

---

① 与我国将当事人作为人的证据方法不同的是，在采辩论主义的德国、日本及我国台湾地区，当事人乃诉讼资料之主体，并非一独立之证据方法，受诉法院对当事人的询问仅为证据调查之辅助手段，也即受诉法院只有在对其他证据进行调查后仍不能获得对案件事实之心证始可为之。参见《德国民事诉讼法》第445条、《日本民事诉讼法》第217条及我国台湾地区"民事诉讼法"第367条。虽然近来德、日及我国台湾地区为促进案件审理之集中化，加大了法官询问当事人之力度，惟依学者之解释，法官询问当事人仍应在无法通过其他证据调查获得心证时始可适用，以免动摇辩论主义之根基。参见陈计男：《民事诉讼法论》（上），台湾三民书局股份有限公司1999年版，第427页。

需要，受诉法院自可依职权主动调查证据。正是由于现行立法仍采职权探知主义，故自认制度并无立足之本。

或许有观点会认为，即便现行立法未采取辩论主义而无法适用自认，司法解释未尝不能对立法予以突破，规定自认制度，并将自认的事实作为免证事实之一种予以规范。对此，本书认为，即便承认司法解释能够突破现行立法，创制某一立法上未规定的制度，但就技术规范层面来看，司法解释实在难以单独创设自认制度。作为辩论主义核心要义之一的自认，其与辩论主义的其他要义相互呼应，不可能割裂出来单独予以规范。因此，只有在全方位承受辩论主义的前提下，自认才具有确立的合理性。

2. 自然规律及定理是法院认定事实的前提，并非免证事实

严格讲来，"自然规律"及"定理"并非纯粹法学术语。依《现代汉语词典》的解释，"自然规律"是指"存在于自然界的客观事物内部的规律"；"定理"指的是"已经证明具有正确性，可以作为原则或规律的命题或公式"。从内涵上讲，无论是自然规律还是定理，均是人们从生活行为经验中获得的关于事物间因果关系或性质状态的知识或法则。① 从外延上讲，自然规律及定理为经验法则的一部分，诚如学者所言："经验法则……就内容而言，包括一切以自然科学的方法检验或观察自然现象归纳之自然法则；支配人类思考作用之伦理法则、数学上之原理、社会生活之道义、伦理及惯例、交易上之习惯；以及有关学术、艺术、技术、商业及工业等一切生活活动之一切法则。"② 显而易见，自然规律和定理均为脱离具体事实的抽象知识法则，应属于法律三段论推论中的大前提，是受诉法院判断事实时所应遵循的基准。而免证事实就其本质而言，乃为某一具体事实，是法律三段论推论的小前提，因此，司法解释将自然规律和定理定位为免证事实，其不当之处甚为显然。

---

① 参见骆永家：《民事举证责任论》，台湾商务印书馆 1987 年版，第 7 页。

② 雷万来：《民事证据法论》，台湾瑞兴图书股份有限公司 1997 年版，第 33 页。

3. 生效裁判所确认的事实、生效仲裁裁决所确认的事实及有效公证文书所证明的事实属于特殊公文书所载明的事实，并非免证事实

三部司法解释均将生效裁判所确认的事实作为免证事实予以规范，这是有悖免证事实本质属性的。一方面，从逻辑上讲，生效裁判所确认的事实实际上是生效裁判文书所载明的事实，也即该事实以生效裁判文书为其载体。故该事实就其本质而言仍为证据资料，并以生效裁判文书为其证据方法。而免证事实从本质上讲，乃无须通过证据调查即可由受诉法院确认的事实，该事实的认定与受诉法院的证据调查活动无关。因此，将生效裁判所确认的事实作为免证事实在逻辑上显然难以立足。另一方面，即便认为现行司法解释将生效裁判所确认的事实作为免证事实，蕴含直接赋予生效裁判文书具有实质证据力的考虑也不能成立，其不仅与现行立法的精神相违背，也与证据法理论不相契合。依《民事诉讼法》第 67 条第 2 款"人民法院对有关单位和个人提出的证明文书，应当辨别真伪，审查确定其效力"之规定可以得知，在我国，无论是公文书，还是私文书，均不当然具有实质的证据力。是否具有证据效力需要受诉法院在双方当事人言词辩论的基础上加以判断。而在证据法理论上，如前所述，公文书与私文书的区别主要表现在形式证据力的认定这一层面。如果为私文书，应由举证人证明其为真正；并且若私文书经本人或其代理人签名、盖章或按指印，则推定其为真正；若为公文书，法律直接推定其具有形式证据力，法官无自由心证的余地。[①] 至于实质证据力，不论公文书还是私文书均需要法官依自由心证予以判断，公文书绝无当然具有实质证据力的道理。无论该公文书为法院的刑事裁判书还是民事裁判书均是如此。可见，"民事法院不可径以刑事判决为据即认有证明力，仍因就刑事判决认定事实之凭据辩论调查，以决定该判决书有无证明力，至若它案之民事

---

① 参见王甲乙、杨建华、郑健才：《民事诉讼法新论》，台湾三民书局 2002 年版，第 398 页。

判决亦同，并非当然有证明力"。① 《民事证据规定》和《民诉法解释》将生效裁判书所确认的事实确定为免证事实，也即直接赋予生效裁判文书以实质证据力，无异于剥夺了受诉法院对该特殊书证内容的自由判断（从某种意义上讲，该项规定显有法定证据主义的色彩），妨碍了法官对案件事实心证的形成，对当事人不甚公平。至于在制作程序的保障上远较裁判书为弱的仲裁裁决书以及公证文书更不应赋予其实质证据力，因此，《民事证据规定》和《民诉法解释》将生效仲裁裁决所确认的事实及公证文书所证明的事实作为免证事实的不妥当之处更是明显。

第二节　权　利　自　认

在民事诉讼过程中，决定当事人胜败与否的证明责任按照一定规则在当事人之间进行分配，而一方当事人对他方当事人所主张的事项不予争执并表示承认则可免除对方当事人的证明责任，此即形成民事诉讼中的自认。在对自认进行研究时，学界一直以来均将注意力聚焦在以对不利事实的承认为对象的事实自认上，从未对以诉讼标的先决性权利关系的承认为对象的权利自认予以关注。截至目前，我国尚无任何对权利自认的相关探讨，这就直接导致其在司法实践中的展开和运用遇到极大的困难和障碍。相关研究应首先分析权利自认的基本内容，然后探讨其存在的理论基础及其与相关概念之间的关系，进而研习其构成要件，并对其性质和效果予以阐明，从而对立法的完善和实践的发展有所裨益。

一、权利自认的内涵和构成要件

（一）权利自认的内涵

1. 权利自认的概念

"权利自认"（Rechtsgestadnis）一词源自德国，其是指民事诉

---

① 吴光陆：《判决是否当然有证据力》，载台湾《月旦法学杂志》1997年第5期。

讼中当事人对作为诉讼标的前提或基础的权利关系的承认。

在将三段论推理作为法律适用基本原则的现代法治国家，案件裁判的过程就是在法律规范所确定的抽象事实的大前提下，寻找案件中具体事实这一小前提，最后得出判决结论。从学理上讲，一个法律规范通常被分为要件事实和后果两部分，只要案件中的具体事实满足某一规范所规定的所有事实要件，即可运用逻辑推理得出相应的结果。而当事人提出的某一具体的事实主张则正是法院据以作出裁判的对象。易言之，当事人提出具体事实主张的目的，即在于交由法院通过司法推理来决定法律规范的适用效果，从而使得其可能获得法律上的利益。一方当事人对于他方当事人所主张的于其不利的事实（此为小前提）的承认即为通常意义上的事实自认。而若将三段论中的小前提再予细分，则包括事实部分和权利关系部分两种，即作为诉讼标的前提或基础的权利关系同样是"构成判断诉讼标的存在与否之小前提的命题"，① 一方当事人对此类权利关系的承认即构成所谓权利自认。

例如，甲和乙之间达成租赁协议，甲将所拥有的笔记本电脑租给乙使用，乙则按期支付租金。租赁期内，甲向法院提起诉讼，要求乙返还笔记本电脑。在该所有物返还之诉中，甲据以起诉的前提便是其对该笔记本电脑拥有所有权。乙对甲拥有该笔记本电脑所有权这一事项予以承认，但主张本人已支付租金，且租赁期尚未届满，故甲无权要求自己返还该电脑。其中，乙对于甲拥有该笔记本电脑所有权这一事项的承认即是对甲要求其返还电脑这一诉讼请求的先决性法律关系的自认，其并非针对某一事实，而是针对所有权这一权属关系本身，此即典型的权利自认。

2. 权利自认与事实自认

从表述上来看，与权利自认最为接近的莫过于事实自认。事实自认乃是最传统意义上的自认，其亦称诉讼上的自认，是指当事人一方在民事诉讼中就对方所主张的事实以明示的或默示的方式表示

① ［日］新堂幸司：《新民事诉讼法》，林剑锋译，法律出版社 2008 年版，第 382 页。

承认。其中，当事人自认的事实即为举证人无须举证对其予以证明的免证事实。如《德国民事诉讼法》第 288 条第 1 款即规定："当事人一方所主张的事实，在诉讼进行中经对方当事人于言词辩论中自认，或者在受命法官或受托法官前自认而作成记录时，无须再要证据。"因渊源相同、语义相近，权利自认和事实自认在使用时很容易发生混淆。

应明确的是，权利自认与事实自认最本质的区别便是两者的对象不同。事实自认的对象是案件的具体事实，即主要事实，更准确地说应是对主要事实的主张。① 对于作为主要事实凭证的间接事实无争议，进而成立自认，该间接事实也无须再证明。但与主要事实成立自认不同的是，对间接事实的自认存在两项基本的要求：一方面，法院可以不受该自认间接事实的拘束；另一方面，当足以推翻自认间接事实的其他间接事实获得认定时，该间接事实的自认不产生约束力。至于辅助事实，目前尚不存在一般性的论述，仅是对属于辅助事实范畴的"关于文书真伪与否之自认"予以讨论，通说认为该自认亦产生拘束力。② 我国台湾地区"民事诉讼法"第 357 条即规定："私文书应由举证人证其真正。但他造于其真正无争执者，不在此限。"而权利自认的对象则是对方当事人主张的作为诉讼标的之法律关系前提或基础的先决性法律关系。

3. 权利自认与认诺

与权利自认不同，认诺是指诉讼中被告对原告诉讼请求的直接承认。即在发生认诺的情形下诉讼将因此而终结，而在成立权利自认的情形下诉讼还将持续进行，法官也必须对此作出判断。易言之，权利自认乃是自认人对对方当事人所主张的诉讼请求有争议，但对于作为其前提的权利或法律效果无争议。同时，权利自认的主体可以是双方当事人，而认诺则只能是被告向提出诉讼请求的原告

---

① 参见［日］石田穣：《证据法的再构成》，东京大学出版社 1980 年版，第 260 页。

② 参见［日］永井博史：《当事人询问与当事人听取中的自认探析》，载《法科大学院论集》2006 年第 2 期，第 66 页。

作出，且认诺的作出必然会导致被告败诉结果的发生和诉讼程序的终结。

从现行相关立法例上来看，对认诺都是在自认之外单独规定的。如《德国民事诉讼法》第 307 条规定："当事人一方在言词辩论中认诺对自己提出的请求的全部或一部，即应依申请按认诺的情况判决其败诉。被告在收到第 276 条第 1 款第 1 句的催告后表示，他认诺原告的请求的全部或一部，即应依原告的申请，不经言词辩论按认诺的情况判决被告败诉。这种申请可以在诉状中就提出。"我国台湾地区"民事诉讼法"第 384 条规定："当事人于言词辩论时为诉讼标的之舍弃或认诺者，应本于其舍弃或认诺为当事人败诉之判决。"

（二）权利自认的构成要件

对上述定义加以解析，可知权利自认主要有如下几项构成要件：

1. 行为的实施者必须为当事人或经当事人特别授权的诉讼代理人

由于权利自认可能会导致作出自认的一方承担相当不利的法律后果，因此必须由该方当事人本人亲自作出，否则不能对其产生效果。当事人一旦在法庭上或诉讼中作出权利自认，没有例外情况，不允许自己推翻，从而防止案件审理的混乱和迟延。至于共同诉讼人之间的权利自白，依据辩论主义的要求，相互之间并不必然发生法律效力。[1] 在获得特别授权的情况下，当事人的诉讼代理人可以进行权利自认，但该种授权必须以当事人的明确表示为必要。

2. 行为的对象乃对方当事人主张的作为诉讼标的之法律关系前提或基础的先决性法律关系

这种先决性的法律关系（亦称权利关系）的存在又分为两种情况：一种是单纯的对权利关系作出自认，如在基于侵害所有权提

---

[1] 参见［日］河野宪一郎：《共同诉讼人在诉讼上的自认》，载《商学研究》2009 年第 1 期，第 161 页。

起的赔偿请求中，被告作出的承认原告为所有权人的陈述。另一种是通过陈述具体的事实，来对基于该事实之法律效果的权利关系作出自认，如以取得所有权为前提的请求确认买卖合同成立的诉讼中，被告承认原告取得所有权的陈述。

3. 自认人在主观上意思表示真实

由于民事诉讼在于解决私权纠纷，当双方当事人对于某事项表示不予争执时，该事项就可以作为裁判基础，因此，不予争执的真实意思是权利自认作为诉讼行为所体现的意思因素，是权利自认成立的核心要件。如果当事人同时提出与权利自认内容相矛盾的主张，则不能认为当事人明显具有不予争执的意思，此时即应当否认成立权利自认。由于权利自认在很大程度上直接关系到案件的胜负，因此其不争执的基础应该是陈述人对法律效果有相当清楚的了解。易言之，只有当陈述人在充分理解自认法律关系内容的基础上明确具有对权利或法律关系无争议的意思时，才应当认可成立自认。同时，权利自认的作出必须出于自认人自愿，不受任何欺诈、胁迫和威胁等违背自主性因素的干扰，否则亦不能产生权利自认的效果。

4. 从时间上来看，权利自认应发生在诉讼过程中，具体来讲是在审前准备阶段或言词辩论阶段

只于审判外自认之权利，即令记之于准备书面，亦不得为无争执。① 同时，一方当事人先作出于己不利的陈述，而后由对方当事人援用该陈述也构成权利自认（所谓"先行自认"）；若当事人在对方援用之前撤销该先行陈述则不构成权利自认，这样才能使自认方当事人对自认的成立心悦诚服，也有助于防止产生错误。即便是在对方当事人对自认人于己不利之陈述存在争议时，由于这种陈述构成诉讼资料，因而法院在判断请求妥当与否之际

---

① 参见陈计男：《民事诉讼法论》（上），台湾三民书局 2000 年版，第 449 页。

可以对其予以斟酌。① 此外，当事人在某一案件中作出的权利自认对于其他案件而言也仅仅是一种诉讼外的自认，不直接产生权利自认的效力。

5. 从形式上来看，权利自认表现为双方当事人对某一权利关系有一致的陈述

而在言词辩论中的具体表现则不拘泥于形式，不需一定使用诸如"自认""已经自认"等特征明显的措辞。同时，自认仅指向法院，无须对方当事人的接受。

二、权利自认的性质

对于权利自认性质的认识，主要有两种观点：

1. 意思表示说

意思表示说，亦称为效果意思说。该学说强调当事人的意思要素，认为权利自认的一方当事人，因欲发生法律上的效果，所以才为自认的意思表示。在辩论主义下，只要自认就排除法院的认定，法院不仅不必审查其真实性，而且也不允许作出与此相反的认定。② 效果意思说从彻底贯彻辩论原则的立场出发，认为当事人的自认即使与一般都知道的事实不相符合也应该予以承认。

该学说又可分为两种观点，即权利放弃说和确认意思说。③ 前者认为自认是一方当事人为免除对方的举证责任，放弃自己的防御；后者则认为一方当事人的自认是向法院表示对方当事人所作的不利于自己的主张为真实，且要求以该主张作为裁判基础的意思表示。

2. 观念表示说

观念表示说，又可称为事实报告说。该学说将自认的重点置于

---

① 参见［日］新堂幸司：《新民事诉讼法》（第 3 版补正版），弘文堂 2005 年版，第 492 页。

② 参见［日］兼子一、竹下守夫：《民事诉讼法》，白绿铉译，法律出版社 1995 年版，第 103 页。

③ 参见王甲乙、杨建华、郑健才：《民事诉讼法新论》，台湾三民书局股份有限公司 2002 年版，第 357 页。

对方当事人主张的权利关系与自己主张的权利关系一致这一点上，不考虑当事人的意思要素。① 该种学说为日本和我国台湾地区的通说。

两种学说的分歧十分明显：一方面，两者的依据不同。意思表示说认为自认所具备的免证效果完全基于当事人的处分权；观念表示说的依据则在于依经验法则，任何理智正常的人都不会作出对自己不利的陈述，除非该权利关系确实存在，当事人对不利于己的权利关系作出自认乃是其对其真实性的确信。另一方面，两者的效力不同。意思表示说认为只要自认是当事人根据自己的自由意志作出的，无论其内容如何，当然地产生约束法院的效力；而观念表示说则要排除对非真实的权利关系的自认，如果当事人明知非属真实而仍为自认，则不产生免除对方主张权利的法律效力。

依笔者拙见，观念表示说的合理性较为明显。因为在通常情况下，当事人所作的于己不利的陈述乃是其出于利己的权衡后作出的理性选择，法院以之作为裁判的基础，无疑契合诉讼公正和效率的内在要求。但是，不能排除自认人因对方当事人或其他法律主体的恶意误导或欺诈而作出于己不利陈述情形的出现。此时，虽该意思表示存在严重的瑕疵，若肯定其自认的效果显然与诉讼公正的意旨相悖。因此，只有以建立在真实义务基础之上的观念表示说为依据，才能使自认制度真正符合民事诉讼的应有意旨。因此，当事人一方作出权利自认的，对方当事人无权强求法院必须作出视该自认的权利关系为真实存在的认定，法院仍有自由裁量的余地。

三、权利自认的效力

对于权利自认的效力，历来存在极大的争议，且观点相当之对立。

否定权利自认的学说认为，尽管出于辩论主义的要求，当事人可以就诉讼标的承认或放弃，但这并不足以成为承认自认的根据，

①　参见李学灯：《证据法比较研究》，台湾五南图书出版社 1992 年版，第 102 页。

因为诉讼中承认对方当事人主张的权利关系或法律效果会产生与确定判决相同的法律效力，故而作为权利自认之一种情形的先决性法律关系的自认则会限制法官随遇诉讼中法律关系的判断；即使在诉讼中发生权利自认，法院还是必须对争议的请求作出判断，因此承认权利自认可能会排除法官的自由裁量权。① 有学者甚至进一步彻底化，主张在不拘束法院的范围内，权利自认也不拘束当事人，当事人对权利自认可以自由撤回。②

与之相反，肯定权利自认的学说则认为，权利自认的对象也是属于作为法律三段论中小前提的事项，因此该自认有与事实自认相同的性质；③ 而且在以辩论主义为基石的民事诉讼中，法院的审理对象如何乃取决于当事人的态度，而权利自认与事实自认均是排除法院的审判权，本质上并无不同，故只要无害于裁判整体的客观性，承认其也未尝不可；④ 同时，这种先决性法律关系可以作为中间确认之诉的诉讼标的（中间确认之诉是大陆法系国家和地区民事诉讼上普遍确立的一种诉的类型，是指在某请求的诉讼程序中，要求法院对作为该请求前提问题的法律关系之存在与否作出确认判决的申请）。例如，在基于所有权提起的请求交付的诉讼中，当事人提出的确认所有权的申请，并在中间确认之诉中就该法律关系进行认诺，故不能禁止当事人就诉讼标的的法律关系前提之法律关系作出自认；此外，权利自认还可以提高诉讼效率。

从司法实务来看，各国和地区呈现肯定与否定交错的局面，尚无同一之标准。笔者较为赞同肯定说。因为权利自认只有具备较强的约束力才能防止诉讼不公和诉讼迂回，从而确保诉讼的安定性和

---

① 参见吕太郎等：《所谓权利自认》，载民事诉讼法研究基金会：《民事诉讼法之研讨》（六），台湾三民书局股份有限公司1997年版，第258页。

② 参见［日］田边诚：《当事人的权限——以权利自认为中心》，载《判例时代》1986年第5期，第50页。

③ 参见［德］罗森贝克、施瓦布、戈特瓦尔德：《德国民事诉讼法》（第16版），李大雪译，中国法制出版社2007年版，第826页。

④ 参见［日］河野宪一郎：《法律上的陈述中自认的效力（2）》，载《商学研究》2008年第1期，第180页。

程序的稳定性。反之，如果不承认权利自认的拘束力，则很难防止对当事人和法院诉讼上的突然袭击。但为维护司法的权威，考虑到对象与一般自认相比的特殊性，权利自认的拘束力应在不明显违反实体法的基本要求的前提下方能发挥效用。

四、权利自认的撤回

根据诉讼中的诚实信用原则，当事人在诉讼中实施一定的诉讼行为后，没有正当的理由不得随意实施否定前一行为或与前一行为相矛盾的诉讼行为。权利自认一经作出，即具有免除当事人主张权利责任和约束法院的效力，如果允许当事人随意撤回自认，势必会给法院的审判造成混乱，对诉讼效果也会造成消极的影响。① 因此，只有在特殊的情况下，才能允许作出承认的当事人撤回权利自认。

从各国或地区相关立法及判例来看，一般仅在以下三种情形下允许撤回权利自认：

第一，对方当事人同意。权利自认具有免除对方当事人主张权利责任的效力，这必然会使对方当事人获得一定的利益，如若对方放弃这种利益，因这属于其对诉讼权利的处分，故应当允许。另外，对方当事人同意自认人撤回自认，还可能是对方当事人认为自认人自认的权利关系确属不真实，为了还权利关系的本来面目，对自认的权利关系作否认的表示，可视为对方当事人对"自认的权利是不真实"的再承认。② 如果对方当事人对于撤回未提出异议并对自认人在撤回自认后提出的主张进行应答的话，亦可视为对方当事人同意自认人撤回权利自认。但考虑不至于因此而拖延诉讼，故通常将自认撤回的期限限制在辩论终结前。

第二，当事人作出自认时存在意思瑕疵。追求客观真实，保障诉讼公正，保护当事人的合法权益乃民事诉讼的理想与目的。当事

---

① 参见［日］松本博之：《民事自认法》，弘文堂1994年版，第19页。

② 参见［日］河野宪一郎：《民事自认法理的再检讨（3）》，载《一桥法学》2005年第3期，第240页。

人在诉讼上所作的自认虽通常符合案件的真实情况，但若自认是在违反了自认人的意思的情况下作出，则该自认的权利关系很可能并非真实，以之为裁判基础有悖民事诉讼目的之达成，因此，如果当事人能够证明其自认行为是在受胁迫或非基于自身的重大误解情况下作出的，并且能够证明其自认的权利关系不成立，应当允许当事人撤回对于不真实权利关系的自认。易言之，在审判上已为自认之当事人，证明其自认系出于错误而取消时，其效力，自当回复其自认之权利为有争执之权利。① 当然，如果当事人是在法庭辩论终结之后才发现了证明自认与实际不符的新证据，其仍不能主张撤回自认，这是为了维护程序的安定性所作之考量。此外，明知不真实的自认是不可撤回的。② 同时要注意的是，撤回权利自认的初始要件是自认人主观上存在错误，因此不应该让自认人对"违反真实"和"错误"两个要件作出证明，③ 否则会因使自认人承担过多的证明责任显得对其太过于严苛。正确的做法是，一方面，对"错误"只需达到释明的程度，另一方面，对于"违反真实"进行证明时只需对于该法律效果不相并存的一个事实予以证明即可。

第三，在第三人对其实施应当受到刑法上惩罚行为而作出权利自认的情况下，不管自认的结果是否违反真实，基于正当程序的要求，都应当视为无效，只要还存在着自认的形式，都应当认为自认人有权撤销自认。

总之，权利自认下，仅是对方当事人就其权利主张不必主张及举证，并不能绝对排除法院对相应权利关系存在与否的判断，亦不能完全禁止当事人对已作出的权利自认予以撤回。

目前，我国正在对《民事诉讼法》实施以来的经验和教训进行全面总结，酝酿在适当的时候对其予以全面修改。根据上述分

---

① 参见［日］松岗义正：《民事证据论》，张知本译，中国政法大学出版社 2004 年版，第 19 页。

② 参见［德］奥特马·尧厄尼希：《民事诉讼法》（第 27 版），周翠译，法律出版社 2003 年版，第 257 页。

③ 参见［日］高桥宏志：《民事诉讼法》，林剑锋译，法律出版社 2003 年版，第 415 页。

析，在借鉴德国、日本和我国台湾地区相关立法和司法实践经验的基础上，依笔者拙见，可在日后修改《民事诉讼法》时确立权利自认，在厘清其与事实自认及认诺界限的基础上明确其构成要件，进而确定其性质和效力，同时对其撤回的方式和效果作出规定，从而使该制度真正能够对相应民事司法实践的顺利开展发挥实效。

第三节　表见证明

在和谐社会构建的过程中，民事诉讼法以对民事主体权益的关怀和保护为出发点，以对民事主体之间冲突的协调和解决为手段，对化解社会矛盾、促成人与人之间和睦相处、维护社会稳定具有重要的意义。作为一项重要的民事诉讼证明规则，表见证明的运用在一定条件下始终发挥着不可替代的作用。但截至目前，理论上鲜有对表见证明进行系统、深入和全面的研究，这就直接导致其在司法实践中的展开和运用遇到极大的困难和障碍。本书首先阐明其基本内容，然后探讨其存在的理论基础，进而结合我国现有相关规定对其具体适用予以分析，期冀对立法的完善及司法实践的发展有所裨益。

一、表见证明的基本理论

（一）表见证明的概念

表见证明是由德国法官通过判例及学者采用解释的方法创设的一种制度，① 亦称为第一视界证明、盖然性证明或经验证明等，② 在日本被称为大致的推定，③ 是指法院利用一般生活经验法则，就一再重复出现的典型的事项，从一定客观存在的事实，推断某一待

① 陈荣宗：《举证责任分配与民事程序法》，台湾三民书局股份有限公司 1984 版，第 61 页。

② 姜世明《表见证明之研究》，载《政大法学评论》2008 年第 4 期。

③ ［日］兼子一、竹下守夫：《民事诉讼法》，白绿铉译，法律出版社1995 年版，第 114 页。

证事实的证据提出过程。① 这种显而易见的推定事实以高度盖然性的经验法则为基础，从基础事实的认定过程中直接推定具有符合法律所规定的要件事实。易言之，当这种推定成立时，如果对方当事人未提出证明该推定为错误或存疑的反证，那么推定的事实就此获得确认。可见，表见证明是法院采用类推的方法根据经验法则就某一待证事实所进行的情态复制，是一种经验推定。

（二）表见证明的构成要件

从上述表见证明的内涵可以看出，其有两方面的要件构成：

1. 高度盖然性（可能性）的经验法则

表见证明适用的首要条件在于存在一定的经验法则，以此为基础，法官可以对待证事实形成完全的内心确信。经验法则，是指人们在长期生产、生活中对客观现象与通常规律的一种理性认识，是人类对事物属性以及事物之间常态联系归纳抽象后获得的一般性知识或法则。经验法则不是具体的事实，但在法官针对个案作出判断时，可以成为三段论推论中的大前提。在这一点上，经验法则具有类似于法规的机能。经验法则作为诉讼证明过程中事实认定之逻辑推理的大前提在实质意义上决定了司法人员运用证据进行推理的逻辑结论，并且，经验法则作为证据发挥作用的背景性因素又进一步强化了推理结论的内在说服力，从而使之具有更加合理的可接受性。

然而由于各种经验法则具有完全不同的性质和特点，故并未每个经验法则都可以促成表见证明。可以作为表见证明构成要件的经验法则只能是具有高度盖然性（可能性）的经验法则。具有高度盖然性的经验法则亦被称为定型化的事态经过，是指"无须经过一般生活经验那样详细的解明就可以认定其存在的、并基于其定型化之性质而无须考虑个别事实具体情况的事态发展过程"。② 这些

---

① 陈荣宗、林庆苗：《民事诉讼法》，台湾三民书局股份有限公司 1996 年版，第 509 页。

② ［日］高桥宏志：《民事诉讼法》，林剑锋译，法律出版社 2003 版，第 461 页。

能够在表见证明中被加以利用的经验法则是由生活经验常识来予以验证的类似过程所决定的，基于类似的生活经历过程具有某种典型意义，故可以被用来对某些特定的待证事实所涉及的曾经发生的实际情况进行验证。这样的经验法则也可在确认某人的私人意思决定时存在。当然，在任何情况下都不允许为了以单纯的推测填补举证空白这一目的而使用表见证明。

另外，因为表见证明所涉及的范畴十分繁杂，故试图对表见证明中有关经验法则采用相同的内涵加以概括的想法显然是不现实的。一般来说，表见证明只有在典型事件经过上才予以考虑，也即一方当事人只需依照普遍生活经验（普遍的经验法则）指示特定原因的事实情况。如果法院已确认这样的经验法则并确信存在该事实情况，则特定原因就已经得到证明。因此，即使在德国这种具有浓厚成文法传统的大陆法系国家，其与表见证明有关的经验法则也是在各种类型的具体案件中由法院加以提炼的。

2. 基础事实

在表见证明中，不能忽视的另外一项构成要件乃基础事实。其是指在表见证明中用以推论未知事实的已经得到法律上确认的已知事实。作为表见证明前提的基础事实的认定不能适用表见证明。表见证明是一个推论的过程，如果允许认定基础事实也可适用表见证明，那么无疑形成了层层推论的局面，环节越多，可靠程度自然越低，而表见证明的效力本来就比普通的证明要弱。

二、表见证明的本质

关于表见证明的本质，主要存在证明责任说和自由心证说两种观点。

（一）证明责任说

证明责任说认为，表见证明属于证明责任的组成部分，其导致证明责任分配被转换，[1] 采用经验法则不仅可以克服证明事实真伪

---

① ［日］新堂幸司：《新民事诉讼法》，林剑锋译，法律出版社 2008 年版，第 403 页。

不明状态这一难题，而且还有助于借助表见证明来克服证明责任分配规则所造成的不公平现象，即表见证明中应当考虑到适用实体法规范的目的及对对方当事人的行为进行责难等实体性要素。简言之，表见证明的作用在于，在盖然性并没有那么高的场合对举证困难的当事人予以救助。如德国联邦最高法院即认为在特定情形下不应采用表见证明时，应以业经选择识别的经验法则难以确定为由，对法官就证据进行自由评价的权力进行限制。① 总之，从形态上看，表见证明似乎是证据的评价规则，但实质上却是实体法规范，其"具有修正证明责任分配不足之功能"。②

（二）自由心证说

自由心证说认为，表见证明是根据一般生活经验即使在对待证事实无法详细加以解明的条件下，仍可以就该事实的存在加以认定的一种证明。故基于表见证明对事实所作的认定与其他经由法官确信所作之事实认定在本质上并无不同。表见证明为法官自由心证的一种表现形式，或者至少是构成法官自由心证的必要组成部分。③ 鉴于采用表见证明已足以使法官就有关主要事实的存在获得充分的心证，因此，无顾及证明责任问题的必要。简言之，表见证明的功能在于增强法官的自由心证，使法官的心证在经验法则及一定客观事实的运用下可以对当事人有争执而不明的事实状态进行推断。

依笔者拙见，两种学说比较而言，自由心证说较具合理性，原因有三：

第一，当事人的某一事实主张如被确认为诉讼中的要件事实，而该方当事人无法通过提供直接证据予以证明，以至于遭受证明危机时，如果根据经验法则主张采用表见证明，以便有助于法官对某一特定的生活事实作出认定的，则取决于该种经验法则是否能够排

---

① ［德］汉斯·普维庭：《现代证明责任问题》，吴越译，法律出版社2000年版，第140页。

② 雷万来：《民事诉讼法论》，瑞兴图书股份有限公司1997年版，第286页。

③ ［日］中村英郎：《新民事诉讼法讲义》，陈刚、林剑锋、郭美松译，法律出版社2001年版，第205页。

除法官形成心证过程中可能会萌发的疑点，凡不能就此排除其中疑点的，其中的一个必然结果就是导致产生证明责任。当诉讼终结时遇有要件事实真伪不明状态而根据证明责任作出判决与将表见证明作为判决的基础这两种情形并行不悖，这就决定了表见证明并非能与证明责任相混淆。

第二，因表见证明是以采用事实的推演来显示同样过程的经验法则的存在为前提，如果作为原有被推演的事实还有其他与此相异的可能性存在时，则不再适用该经验法则，即如发现有其他合理的足以产生怀疑的特别情形存在时，就不得适用表见证明，此时对方当事人借助反证使之发生动摇即足以推翻表见证明。易言之，对于被法官所采纳的某一特定的表见证明加以推翻，实质上是对需要提出反证的一方当事人降低了其证明的标准，在此，可以认为尽管根据某一事物的发展趋态具有相当的盖然性，但是假如法官采用表见证明以认知这种经验规则的方式，从而使得相对一方当事人有必要提出反证来表明，为其提出的事实主张，应当属于这种盖然性之外的一种例外和特例，或者出现了某种不为常人所体察到的一种情状。证明责任说显然不能解释针对表见证明为何只要单纯提出反证，而不必顾及所提证据效果的充分性就可推翻表见证明这一核心问题。

第三，表见证明并不是一个独立的证明类型，它只是一种特殊的证明方法，许多方面它还是要附属于一般证明的。同一般的证明一样，表见证明也要达到一个标准，这个标准与一般的证明标准并无二致，因为它们同样都是解释了法官对案件事实真伪的可能性的一种认识，负证明责任的一方当事人必须首先为作为表见证明成立基础的原因提出证据。

可见，表见证明"不颠倒证明责任"。[1] 如果非要说表见证明和举证有所关涉的话，其也是与提供证据责任有关，即涉及因法院自由心证导致对方当事人从反面承担提供证据的责任。

---

[1]　[德] 奥特马·尧厄尼希：《民事诉讼法》（第27版），周翠译，法律出版社2003年版，第272页。

三、我国表见证明制度的构建

从上述分析可以看出，表见证明在民事诉讼中的作用非常突出：一方面，从当事人角度来看，可以缓解某些情况下无谓的举证负担，减少特定情形下的举证困难，进而促进当事人双方诉讼手段的实质公平，同时节约诉讼成本；另一方面，从法院角度来讲，可以便于法院更有效地对案件事实予以认定，推定诉讼的进程，促进司法资源更合理地使用。从现行《民事诉讼法》的规定来看，我国尚未明确使用表见证明这一措辞，但 2001 年最高人民法院颁布的《关于民事诉讼证据的若干规定》（以下简称《民事证据规定》）中的相关内容却隐约包含有表见证明的意思或与表见证明有所关联，但非常粗陋，亦未在诉讼中得以普遍适用。为促使表见证明制度在我国民事诉讼中真正得以构建，应从以下三个方面予以着力。

（一）区分表见证明与事实推定

事实推定，又称为诉讼上的推定、司法推定或逻辑推定，是指法院根据经验法则，从已知事实出发，推定应证明的事实的真伪。《民事证据规定》第 9 条对此做了规定，即根据已知事实和日常生活经验法则能推定出的另一事实，当事人无需举证证明，但对方当事人有相反证据足以推翻的除外。

法院以事实推定来认定待证事实的真伪，其心证的形成可分为两个阶段，首先必须对作为推定基础的前提事实形成确信，即对其真实性形成高度盖然性的心证，然后，运用自由心证及经验法则，推论出待证事实的真实性。当事人欲使法院进行事实推定以证明其主张的待证事实，必须证明推定的前提事实为真实。至于法院如何适用经验法则进行推定，是否妥当，属于法官自由心证的范畴，不受当事人意思的限制。从这一点上来看，事实推定与表见证明极为相像。但必须明确的是，两者的区别还是非常显著的：第一，表见证明要求作为经验法则适用前提的基础事实必须具有事件历程的典型性；而据以作出事实推定的基础事实的要求则低得多，只要能与经验法则相结合即可。第二，表见证明是对事实推定的进一步评价，是事实推定的结果；事实推定可能推进和导致表见证明，是表见证明的前提。第三，表见证明对经验规则的要求较高，一般要具有高度的盖然性；而事实推定所运用的经验法则范围很广，是指通常的生活经验规则。可见，不能将事实推定与表见证明予以混同，不能以事实推定替代表见证明的职能，表见证明应在民事证据体系中具有独立的地位。

（二）在医疗纠纷中以表见证明替代证明责任倒置

应当肯定的是，作为一种证明手段，在一定条件下，表见证明的运作始终发挥着不可替代的作用。按照德国和日本通常的理论，表见证明主要适用于特定类型的侵权损害赔偿案件中，行为过错或因果关系的认定，理由在于"交易常情与生活经验于二者之构成要素具有重要意义"。① 一般来说，作为原告的受害人应就作为被告的加害人的过错及因果关系存在的事实承担证明责任。但在实务中，这类事实在许多情况下由加害人进行举证显然不大可能或是极为困难的。若使用表见证明规则的话，当被害人证明加害人的侵权行为和损害两项事实存在后，无须其再提供详细特定的内容，法院就能认定过错及因果关系的存在。例如，在病人进行静脉注射后，被注射部位出现过敏现象。该事实可以推定医生在注射时未尽注意义务或处置不当。该推定所依据的经验法则是，如果注射部位出现与疾病本身无关的过敏，那么首先可以考虑到的便是问题出在医生那里。这一具有高度盖然性的经验法则即可导致表见证明的成立。而医生若不积极对自身已尽到注意义务进行证明，则其存在过失的事实便会最终为法院所确信。原告即便未对医生存在未尽注意义务或处置不当的过失中的具体过失予以明确，法院仍然可以认定医生存在过失；而医生则需对其在注射时的各个相关环节的注意事项均予以证明，或是对患者自身的体质与过敏之间可能存在高度盖然性进行证明。

《民事证据规定》第 4 条第 1 款第 8 项规定，因医疗行为引起

---

① 姜世明：《消极事实之举证责任分配》，载《成大法学》2005 年第 10 期。

的侵权诉讼，由医疗机构就医疗行为与损害结果之间不存在因果关系及不存在医疗过错承担举证责任。该条确立了医疗纠纷诉讼中的证明责任倒置规则，即将本该由病患方证明的医疗行为与损害结果之间因果关系及医疗过错存在的两项事实倒置给医疗机构，由其从反方向证明医疗行为与损害结果之间不存在因果关系及不存在医疗过错。这种做法对在医疗纠纷中一般处于弱势地位的病患方自然较为有利，也能促使医疗机构在救治时更加审慎。但不可否认的是，医疗事故千差万别，单一的、过于绝对的证明责任倒置有时亦会对医疗机构构成反向歧视，对其造成不公，并会使医疗机构因顾忌这种后果而在诊疗时过分保守，从而不利于病患方的治疗，进而滞碍整个社会医疗水平的进步和发展。因此，应用表见证明代替医疗纠纷中的证明责任倒置，缓和对医疗机构的举证要求，而由法官利用经验法则通过自由心证对双方的证据提供行为作出指示。

（三）在特定类型的合同纠纷中引入表见证明

《民事证据规定》第 5 条第 1 款对合同纠纷中证明责任的分配作了设置，即主张合同关系成立并生效的一方当事人对合同订立和生效的事实承担举证责任；主张合同关系变更、解除、终止、撤销的一方当事人对引起合同关系变动的事实承担举证责任。可见，在我国合同诉讼领域，是严格按照证明责任的一般规则进行分配的，即各当事人应就对己有利的法律效果的发生要件事实承担证明责任，主张合同权利的当事人就权利根据事实承担证明责任，而对方当事人则就权利消灭事实以及权利障碍事实承担证明责任。

依笔者拙见，表见证明不仅适用于侵权行为领域，对于合同纠纷领域某些问题的解决也同样适用。当事人之间无论是在对合同内容的解释上发生冲突还是在合同义务的履行上发生争执，法官均可援用行业惯例或交易习惯为经验法则并在此基础上对事实作出认定。如在即时清结的买卖合同引发的纠纷中，原告出卖人要求被告买受人支付价款，买受人抗辩称价款已当场结清。在即时清结的买卖合同中，如果在法律上并未将出卖人必须开具相应的凭据作为合同生效的要件时，买受人在证明价款已交付这一事实的真实性时即遇到客观上的障碍，因为即使买受人向出卖人支付相应的价款，出卖人在法律上也并无义务向买受人开具收据，除非买受人提出特别要求。但此时存在一种经验法则，即在即时清结的买卖中，通常以价款与货物的同时相互交付为正常情形，先提货后付款的情形在合同实践上极为少见。在双方当事人客观上均难以提供证据直接证明各自主张事实的情况下，买受人提供的这一经验事实具有高度的盖然性，其以广为流行的交易方式为基础，可以提请法院进行认定。因此，对于合同纠纷诉讼，在按照一般规则对证明责任进行分配的同时，在经验法则极为明显的情形下应融入表见证明，通过对双方举证的局部调整更有效地利用司法资源。

民事诉讼法为各个具有不同愿望和要求的民事主体搭建起一个表达其各自诉求的互动平台。借助该平台与机制，可以有效地引导各个利益主体以较为理性的方式来表达诉求，并在此基础之上来化解相互之间的矛盾和冲突。在表见证明下，当事人只要对事态发展外形的经过作出证明即可，法院无须对更细微、更具体的事实进行认定。在对表见证明与事实推定予以区分后，应将表见证明引入医疗纠纷和合同纠纷领域。同时，法院在表见证明中的失误（应被认为表见证明的场合未予认定或不应被认定为表见证明的场合作出认定）可以成为当事人提出上诉的理由，并应被法院予以认可。

第三章　证明之展开

第一节　证据共通

在和谐社会构建的过程中，民事诉讼法以对民事主体权益的关怀和保护为出发点，以对民事主体之间冲突的协调和解决为手段，对化解社会矛盾、促成人与人之间和睦相处、维护社会稳定具有重要的意义。在民事诉讼中，决定当事人胜败与否的证明责任虽按照一定规则在当事人之间进行分配，但法院对证据的认定及采纳并非以负证明责任的当事人所提出的为限。所有的案件事实均被视为一个整体而不划分归属于某一特定当事人，任何一方所举出的证据均可以作为证明同一案情来使用，任一当事人提出的证据如果对他人有利而对自己不利，法院亦应当认定该证据与本案有关。这一做法被称为"证据共通原则"。① 我国《民事诉讼法》虽未明确设置该原则，但其却在司法实践中被遵循。相关研究应首先分析该原则的基本内容，然后探讨其存在的理论基础及其与辩论主义之间的关系，进而研习其种类和形态，并对其具体适用规则予以阐明。

一、证据共通原则的基本理论

（一）证据共通原则的概念

一般来讲，所谓证据共通原则，是指"一旦法院对当事人申请的某一证据进行调查后，无论该证据在事实认定中对提出申请的

---

① 李木贵：《民事诉讼法》（上），台湾三民书局股份有限公司 2007 年版，第 435 页。

当事人一方有利还是不利，均会发生作用"。①从适用的主体来看，对证据共通原则内涵的界定有两种观点：一种认为，该原则仅适用于对立的双方当事人之间，即"一方当事人所提出之证据，不仅系为其提出之当事人有利之事实所利用，而且法院得将其为相对人有利事实之认定而利用之原则"。② 另一种则认为，该原则不仅适用于对立的双方当事人之间，在共同诉讼人之间同样可以适用，即"当事人虽负举证责任，但法院所采摘证据，不以该负举证责任之当事人所提出者为限，纵由某一当事人声明并提出之证据，但于两造间或共同诉讼人间，法院均得共同采酌，作为判决资料之基础"。③ 从诉讼经济和程序公正的角度来看，笔者认为应将证据共通原则适用的范围作较宽的界定，即在对立的双方当事人之间及共同诉讼人之间均可适用。

证据共通原则主要有两方面的要求：从法院角度来说，其在认定某一当事人所主张的事实之际，不应局限于通过该方当事人证据申请而形成的证据调查结果，也可以在其他共同诉讼人或对方当事人提出申请的证据资料中寻求证据原因；从当事人的角度而言，自己提出申请的证据一旦被法院调查，那么该证据既有可能有利于自己，也有可能有利于其他共同诉讼人或对方当事人。

（二）证据共通原则的本质

证据共通原则是现代诉讼中法院自由心证主导诉讼进程的显著体现，易言之，其是贯彻自由心证的应然要求；同时，其亦与作为民事诉讼制度构建根基的辩论主义相契合。

1. 证据共通原则与自由心证

在民事诉讼中，从法官的心理来看，随着收集、整理资料活动的进行，法官在经历了一个"时而判断该事实存在、时而判断该

---

① ［日］高桥宏志：《重点讲义民事诉讼法》，张卫平、许可译，法律出版社2007年版，第44页。

② 陈荣宗、林庆苗：《民事诉讼法》，台湾三民书局股份有限公司1996年版，第515页。

③ 陈计男：《民事诉讼法论》（上），台湾三民书局2000年版，第444页。

事实不存在"的心理波动后，逐渐接近判断出事实的真相。这种从动态视角来把握的法院对事实的判断，即所谓心证，而达到该确信的状态，被称为形成心证。自由心证是民事诉讼中法院认定案件事实和作出判断的基本方法，是指"法院斟酌辩论全部旨趣及证据调查之结果，认定事实上之主张是否真实，一任自由之心证以为判断之原则"。① 即法律不预先设定机械的规则来指示或约束法官，一切诉讼证据的证据力的大小及其取舍均由法官，针对具体案情，根据经验法则、逻辑规则和自己的理性良心等来自由判断证据和认定事实。

如果法院在调查证据时，还要受制于该证据有利于提出证据的当事人，仅仅注意对提出证据的当事人有利的相关资料，必然不能对案件事实作出合理的判断，因为从理论上讲，事实的真伪只有一个，即共通的事实，相应地，作为心证基础的证据自然也应相同。在提交法庭的证据能够证明事实真相的情况下，却"刻意"避开而要求当事人提交其他证据证明主张，所谓通过自由心证发现案件真实会成为不切实际，即不符合实体真实发现的需要。

可见，证据共通原理是自由心证主义的内在要求，自由心证主义是证据共通原则的理论根基，法官对案件事实进行认定，势必综合审查各方证据，而不局限于证据提出者的证明目的。

2. 证据共通原则与辩论主义

把握证据共通原则本质的另一重要问题，便是要厘清其与民事诉讼制度构建之根基——辩论主义之间的关系，于此之上，该原则才能在民事诉讼中真正得以确立。

辩论主义，是指"将提出确定作为裁判基础之事实所必须资料的权能及责任赋予当事人行使及承担的原则"。② 辩论主义包括三层含义：其一，受诉法院不能将当事人双方未主张的事实作为判

---

① ［日］松岗义正：《民事证据论》，张知本译，中国政法大学出版社2004年版，第63页。

② ［日］高桥宏志：《民事诉讼法——制度与理论的深层分析》，林剑锋译，法律出版社2003年版，第329页。

决的基础；其二，对于当事人双方之间无争执的事实（自认和拟制自认），受诉法院无须调查证据，可直接采纳作为判决的基础；其三，受诉法院对于当事人双方争执的事实，应依当事人所声明的证据予以调查。作为一项将有关事实的判断资料的提出责任赋予当事人承担的原则，辩论主义要求法院在认定事实时只能调查当事人提出的证据方法。在一般情形下，当事人都会提出能证明于己有利事实的证据，但关于证据价值的认定乃由法官依经验法则以自由心证进行，在斟酌证据调查结果及辩论整个过程后，就事实的真伪作出判断。易言之，当事人提出证据的目的虽然是为了让法官作出于其有利的事实认定，但此种目的并不能约束法官，法官有权自由判断该项证据的证据价值，法官判断的结果有时反而对提出证据的当事人不利。

辩论主义仅决定证据方法究竟是由法院收集还是由当事人提供，并不解决证据方法在当事人之间的分配问题。因此，只要是由当事人一方所提出的证据，法院即可将其作为判决的基础，而不问该证据是否由负证明责任的当事人所提供。当事人向法院提供证据仅仅是提出证据方法，证据的评价在自由心证主义下，乃法院自由裁量的范围，即当事人提供的证据的取舍及依证据的事实认定属于法官证据调查的范畴，"法院只以当事人主张的事实为判决的基准，但是，由当事人提供的事实，无论是原告还是被告提供的均可以作为审判的基础（事实共通或主张共通原则）"。①

可见，证据共通是要求作为法官心证基础的调查证据结果的共通，而非证据方法的共通。易言之，己方提出的证据方法成为对他方有利的证据资料时，也不能阻止该证据方法成为证据原因。当事人提出来的事实本身是中性的，不管由哪一方在辩论中提出来的事实，法院都可以作为裁判的基础，即使在当事人自己主动陈述于己不利的事实时，也不妨碍法院作出于其不利的判决。只要当事人提

---

① ［日］中村英郎：《新民事诉讼法讲义》，陈刚、林剑锋、郭美松译，法律出版社 2001 年版，第 176 页。

出了证据，辩论主义所期待的当事人任务就告完成，而如何将这种证据调查的结果用于事实的认定则是属于辩论主义领域外的问题，其专属于法院的职责。当通过证据共通原则将基于对方证据申请而形成的证据调查结果，使用于有利于一方当事人的事实认定时，同样也不需要该方当事人提出援用该证据调查结果之主张。实际上，纵使当事人实施了这种援用的行为，那么这种行为也不过是敦促法官予以关注的事实行为。

（三）证据共通原则的功能

证据共通原则确立的目的在于保障法官可以在综合各种证据的基础上合理自由的认定事实。这样一来，证明责任在对立的当事人之间的分配会在一定程度上被弱化。

1. 促进案件真实的发现

证据共通原则的适用是建立在证据关联性的基础之上，是由证据本身的关联性所决定的。事实真相是唯一的，法院在认定事实之际，无视于同一证据方法上明显之其他反对资料，而仅注意在对提出此证据方法之当事人有利之资料，其结果必不能基此资料而为合理判断。① 故证据共通原则可以使与案件有关的、能够证明案件事实的各种证据材料都能作为法官认定案件事实的基础，从而有助于推进案件真实的发现，更好地促进纠纷的解决。

2. 提高案件审理的效率

民事诉讼是追求公正和效率的统一体。在探求案件真相的同时，亦须注意程序的运行时间，一方面使得有限的司法资源可以得到更好地分配，另一方面也尽量减少当事人的诉讼成本。这就要求为实现特定的诉讼目的，如果有可供选择的数种手段，应当采取耗费较少同时给当事人造成较小负担的手段。证据共通原则使可以证明某一案件事实的证据只需由某一当事人提出一次即可成为法院判断的对象，这自然有利于案件的迅速审结，避免诉讼资源的浪费，

---

① 参见王甲乙、杨建华、郑健才：《民事诉讼法新论》，台湾三民书局股份有限公司 2002 年版，第 420 页；吕太郎：《民事诉讼之基本理论》（一），中国政法大学出版社 2003 年版，第 221 页。

从而"不至发生同一诉讼手续反复不已之弊"，① 符合诉讼经济和效率的要求。

二、证据共通原则在对立当事人之间的适用规则

解决私人之间民事纠纷的民事诉讼，基于私权自治之基点，理应以较能尊重当事人意思的诉讼程序和裁判方法为宜。因此，在辩论主义模式下，不管是原告还是被告，只要提出了利己的案件事实，在通常情况下对此事实就得承担证明责任。一般情况下，当事人对自己有利的证据才会提出，而对自己不利的证据则会隐瞒甚至毁灭。其结果是使作为当事人双方对抗武器的证据本身不可避免地贴上了诸如"原告的证据"或"被告的证据"这样具有鲜明专属色彩的标签。

当事人提出证据的目的虽然是为了让法官作出于己有利的事实认定，但这毕竟是其一厢情愿，并不能约束法官，法官有权自由进行证据评价。"当事人于诉讼实务上时常就他造所提出之证据，陈述'有利于自己部分愿予援用'，或仅陈述'援用该证据'，此项陈述只有促请法院注意依职权判断事实之效力而已，法院不问有无是项陈述，仍应依证据通用之原则，判断事实之真伪。"② 易言之，对于一方当事人提出的证据，对方当事人可基于证据共通原则，而援引该证据以要求法院作出于己有利的事实认定，但法院将该证据用于于对方当事人有利的事实认定并不以对方当事人提出请求或援用证据调查结果为前提，因为此乃法官职责之范围。

如此一来，当事人提出的证据，在法院进行证据调查程序以前，当事人可以自由撤回该证据；但在法院的证据调查程序开始之后，当事人则不能自由撤回证据，除非征得对方当事人的同意；而一旦法院完成了对该证据的调查程序，该调查证据所获的结果，即

---

① 蔡章麟：《民事诉讼法上诚实信用原则》，载杨建华主编：《民事诉讼法论文选编》（上），台湾五南图书出版公司1984年版，第35页。

② 王甲乙：《辩论主义》，载杨建华主编：《民事诉讼法论文选编》（上），台湾五南图书出版公司1984年版，第377页。

属于共通的证据，则无论如何均不许撤回。因为在证据共通原则下，一旦证据调查开始，就有可能产生对对方当事人有利的证据资料，此时证据调查的结果已经对法官的心证产生了影响，而且这种影响是难以消除的，即证据对对方当事人有利的可能性被现实化，因此除非取得对方当事人的同意，否则提出证据申请的当事人不能撤回申请。可见，证据共通原则将会促使提供证据的一方当事人更为谨慎和小心。

三、证据共通原则在共同诉讼人之间的适用规则

民事诉讼一般是一个原告诉一个被告的单一情形，但不可否认的是，在日常生活中也大量存在原、被告一方或双方人数为二人或二人以上的情况。为处理此类复杂局面，包括我国在内的世界各国和地区均创设了"为共同辩论和调查证据集中众多诉讼"① 的共同诉讼制度，使必须参加诉讼的人参加到同一诉讼程序中来，从而有利于法院查清案件的事实，正确、彻底地解决当事人之间的纠纷，避免对同一问题作出互相矛盾的判决，同时，亦可节省人力、物力，符合诉讼经济原则的要求。所谓共同诉讼，是指当事人一方或双方为二人以上，诉讼标的共同或同一种类、法院认为可以合并审理并经当事人同意，一同在法院进行的诉讼。其中诉讼标的物共同的为必要的共同诉讼；诉讼标的物同一种类的为普通的共同诉讼。一同在法院起诉的共同原告，或一同在法院应诉的共同被告，即为共同诉讼人。

1. 证据共通原则在必要共同诉讼中的适用

由于必要共同诉讼当事人之间的诉讼标的是共同的，故受诉法院对于必要共同诉讼必须合并审理，合一确定当事人之间的实体权利义务。无论何种情况，受诉法院均不得分别为证据调查及组织当事人分开进行言词辩论，以求事实认定的同一。在民事诉讼理论和实践中，在处理必要的共同诉讼人之间的关系问题上采取的是

---

① ［德］奥特马·尧厄尼希：《民事诉讼法》（第 27 版），周翠译，法律出版社 2003 年版，第 422 页。

"有利"原则，即共同诉讼人中一人或数人的诉讼行为有利于其他共同诉讼人时，该行为对其他共同诉讼人发生效力，不利于其他共同诉讼人的行为则对全体共同诉讼人无效。至于该一人或数人的行为是否有利于其他人，对法官而言仅是从形式上来判断，而非从裁判的结果上加以判断，具体而言，就是看该一人或数人所提出的诉讼请求、在法庭上所作的诉讼行为是否有利于共同诉讼人全体，同时还应将该一人或数人在遵守期间和发生诉讼程序中止或中断事由的效力及于共同诉讼人全体。同样，"对方当事人的行为，即便是仅针对共同诉讼人中的一人做出的，也产生针对全体的效力"。①

可见，为维护其他共同诉讼人的利益，必要共同诉讼中一人提出的证据自然应对其他共同诉讼人产生效力，当然也是从形式上来判断，而不涉及最终的效果；而对方当事人针对共同诉讼中一人所提出的证据不管有利还是无利，亦对其他共同诉讼人产生效力。简言之，证据共通原则在必要共同诉讼中理应得到适用。

2. 证据共通原则在普通共同诉讼中的适用

普通共同诉讼从性质上来讲属于可分之诉，即本可由受诉法院作为数个单一之诉分别审理与裁判，只是由于该数诉在诉讼标的上具有一定的牵连关系，为求共通事实认定上的统一性以及诉讼经济原则的贯彻才将其作为共同诉讼合并审理，也即受诉法院合并为证据调查并组织当事人一起进行言词辩论（在合并审理反而导致程序繁杂混乱的情形下，受诉法院可依职权组织各当事人分别进行言词辩论）。因此，普通共同诉讼人之间一般应遵循独立性原则，一个普通共同诉讼人所实施的诉讼行为仅对其本人有效，不及于其他共同诉讼人。

但事实的真相有且仅有一个。如果在同一时间、同一诉讼程序中，受诉法院针对不同共同诉讼人对于同一事实作出不同的认定，即便符合上述普通共同诉讼独立性原则，但无疑与常理明显相悖。易言之，在普通共同诉讼中，"事实或真或伪必居其一，不能有既

---

① ［日］新堂幸司：《新民事诉讼法》，林剑锋译，法律出版社2008年版，第549页。

认定真实复认定虚伪之情形，因此，对表现在同一辩论上之事项，必须依自由心证而予同一认定，故为心证基础之证据，不得不成为共通"，① 即亦应适用证据共同原则。

在证据共通原则下，普通共同诉讼人中一人或数人提出的证据，直接被视为其他共同诉讼人所提出，法院得依据该证据来认定同一或共通的事实。但是，与必要共同诉讼相比，普通共同诉讼毕竟是数个独立之诉的合并，故共同诉讼人之间利益不一致的情形在所难免，共同诉讼人之间对事实和证据容易产生不同的主张和看法。因此，出于程序公正性的考量，应当允许其他共同诉讼人对证据共通原则的适用提出异议，即对于共同诉讼人中一人提出的证据影响到其他共同诉讼人的部分，应当保障其异议权的行使。其他共同诉讼人没有提出异议或者异议不合理的，法院才能基于证据共通原则对特定事实予以认定。否则，其他共同诉讼人可以此为由提起上诉或者申请再审。

民事诉讼法为各个具有不同愿望和要求的民事主体搭建起一个表达其各自诉求的互动平台。借助该平台与机制，可以有效地引导各个利益主体以较为理性的方式来表达诉求，并在此基础之上来化解相互之间的矛盾和冲突。民事诉讼中的证据共通原则是自由心证主义的必然要求，亦与辩论主义的内涵相融合，同时符合公正和效率这两项民事诉讼的基本价值，其既适用于相对立的对方当事人之间，亦可被共同诉讼人所利用。应该在今后的理论研究中对该原则予以关注，并在立法完善中予以体现。

第二节　证据失权

民事诉讼中的失权，是指民事诉讼参与人在民事诉讼活动中所享有的诉讼权利因特定原因的出现而告丧失。任何一种权利的行使和存在都是具体的、有条件的，当相关的具体条件不复存在时，失

---

① 吕太郎：《民事诉讼之基本理论》（一），中国政法大学出版社 2003 年版，第 234 页。

权的效果便会随之发生。失权大多与时间要素有着内在的关联，故诉讼权利的丧失多以法定或指定时间的流逝即时限的届满为其基本原因。在所有失权类型中，当事人因怠于举证而导致的失权对诉讼进程及其结果的影响最为直接和显著，故极有必要对民事诉讼证据失权制度进行深入、细致的探析。

一、证据失权制度的现有相关规定概述

作为规则层面对提出证据时间以及相应效果的界定，证据失权制度通常由时限和法律后果两方面内容组成，而其核心内容则为时限，一般称之为举证时限（或称举证期限）。该期限要求承担证明责任的当事人应在一定期限内提出证明其主张的相应证据，逾期不举证则要承担证据失效之后果。我国现行立法和司法解释没有直接使用"证据失权"一词，而是用举证时限来界定证据失权制度的运行和效果。不同国家和地区的立法对证据失权的定位有所不同。如《德国民事诉讼法》第356条规定："因为有不定期的障碍致不能调查证据，法院应规定一定期间，如在期间内仍不能调查，那么，只有在法院依其自由心证，认为不致拖延诉讼程序时，才可以在期间后使用该证据方法。此项期间可以不经言词辩论定之。"同法第367条规定："（1）当事人一方或双方于调查证据的期日不到场，依案件情况调查证据仍能进行时，即仍进行。（2）如果不致拖延诉讼，或者当事人能释明对前次期日不到场并无过失时，法院可以依申请，在据以为判决的言词辩论终结前命令追行调查证据；如果当事人能释明，因其未到场，调查证据有重大遗漏时，法院也可依申请，在据以为判决的言词辩论终结前，命令补充调查证据。"可见，在德国，证据失权应属酌定失权，一方面由法院来指定当事人举证的期限，另一方面由法院来判断逾期举证的效果。而我国台湾地区"民事诉讼法"第209条规定："法院调查证据，除别有规定外，于言词辩论期日行之。"同"法"第285条第2款规定："声明证据，于言词辩论期日前，亦得为之。"同"法"第287条进一步规定："因有窒碍不能预定调查证据之时期者，法院得依声请定其期间。但期间已满而不致延滞诉讼者，仍应为调查。"可见，在我国台湾地区，除特殊情形外，证据失权应属法定失权，失权制裁的效果不能由法院斟酌判断，而已为立法所明确。从效果上看，证据失权仅关乎当事人举证的权利，并不直接影响当事人的实体权利，故其应属单纯失权。

1991年颁布的现行《民事诉讼法》并未对当事人举证的时间以及逾期举证的效果作出限制，这明显是一项制度上的疏漏，极易对审判实践造成消极影响。因此，最高人民法院在来年颁布的《关于适用〈中华人民共和国民事诉讼法〉若干问题的意见》（以下简称《民诉适用意见》）第76条中对当事人的举证时间作了一定限制，即"人民法院对当事人一时不能提交证据的，应根据具体情况，指定其在合理期限内提交。当事人在指定期限内提交确有困难的，应在指定期限届满之前，向人民法院申请延期。延长的期限由人民法院决定"。该规定在一定程度上可以理解为以法院指定期限的方式设定了举证时限。但该条款并未对延期届满后是否可以再次延期作出规定，即法院无禁止当事人不断申请延期的能力；同时亦未明确超出举证时限当事人所应承担的法律后果，对于当事人随时提出的证据法院无拒绝采纳的依据。故可以认为，《民诉适用意见》第76条实质上并未确立起证据失权制度，尚无法满足司法实践对证据失权的需求。

经过近十年理论上的探讨和实践中的摸索，最高人民法院终于在2001年底颁布的《关于民事诉讼证据的若干规定》（以下简称《民事证据规定》）中确立了各界呼唤良久的以举证时限为核心的证据失权制度。其第33条规定，人民法院应当在送达案件受理通知书和应诉通知书的同时向当事人送达举证通知书。举证通知书应当载明举证责任的分配原则与要求、可以向人民法院申请调查取证的情形、人民法院根据案件情况指定的举证期限以及逾期提供证据的法律后果。举证期限可以由当事人协商一致，并经人民法院认可。同规定第34条进一步明确了失权的效果，即当事人应当在举证时限内向人民法院提交证据材料，当事人在举证期限内不提交的，视为放弃举证权利。对于当事人逾期提交的证据材料，人民法院审理时不组织质证。但对方当事人同意质证的除外。当事人增加、变更诉讼请求或者提起反诉的，应当在举证期限届满前提出。

作为对《民事证据规定》中证据失权效果的缓和，2008 年底最高人民法院发布的《关于适用〈关于民事诉讼证据的若干规定〉中有关举证时限规定的通知》（以下简称《举证时限通知》）第 1 条"举证期限届满后，针对某一特定事实或特定证据或者基于特定原因，人民法院可以根据案件的具体情况，酌情指定当事人提供证据或者反证的期限"之规定明确降低了《民事证据规定》第 34 条第 1 款对举证时限的刚性要求，将逾期举证失权的效果交由主审法官自由裁量。

2015 年 1 月颁布的《民诉法解释》对现行《民事诉讼法》第 65 条第 2 款规定的举证期限制度进行了细化。依该解释第 99 条至第 102 条之规定，人民法院应当在审理前的准备阶段确定当事人的举证期限。举证期限可以由当事人协商，并经人民法院准许。人民法院确定举证期限，第一审普通程序案件不得少于 15 日，当事人提供新的证据的第二审案件不得少于 10 日。举证期限届满后，当事人对已经提供的证据，申请提供反驳证据或者对证据来源、形式等方面的瑕疵进行补正的，人民法院可以酌情再次确定举证期限，该期限不受前款规定的限制。当事人申请延长举证期限的，应当在举证期限届满前向人民法院提出书面申请。申请理由成立的，人民法院应当准许，适当延长举证期限，并通知其他当事人。延长的举证期限适用于其他当事人。申请理由不成立的，人民法院不予准许，并通知申请人。当事人逾期提供证据的，人民法院应当责令其说明理由，必要时可以要求其提供相应的证据。当事人因客观原因逾期提供证据，或者对方当事人对逾期提供证据未提出异议的，视为未逾期。当事人因故意或者重大过失逾期提供的证据，人民法院不予采纳。但该证据与案件基本事实有关的，人民法院应当采纳，并依照《民事诉讼法》第 65 条、第 115 条第 1 款的规定予以训诫、罚款。当事人非因故意或者重大过失逾期提供的证据，人民法院应当采纳，并对当事人予以训诫。当事人一方要求另一方赔偿因逾期提供证据致使其增加的交通、住宿、就餐、误工、证人出庭作证等必要费用的，人民法院可予支持。

以此为基础，学界对民事诉讼中的举证期限及相关问题进行了大量研究。一方面，从规则层面对《民事证据规定》中的举证时限制度进行了诠释性解析，以期为该制度在司法实践中的适用提供支持；另一方面，从理论层面探讨了证据失权制度的合理性和必要性，为在民事诉讼中全面确立证据失权制度营造理论氛围。2002年至2005年之间，学界即掀起了一阵研究证据失权的小高潮，"证据失权""举证时限"等一度成为民诉法学界的时髦话题。

正当学界对以举证期限为核心的证据失权制度奋力摇旗呐喊时，举证时限在司法实践中的"境遇"却悄然发生了变化。2006年12月，最高人民法院民一庭庭长纪敏同志撰文指出："从将近5年的施行过程看，实践中对《民事证据规定》中个别条款内容的理解还存在一些问题，其中最主要的就是如何理解和适用有关证据失权的规定。对当事人而言，证据失权与其诉讼目的的实现关系重大。因此，每一位民事审判法官在适用《证据规定》第34条规定的时候，要格外慎重。如果孤立、片面或者机械地理解和适用该条规定，往往会在实践中导致对当事人合法权益的保护不周，甚至在很多时候还会严重损害当事人的合法权益。这种做法直接导致案结事不了，诱发涉诉信访，影响社会稳定与和谐。"[1] 这一表态与1999年最高人民法院在《人民法院五年改革纲要（1999—2003）》第16条（"民事、经济审判方式改革要进一步完善举证制度，除继续坚持主张权利的当事人承担举证责任的原则外，建立举证时限制度，重大、复杂、疑难案件庭前交换证据制度，完善人民法院收集证据制度，进一步规范当事人举证、质证活动"）中对举证期限制度的强调已有明显不同。可见，此时最高人民法院在对举证时限制度适用的态度上已有所转变。而《举证时限通知》第1条"举证期限届满后，针对某一特定事实或特定证据或者基于特定原因，人民法院可以根据案件的具体情况，酌情指定当事人提供证据或者反证的期限"之规定将当事人逾期举证是否失权的决定权交

---

① 纪敏：《全面理解和正确适用证据失权》，载《人民法院报》2006年12月25日，第5版。

由法院判断的做法则明确降低了《民事证据规定》第 34 条第 1 款对举证时限的刚性要求，甚至有将举证期限制度"虚化"为一项可有可无的"摆设"之虞。①

这一动向的深层原因，便是"因自身的实际处遇及长期深受'服务大局、确保稳定'等观念的主导性影响，我国的审判实务部门往往更多地是从政治角度来考虑司法权的运作"②。在党中央将"构建和谐社会"确立为党和国家的奋斗目标后，最高人民法院也逐渐将"司法为民"明确为人民法院的工作宗旨。③通过分析，可以透视出，似乎在最高人民法院的观念中，按照《民事证据规定》中所确立的对逾期提出证据加以"一刀切"的举证期限制度的要求，逾期举证将被视为当事人自动放弃举证权利，人民法院对当事人逾期提出的证据不再组织质证，除非存在着属于新证据和可视为新证据的例外情形。如果被排除的证据是攸关诉讼胜负的关键性证据，那就势必导致诉讼结果的逆转，使人民法院裁判中认定的事实完全不同于诉讼前所发生的真实情况，从而导致当事人通过诉讼保护自身权益的希望落空。可见，举证期限制度因可能激化和加剧矛盾而难以实现"案结事了"的息讼目的，从而与"构建和谐社会"和"司法为民"的要求相抵牾。因此，淡化甚至摒弃该制度的适用便成为现时法院自认为把握大局的突出表现。在审判实践中，各地人民法院的法官考核制度和质量评估体系更是直接影响到了举证期限制度的实际运用。由于第二审对第一审的改判、发回以

---

①　正因如此，从 2006 年开始，对举证时限和证据失权的研究急速降温，即便尚有少数研究也仅限于对举证时限制度的适用软化上。

②　赵钢：《"能动司法"之正确理解与科学践行——以民事司法为视角的解析》，载《法学评论》2011 年第 2 期。

③　2003 年 8 月下旬，时任最高人民法院院长的肖扬同志在全国高级法院院长座谈会上强调，司法为民不是一句简单的口号，司法为民进一步揭示了新时期人民法院的工作宗旨，人民法院工作要牢固确立司法为民的宗旨。参见田雨：《最高法院提出司法为民是新世纪人民法院工作宗旨，肖扬强调要在 11 个方面下功夫为群众办实事》（http://news.xinhuanet.com/newscenter/2003-08/24/content_1041912.htm）。

及再审的提起都对人民法院和法官个人的评价产生负面影响，故面对当事人逾期提出的证据时，若该证据对案件事实的认定具有实质意义，第一审和第二审法官一般都不会使之失权；若该证据对案件事实的认定无实质意义，则基于减少撰写判决书的麻烦一般会使其失权。这种做法的实际效果便是使第一审和第二审对证据的认定基本已经回归到《民事诉讼法》中的初始规定，举证期限的应然要求已然流于浮泛。

应该明确的是，以举证期限制度在各国民事诉讼中之所以能得到确立并成为发展的趋势，其对于提升当事人参诉的诚信意识、推进诉讼的顺利进行以及促进纠纷的有效解决等所具有的作用是不言而喻的。在规则已有相关设置的情况下将举证期限制度"束之高阁"，难免给人以司法实践陷入以"有法不依"为重要表征的新"法律虚无主义"之泥沼的印象，进而对社会主义法治秩序造成冲击。

2012 年修改之前的《民事诉讼法》并未约束当事人提出证据的时间，在该问题上采取的乃是随时提出主义的模式。而《民事证据规定》所确立的举证期限制度乃是对适时提出主义予以认可的产物，其实质上已突破了上述规定，无疑是以一种"良性违法"的方式对现行法所进行的修正。应该承认，在立法整体水平相对落后的我国现阶段，由审判机关通过实践探索和经验积累来创设一些审理规则在一定程度上不失为一种"短、平、快"的权宜之计，但若通过规范性文件的形式将之固定为可予长期适用的审判制度则无疑会极大地动摇法律的严肃性和权威性。当然，最高人民法院并非忽视这一点，故其在进行司法解释时亦是在现行法的罅隙中寻求举证期限制度可予成立的微小空间，尽量维持一种"虽有突破但不至走远"的态势。即便谨小慎微，此种"夹缝中求生存"的做法仍难免与法律保留原则相左。作为世界各国通行的立法基本准则，法律保留原则是指对于社会关系中的重大事项必须由全国性立法机关通过制定法律的形式予以设定。基于具体国情之考量，各国在规定法律保留的范围上有所差异，但却均将诉讼制度的设置归入法律保留范畴。如我国《立法法》第 8 条第（9）项即规定，有关诉讼制度的事项只能制定法律。该原则体现在民事诉讼领域，便是对当事人诉讼权利的设定应由法律来规制。证据失权显然是一种从时间上对当事人举证权的约束，其理所当然应由全国人大及其常委会以制定法律的形式予以设置。而仅凭最高人民法院从司法解释层面来加以设定无疑层级偏低，且有违法律保留原则，于维护法律的严肃性以及强化证据失权制度的权威性均无实益。而现行《民事诉讼法》第 65 条对举证期限的明确和逾期提出证据后果的规定应该说是对上述争议的最终定论，是对该制度的明显肯定，亦提升了该制度的规范层级，实值得赞同和肯定。

二、证据失权制度的困境与问题

《民事证据规定》确立以举证时限为核心的证据失权制度伊始，各级法院审理案件时对其均予以严格执行，但随时间之推移，该制度在司法实践中的"境遇"却悄然发生变化。2006 年 12 月，最高人民法院民一庭庭长纪敏同志撰文指出："从将近 5 年的施行过程看，实践中对《证据规定》中个别条款内容的理解还存在一些问题，其中最主要的就是如何理解和适用有关证据失权的规定。对当事人而言，证据失权与其诉讼目的的实现关系重大。因此，每一位民事审判法官在适用《证据规定》第 34 条规定的时候，要格外慎重。"① 该表述直接反映出最高人民法院在对证据失权制度适用的态度上有所调整。而随后出台的《举证时限通知》将是否适用证据失权的决定权赋予主审法官的做法则基本上将该制度"虚化"为一项可有可无的"摆设"，亦即证据失权制度本身面临着"失权"的尴尬处境。笔者认为，理论上的价值冲突和制度上的内在缺陷两方面的原因造成了证据失权在我国当前民事审判中的窘迫境遇。

（一）理论上的价值冲突

诉讼制度无论架构如何，无不以公平和正义为其所追求的核心

---

① 纪敏：《全面理解和正确适用证据失权》，载《人民法院报》2006 年 12 月 25 日，第 5 版。

价值与终极目标。此种源于中立、理性裁判的实体正义恰是建立与维系司法权威的根本途径。但是，对公平和正义的实体追求不能过于绝对，不能为了实现所谓"终极"的公平和正义而不择手段。正义不仅应得到实现，而且要以人们看得见的方式加以实现。具体到诉讼解决纠纷而言，"审判结果是否正确有时不以客观的标准来衡量，而充实和重视程序本身以保证结果能得到接受为其共同的精神实质"。① 良好的程序设计不仅可以维系法律秩序，更能确保实体认定的及时与准确，这既体现了对人性和人格尊严的尊重，也扩大了司法解决社会纠纷的影响力。当然，对程序正义的追求也是过犹不及，特别是在我们这个实体正义氛围异常浓厚的国家，更要注重协调二者之间的关系，以达到二者的和谐统一。

实体正义与程序正义的冲突具体到证据失权制度上就转化为客观真实（实质真实）与法律真实之间的冲突。以举证时限为核心的证据失权制度之所以在本世纪初能在司法解释层面得以确立，乃是在借鉴域外相关立法的基础上对我国肇始于 20 世纪 90 年代中期的民事审判方式改革在该问题上局部实践的总结，从某种意义上讲并非建立在理论积淀已十分完备、充分的基础之上，故产生伊始便受到多方质疑。"如果孤立、片面或者机械地理解和适用该条规定，往往会在实践中导致对当事人合法权益的保护不周，甚至在很多时候还会严重损害当事人的合法权益。这种做法直接导致案结事不了，诱发涉诉信访，影响社会稳定与和谐"② 的表述进一步表明，在最高人民法院的观念中，按照《民事证据规定》将逾期举证视为当事人自动放弃举证权利的做法，如果被排除的证据是攸关诉讼胜负的关键性证据，那就势必导致诉讼结果的逆转，使法院裁判中认定的事实完全不同于诉讼前所发生的真实情况，从而导致当事人通过诉讼保护自身权益的希望落空。可见，证据失权制度因可

---

① ［日］谷口安平：《程序正义与诉讼》，王亚新、刘荣军译，中国政法大学出版社 1996 年版，第 48 页。

② 纪敏：《全面理解和正确适用证据失权》，载《人民法院报》2006 年12 月 25 日，第 5 版。

能激化和加剧矛盾而难以实现"案结事了"的息讼目的，从而与"构建和谐社会"和"司法为民"的要求相抵牾。鉴此，淡化甚至摒弃该制度的适用便成为现时法院自认为把握大局的突出表现。

（二）制度上的内在缺陷

从某种意义上来说，证据失权制度在我国的确立是我国借鉴域外发达法治国家民事审判先进经验的产物，但这种导入从一开始便陷入了以自我为目的的怪圈，即仅是为了在证据规则体系中为证据失权谋得一席之地而盲目、粗放地将其移植，从而在制度布置上漏洞百出，进而影响到其实效的发挥。而其最根本的原因便是我国审前准备程序的空洞与缺失。

审前准备程序，是指为确保庭审的顺利进行，在开庭审理之前，双方当事人交换证据，整理争点，从而使案件达到适合审判的程度的程序。以审前制度高度发达的美国为例，其审前准备程序由诉答、证据开示和审前会议三个阶段构成。① 通过完善的审前准备阶段，可以促进或帮助当事人从事证据收集等活动，使当事人及时向法庭提供相关事实和证据，为法官判断事实提供基础，实现纠纷的迅速解决和裁判的公正准确。

而我国现有的审前准备程序主要是从法院视角所进行的制度设置，少有当事人参与的内容，难以达到整理和固定争点的效果。

一方面，范围界定过窄。《民事证据规定》第 37 条"经当事人申请，人民法院可以组织当事人在开庭审理前交换证据。人民法院对于证据较多或者复杂疑难的案件，应当组织当事人在答辩期届满后、开庭审理前交换证据"之规定虽然确立了审前证据交换，但其仅适用于证据较多或者复杂疑难的案件，同时能否实际运行还取决于法院的态度。这即会导致相当数量的案件难以进行审前证据交换，证据失权的效果便难以有效发挥。

另一方面，内容相互抵触。《民事证据规定》第 38 条规定，

---

① ［美］斯蒂文·N. 苏本、马莎·L. 米卢、马克·N. 布诺丁、托马斯·O. 梅茵：《民事诉讼法——原理、实务与运作环境》，傅郁林等译，中国政法大学出版社 2004 年版，第 84 页。

人民法院组织当事人交换证据的，交换证据之日举证时限届满。而
同规定第 40 条又要求，当事人收到对方交换的证据后提出反驳并
提出新证据的，人民法院应当通知当事人在指定的时间进行交换。
这两条规定之要求存在明显的矛盾：从逻辑上讲，一方当事人只有
通过证据交换才能知晓对方当事人的证据，然后进一步搜集相关新
证据予以反驳。而"证据交换之日举证时限届满"之规定使得双
方当事人根本没有时间来获取新证据，此时对当事人适用证据失权
显然过于苛刻，使之难以发挥实效，进而影响后续庭审的顺利进
行。作为当事人诉至法院要求保护私权利益的法定程序，民事诉讼
争执的中心乃是一种平权型的权利义务关系。故法院和双方当事人
在该程序中的关系呈现出"等腰三角形"的样态：法院作为居中
审判者位于该三角形的顶点，双方当事人分别位于该三角形的底边
和两斜边的交汇点上，即双方当事人和法院之间保持同等的距离，
且双方之间亦处于完全平等的对峙局面，这样即可从制度架构上确
保双方当事人攻击防御手段的平衡。民事诉讼中双方当事人地位的
平等性使得该程序高度对抗，故其常被称为"战争"。而基于攻击
防御手段平衡的要求，立法必须为双方当事人提供平等的"战斗"
机会，法院在审理具体案件中亦应确保双方诉讼权利的均衡行
使，① 从而使得双方都有提出于己有利的攻击防御方法的可能。在
这种对抗制的诉讼模式中，法官以消极的方式行使审判权，不得对
当事人未向其诉求的事项有所作为；当事人则是诉讼程序的主导
者，不仅有权决定诉讼中的实体问题，而且还有权推动诉讼程序的
进行，未经当事人提出的诉讼主张不得成为法官裁判的对象，未经
当事人提出与辩论的证据不得成为法官裁判的依据。

三、证据失权制度的完善

应该明确的是，证据失权制度在各国民事诉讼中之所以能得到

---

① 立法对当事人攻击防御手段平等地赋予乃是一种静态的平等；法官
在审理具体案件过程中确保当事人诉讼权利的平等行使乃是一种动态的平等，
动静相结合即可有效地保证审理进程和裁判结果的公正性。

确立并成为发展之趋势，其在提升当事人参诉的诚信意识、推进诉讼的顺利进行以及促进纠纷的有效解决等方面的重要性是不言而喻的。相对于政治运行而言，法律制度的稳定性更强，故其不能完全随政治动向而动，尤其是在对政治动向可能尚未全面"吃透"的情况下更是如此，否则即会陷入以"有法不依"为重要表征的新的"法律虚无主义"的泥沼，对社会主义法治秩序造成冲击。

当然，在对《民事证据规定》所确立的证据失权制度之地位予以肯定的同时，也不能忽视现有规则层面的罅漏。笔者认为，在今后规则调整时应从以下四个方面予以完善：

（一）厘清证据失权设置的方式

证据失权制度最大的功用便是在一定程度上可以防止诉讼的迟延，并以此为本展现出诸如防止"证据突袭"、减轻当事人负担、促进证据交换以及加速集中审理等多方面的具体功能。但必须承认的是，依《民事证据规定》所确立起的我国现有证据失权制度在设计的合理性上存在明显不足，其实际运作并不能完全起到防止诉讼迟延的作用，而这一问题的关键则集中在举证时限作用的方式上。依《民事证据规定》第33条第2、3款的规定，我国目前举证时限的确定有法院决定和当事人协商并经法院认可两种方式。对于当事人协商确定举证时限这一方式，笔者认为并不具备实质性价值，且在某种程度上还会减缓诉讼进程。一则因若要求双方当事人通过自行协商确定举证时限必须另行通知双方同时到庭，无疑会给当事人带来额外的麻烦与不便；二则因当事人双方争锋相对、互存芥蒂，要求处于此种紧张气氛下的双方协商确定举证时限往往会导致双方不欢而散，难有定数；三则因当事人往往将拥有较长的举证时限视为其重要权利，故双方均愿意商定一个过于拖沓的举证时限，此种结果无疑会因延缓诉讼进程而难以得到法院的认可，最终变为仍是由法院来决定一个期限，从而使这种协商流于形式。

同时，举证时限从实质上讲乃是一种期间，且从《民事证据规定》所设立的两种方式来看，我国现有的举证时限并非法定期间，而属指定期间。这种期间是法院行使诉讼指挥权的体现，是可变的，法院可以根据案件的具体情况对举证时限加以变更，而这种变更并不需要法律规定的理由，且法院也可以根据具体情况对逾期的举证行为的有效性加以判断，因此如果不是故意拖延诉讼，就应当认定提交的证据是可采的。

可见，赋予当事人确定举证时限的权利既不有效，亦不现实，从该制度运作的合理性和有效性上来说，应将举证时限完全交由享有诉讼指挥权的法官予以行使。

（二）　明确证据失权适用的时间

作为一项制度，证据失权本身即是对直接审理原则和集中审理原则的兼顾，而深入至如何布设才能具体平衡两者之关系，问题的关键乃在于举证时限的截止时间。对于举证时限应截止于何时，目前主要有两种意见，"多数人主张截止时间为第一审法庭辩论终结之时，少数人主张应为开庭审理之日，即当事人须在开庭审理前提出证据"。① 一般来说，举证时限应纳入审前准备程序加以考量。

我国现行《民事诉讼法》在第十二章"第一审普通程序"中专设一节"审理前的准备"。依其第125条至第133条的规定，我国的审前准备程序主要包括送达起诉状副本和答辩状副本、告知当事人诉讼权利义务、告知合议庭组成人员，审核诉讼材料、调查收集必要证据及追加当事人等一些事项。从内容上看，民诉法所定之审前准备程序主要是法官做些事务性的准备工作以及调查自己认为对弄清案件事实有利的证据材料，至于证据的提供和争点的整理等内容则并未提及。② 如前所述，《民事证据规定》第37条虽然规定了审前证据交换制度，但从效力上看，并未赋予其任何程序法上的效力，当事人仍然可以在后续的审理过程中提出新的证据，法院也可以不受当事人在审前证据交换中所提证据的限制，从而使审前证据交换流于形式。其最根本原因便是未将证据失权纳入审前准备程序予以设置。如将当事人提供证据的时间限制在审前，则可以使审

---

① 江伟：《民事诉讼法学原理》，中国人民大学出版社1999年版，第513页。

② 张永泉：《民事诉讼证据原理研究》，厦门大学出版社2005年版，第238页。

前证据交换发挥实效，既可促成部分案件通过审前证据交换达成和解，亦可加快部分案件争点的整理，从而加速审判的进程，真正防止诉讼迟延。

（三） 夯实证据失权设置的配套制度

证据失权制度对诉讼效率的追求是通过为当事人提出证据的行为设定时间限制的方式来实现的，[①] 即要求当事人在限定的期间或特定的诉讼阶段提供所有其准备在庭审中使用的证据，并通过对逾期证据的排除来迫使当事人遵守期间。[②] 作为一项限制权利行使时间的制度，追求程序的快速进行是证据失权的本质之所在。此种较为单一的价值追求和功利色彩决定了证据失权制度具有明显的局限性。故为淡化证据失权制度的功利色彩，使之在查明事实真相和追求诉讼效率之间找到平衡点，需要有坚实的配套制度作为基础辅助其运作。

笔者看来，夯实证据失权运作之配套制度基础，最关键的问题便是要充实当事人双方的举证能力。从哲学认识论的角度来看，证据是不断被发现的，[③] 而非一定能在指定的期限内被当事人所收集。而依证据失权的要求，举证时限届满即会发生失权效果，法院不再予以采纳，这对于案件事实的查明显然极为不利，在此之上所作出的裁判自然难免有失公允。特别是在相关证据明显真实可靠、且对案件的处理有决定性影响、将其排除等于是依错裁判的情况下，当事人自然会对相应裁判产生不服心理，公众亦会对此难以接受，久之必会损及诉讼的公信力和司法的权威。因此，在认可证据失权的前提下，必须通过相关措施的制定以加强当事人在举证时限内举证的能力，从而尽量使期限内当事人的举证效能最大化，特别是对举证能力较弱的一方在措施的制定上应加强倾斜的力度，必要时还要发挥法院在协助当事人取证中的作用，切实做到强、弱平

---

① 齐树洁：《民事诉讼法专论》，厦门大学出版社 2002 年版，第 75 页。

② 陈刚：《证明责任法研究》，中国人民大学出版社 2000 年版，第 82 页。

③ 江伟：《民事诉讼法》，中国人民大学出版社 2008 年版，第 197 页。

衡，使当事人能够真正从证据失权制度中获取实益。

（四）提升证据失权制度的规范层级

现行《民事诉讼法》第 139 条第 1 款规定："当事人在法庭上可以提出新的证据。"与之相适应，同法第 146 条第 3 项规定，需要通知新的证人到庭，调取新的证据，重新鉴定、勘验，或者需要补充调查的，人民法院可以延期开庭审理。可见，现行《民事诉讼法》并未对当事人提出证据的时间加以限制，当事人在庭审中可以随时提出证据。而《民事证据规定》所确立的证据失权制度已实质性地突破了现行《民事诉讼法》的规定，是通过所谓"良性违法"的方式建立起来的。不可否认，在我国立法水平相对落后的现状下，由实务部门通过实践摸索和经验积累来创设一些规则在一定程度上颇具合理性和必要性，但如果通过规范性文件的形式将之固定为具有广泛适用性和约束力的制度，则显然会动摇法律的权威性、严肃性和统一性，无疑是一种舍本逐末的选择。当然，最高人民法院亦非完全忽视这一点，故在进行司法解释时亦是在法律的空隙间寻求证据失权制度存在的空间，尽量维持一种虽有所突破但不至于走得过远的态势。如《民事证据规定》在对"新证据"的处理上，一方面以《民事诉讼法》第 139 条第 1 款为总的适用前提，另一方面又千方百计地进行缩小解释以配合证据失权的相关规定。然而，由于现行法并未给证据制度预备过多的改革空间，这种"夹缝中求生存"的窘境使得证据失权的制度布设捉襟见肘，作用自然有限。

同时，这种做法亦与法律保留原则相悖。作为世界各国的通例，法律保留原则乃是指对于社会关系中较为重大的事项必须由立法机关通过制定法律的形式予以规定的原则。基于对具体国情的考量，各国在规定法律保留的范围上有所差异，但在有一方面则是共同的，即在对权利主体所享有权利的限制上均被归入法律保留范畴。该原则体现在民事诉讼中，即是对当事人权利的限制应依法律为据。证据失权无疑是一种从时间上对当事人提出证据权利的限制，该限制涉及当事人在诉讼中的基本权利，自然应由全国人大及其常委会以法律的形式予以规制，仅凭最高人民法院以《民事证据规定》这一文件从司法解释的层面来加以规定显然层级偏低，有违法律保留原则，从根本上与法的目的性相悖。

因此，作为对当事人举证权利的一种限制，证据失权制度应在法律层面予以确立，而不应仅停留在最高人民法院颁布的司法解释层面上。

证据失权制度并非数个不具内在联系的单个制度的简单累加，而是在共同的理论基点上将基本原理贯彻到民事诉讼整个程序中去，用形式不尽一致但存在内在逻辑联系的具体制度形成一个有机联系的制度体系。从严格意义上来讲，自案件进入诉讼系属之日起，证据失权效便作为潜在的"催化剂"驱动着诉讼程序中每个步骤的顺次推进。因此，对民事诉讼证据失权制度的深入、全面研究有助于建构起一个完整的体系，并通过一定的规则布设使之融入民事诉讼全过程，从而使理论研讨真正落实到实际运用层面。

第三节　证　明　妨　碍

民事诉讼以解决当事人之间之私权争执为目的，这一目的的实现，端赖法院对事实的正确认定。由于民事诉讼采辩论主义之运作方式，当事人须对于己有利之事实主张负举证责任，故双方当事人为使案件之审理朝有利于自己的方向发展并最终促成己方胜诉判决之作出，均是极尽举证之能事。不过，在某些案件中，一方当事人往往试图通过非正当手段障碍或不协助他方当事人为举证行为以期法院作出于其有利之裁判。此种旨在妨碍他方正常举证、扰乱诉讼秩序常态之行为，即通常所谓之证明妨碍。

近年来，我国一直在厉行民事审判方式改革，改革的重点之一，即是弱化法院职权，增强当事人之间的对抗。然而，在诸多配套制度尚未健全甚或建立之情形下，增强当事人之间的对抗性，客观上则会催生更多的证明妨碍行为。这不仅会损害正当当事人的合法权益且有损法院裁判之权威。从目前情况来看，关于证明妨碍的研究在理论界并未引起足够之关注。① 与此相应，在规范层面，也未能建立较为完善的证明妨碍制度。现行《民事诉讼法》第 111 条和《审改规定》第 30 条、《证据规定》第 75 条②虽有相关之规定，但由于过于粗陋，并不能有效杜绝司法实践中发生频仍之证明妨碍现象。因此，如何借鉴域外较为成熟之立法例及其学说，构建适宜于我国司法实践的证明妨碍制度乃亟待解决的课题。

一、证明妨碍之内涵及形态

（一）内涵

一般而言，所谓证明妨碍，乃指民事诉讼过程中，不负举证责任之当事人，因故意或过失，以作为或不作为，使负举证责任之当事人陷入举证不能之境地，从而产生于其不利之待证事实真伪不明的情形。早在 280 多年前，英国法院即在著名的 Armony v. Delamirie 案中对该行为有所阐述，③ 从而使之在日后的民事证据法中占有一席之地。

毋庸置疑，证明妨碍乃妨碍诉讼行为之一种，故应受到妨碍民事诉讼强制措施处理甚或刑事制裁（可称之为公法上之制裁）。但与其他种类之妨碍诉讼行为不同之处在于，只有该种妨碍行为是与

---

①　从收集的资料来看，我国大陆学界多是在论及"举证责任倒置"时，间接涉及证明妨碍问题，既一般将其作为应适用举证责任转换的情形之一加以概述。仅有寥寥四篇专门论述证明妨碍的文章（按时间先后为序）：尚启明所著《举证妨碍制度研究》（载曹建明主编：《诉讼证据制度研究》，人民法院出版社 2001 年版）、贺秋平所著《析民事诉讼中的举证妨碍行为》（载《法律适用》2003 年第 9 期）、张卫平所著《证明妨害及对策探讨》（载何家弘主编：《证据学论坛（第七卷）》，中国检察出版社 2004 年版）和汤维建、许尚豪所著《建立举证妨碍制度，完善证据立法》（载中国民商法律网）。

②　本处《审改规定》和《证据规定》乃最高人民法院分别于 1998 年和 2001 年颁布的《关于民事经济审判方式改革问题的若干规定》和《关于民事诉讼证据的若干规定》两司法解释之简称。为行文之简便，本文涉及该两项司法解释均用此简称。

③　参见 93 Eng. Rep. 664（K. B. 1722），转引自黄国昌：《证明妨碍》，载台湾《月旦法学教室》第 25 期。

案件事实的认定直接、紧密相关，故与其他种类妨碍诉讼行为相比，除通常之公法上的制裁外，还可直接将其与裁判结果相挂钩，对妨碍人实施妨碍行为所欲获得之诉讼上的利益予以消减，以此达到从根本上遏制证明妨碍行为发生的目的（此可谓之私法上之制裁）。

（二）形态考察

以大陆法系主要国家和地区①之现行立法及判例为基础，并依不同之标准，证明妨碍行为之形态似主要可作如下两种分类：

1. 作为妨碍和不作为妨碍

作为妨碍行为是指当事人在诉讼中和诉讼外对各种证据所实施的灭失、损毁和隐匿等行为。此类行为需当事人通过一定的积极作为予以表现，故通常情况下当事人的主观心态应为故意。此种形态之妨碍行为主要又可细分为以下几种具体形式：（1）妨碍书证的使用。《德国民事诉讼法》第444条和《日本民事诉讼法》第224条第2款均对此有所规定。②（2）妨碍物证的使用。1955年4月16日，德国联邦最高法院的判例将医师第一次开刀把棉花纱布遗留在病人体内而于第二次将其取出并弃失之行为认定为证明妨碍行为。③（3）妨碍证人作证。德国联邦最高法院在判例中将负举证责任之当事人申请的证人被妨碍出庭或被隐藏及负证明责任之当事人

---

① 我国民诉立法素承大陆法系之立法例，故在相关制度之考察上似应以大陆法系为背景；英美法系之制度构建虽不乏先进之例，但终因立法根基迥异于我国故鲜具可资借鉴之处。因此下文在对域外相关制度之评析中，均着重论述大陆法系主要国家和地区之理论及立法例。

② 《德国民事诉讼法》第444条规定："一方当事人意图妨害对方当事人使用书证或者致使书证不堪使用时，对方当事人关于证书的性质和内容的主张，视为已得到证明。"《日本民事诉讼法》第224条第2款规定："当事人以妨碍对方当事人使用为目的，毁灭有提出义务的文书或致使该文书不能使用时，与前款规定相同（即法院可认定对方当事人所主张的关于该文书的记载为真实）。"

③ 参见陈荣宗：《举证责任分配与民事程序法》，台湾三民书局有限公司1984年版，第67~68页。

的相对方明知目击者之住所或姓名但故意隐瞒等行为归入此类。①

　　不作为妨碍行为是指当事人在诉讼中持有证据无正当理由拒不提供的行为。此类行为乃以当事人消极的不作为表现出来，当事人的主观心态既可以是故意，也可以是过失。其主要以下列几种形式表现出来：（1）拒不提供书证。《德国民事诉讼法》第 427 条和《日本民事诉讼法》第 224 条第 1 款均为适例。②（2）拒绝核对笔迹。《德国民事诉讼法》第 441 条第 3 款和《日本民事诉讼法》第 229 条第 4 款即对此作出规定。③（3）拒绝接受讯问。此行为之规定可见诸《德国民事诉讼法》第 446 条和《日本民事诉讼法》第 208 条。④

　　2. 诉前妨碍和诉中妨碍

---

　　① 参见［韩］李时润、金玄卿：《论民事诉讼中的举证妨害行为》，载何家弘主编：《证据学论坛》（第三卷），中国检察出版社 2001 年版，第 471 页。

　　② 《德国民事诉讼法》第 427 条规定："如果对方当事人不服从提出证书的命令，或者在第 426 条的情形（即进行了关于书证的讯问后，法院相信书证被对方当事人占有），法院相信对方当事人并未细心追究证书的所在时，就可以把拒证人提供的证书缮本视为正确的证书。如果举证人未提供证书缮本时，举证人关于证书的形式和内容的主张，视为已得到证明。"《日本民事诉讼法》第 224 条第 1 款规定："当事人不服从提出文书命令时，法院可以认定对方当事人所主张的关于该文书的记载为真实。"

　　③ 《德国民事诉讼法》第 441 条第 3 款规定："适于核对的笔迹在对方当事人手中时，对方当事人依举证人的申请有提出的义务。对方当事人不服从提出适于核对的笔迹命令，或者在第 426 条的情形（即进行了关于书证的讯问后，法院相信书证被对方当事人占有），法院相信对方当事人并未细心追究该项笔迹的所在时，就可以把该项证书视为真实。"《日本民事诉讼法》第 229 条第 4 款规定，若当事人无正当理由拒不服从法官命令其核对笔迹或印迹的裁定时，法院对于文书制作的真伪，可以认定举证人的主张为真实。如果伪造笔记体书写时，亦同。

　　④ 《德国民事诉讼法》第 446 条规定："对方当事人拒绝对他进行讯问，或者对于法院的要求不作表示，法院应考虑全部案情，特别考虑拒绝的理由，依自由心证，判断当事人所主张的事实可否视为已得到证明。"《日本民事诉讼法》第 208 条规定："在询问当事人本人的情况下，该当事人无正当的理由不出庭，或者拒绝宣誓或陈述时，法院可以认定对方当事人所主张的有关询问事项为真实。"

在诉讼系属中，基于证据法上的协力义务，当事人负有证据保存或提供义务，若其违反该义务，致使对方当事人难以使用相关证据时，即构成诉中证明妨碍，应承担相应的法律责任。

而此项诉讼法上的证据协力义务不仅发生于诉讼系属中，于诉讼系属前亦有之。① 在纠纷已经发生或诉讼将至之情况下，即使尚未进入诉讼系属，该义务亦应得到履行，否则即构成诉前证明妨碍，此时妨碍人在主观心态上为故意或过失均非所问。至于依法律规定、双方约定或交易习惯，当事人就特定证据负有保存的义务时，② 即使这些证据未必与将来的诉讼有关，但若因可归责于该当事人的事由而未予保存，从而导致在后来的诉讼中对方当事人无法提供该类证据，则就该义务违反行为所致不能查清事实、阻却推进诉讼之状态而言，其仍应承担相应的法律责任。同时，依笔者之拙见，实体法上的诚实信用原则与诉讼法上的诚实信用原则具有连续性，对诉讼系属前、后有一定的连接作用，故当事人在民事实体法律活动中，即使无法定、约定或俗定之保存相关证据的义务，但因其与双方之间的民事法律关系紧密相关，则依诚实信用原则，其仍应对该证据予以保存。③

---

① 如我国台湾地区现行"民事诉讼法"第 368 条规定："证据有灭失或碍难使用之虞，或经他造同意者，得向法院声请保全；就确定事、物之现状有法律上利益并有必要时，亦得声请为鉴定、勘验或保全书证。前项证据保全，应适用本节有关调查证据方法之规定。"即明示起诉前当事人亦有保全书证、协助鉴定、勘验之义务。

② 此种义务显然是一种实体法上的义务，如我国《公司法》第 107 条规定："股东大会应当对所议事项的决定作成会议记录，由出席会议的董事签名。会议记录应当与出席股东的签名册及代理出席的委托书一并保存。"同法第 157 条第 1 款规定："公司发行公司债券应当置备公司债券存根簿。"

③ 但此时相应的问题又随之而来：当事人保存证据的范围究竟为何，即一方面其保存行为应从何时开始、至何时结束；另一方面其保存的证据在数量和种类上又有何要求。如对于某生产商，不可能因日后可能出现的产品侵权诉讼而要求其永久地保存与所有产品研发、生产及销售等整个环节有关的一切资料，这是一笔任何生产商都无法轻易承担的巨大成本；而同时，也不能因此就忽略其保存的必要性和重要性，否则极易导致证明妨碍现象的出现。此矛盾之解决、取舍之平衡，仍需作进一步探讨。

二、证明妨碍处治之法理

从诉讼法理上讲，证明妨碍制度之确立乃基于下述原理：

1. 攻防手段平衡原则

民事诉讼乃当事人为保护私权利益，请求国家司法机关确定其权利存否的法定程序，故相应的民事法律关系即是一种平权型的权利义务关系。法院和民事纠纷主体，也即双方当事人在该关系中呈等腰三角形之形态：法院作为裁判者居于等腰三角形的顶点，当事人双方分居等腰三角形的边和两腰的两个交点上——法院和双方当事人保持相等的距离，且当事人双方处于平等的对抗状态。无论是职权主义诉讼模式，还是当事人主义诉讼模式都十分强调双方当事人的平等对抗，将双方置于平等的地位，使双方的攻防手段得以平衡。攻防手段平衡原则，即是指在民事诉讼中，在保证双方当事人诉讼地位平等的基础上，使双方拥有平等的攻击和防御手段，从形式和实质上维护双方诉讼权利的平等。

基于攻防手段平衡之原则，法律必须赋予当事人双方平等的诉讼权利以进行攻击和防御，同时，作为裁判者的法官也应该保证双方能够得以平等地行使诸项诉讼权利：① 一方面，双方都有提出于己有利之诉讼资料的权利，如双方都有权陈述案件的事实；另一方面，一方实施诉讼攻击时，他方则有进行防御的权利，如一方提出主张，另一方可对此予以反驳，而对于一方提出的证据，另一方则可提出反证。②

---

① 法律赋予双方当事人平等的攻防手段，可称之为静态的平等；于具体的诉讼中，法官对双方当事人的诉讼权利予以平等地保障，可称之为动态的平等。两者结合，始能保证案件诉讼进程和审理结果的公正性。

② 正是基于该原则的此项特点，在大陆法系国家和地区的民事诉讼理论上也将其称之为武器平等原则，即"当事人无论其在诉讼中为原告或被告，或诉讼外系高低阶层之关系，于诉讼中之地位一律平等"（姜世明：《论民事程序之武器平等原则》，载台湾《辅仁法学》第 23 期）。易言之，即指诉讼当事人"应有平等地适用诉讼制度之权利与机会，且平等原则之贯彻，不仅系为形式上之保障，亦应设法为有意主张权利而有障碍之人排除该等障碍，而为平等原则之实质保护"（邱联恭、许士宦：《口述民事诉讼法讲义》，1999 年笔记版，第 8 页）。

具体到证据的提供上，该原则不仅要求当事人对各自的主张应予提出相应证据加以佐证，而且要具体考虑各项证据在获取上的难易度。若一方证据的难以或不能提供是因另一方的妨碍、阻却行为所致，就不能径行裁判由其承担因此造成的不利益，而应反过来权衡是否应对阻碍方加以制裁，从而真正使攻防手段平衡原则得以切实地体现。

2. 真实义务

真实义务，是指当事人在民事诉讼中负有真实陈述的义务，不得主张已知的不真实事实或自己认为不真实的事实，并且不得在明知对方提出的主张与事实相符或认为与事实相符时，仍然进行争执。

真实义务之观念渊源于罗马法，罗马法不但设有真实义务之规定，而且对于故意违反者施以"虚言罚"。① 但现代意义上大陆法系的民事诉讼制度是以辩论主义和处分权主义为两大基石的，因而在构建伊始，除法律明确禁止外，任何攻防手段均可使用，一方当事人可以自由地毁灭或隐匿对其不利的证据和凭证，从而极易使对方当事人陷于举证不能之境地，实有违攻防手段平衡之原则。② 为避免此类负面情况的屡次出现，罗马法上的真实义务逐渐被重拾，在部分大陆法系国家和地区的民事诉讼立法中得以确立。1895 年的《奥地利民事诉讼法》第 178 条首次规定："当事人据以声明所必要之一切情事，须完全真实且正确陈述之。" 1910 年的《匈牙利民事诉讼法》第 222 条第 1 款更明确规定："当事人或代理人显系故意陈述虚伪之事实，对（他造）事实之陈述明显的为毫无理由之争执或其所提出的证据毫无必要者，法院得处以六百克鲁念以下

---

① 蔡章麟:《民事诉讼法上的诚实信用原则》，载杨建华主编:《民事诉讼法论文选辑》（上），台湾五南图书出版公司 1984 年版，第 17 页。

② 相关实证不胜枚举，极端的例子如处于被告地位的生产商明知其产品存有瑕疵，并给作为原告的消费者造成了损害，但仍可在诉讼中肆意地主张其无责任。

之罚锾。"① 1922年旧中国的民事诉讼条例借鉴了上述立法体例，规定："当事人故意陈述虚伪之事实，或对他造提出之事实或证据故意妄为争执者，法院得科以三百元以下之罚锾。"1926年的《日本民事诉讼法》也有类似的规定，但范围比较狭窄，只规定当事人及其代理人因故意或重大过失违反真实义务，对相关文书的真伪加以争执的，可以科以一定数额的罚款。② 1933年的《德国民事诉讼法》也规定了真实义务，即"当事人关于事实上之状况，应完全真实陈述之"。③ 往后便一直为大陆法系国家和地区的民事诉讼理论和立法所继承，并在内容和形式上得到不断地完善和发展。

一般来讲，在大陆法系国家和地区，法律不将不利于自身之事实的提出作为义务或责任强加给该事实的主张者，否则辩论主义便有完全被摒弃之虞，同时，要求当事人对于己不利之事实作出完全真实的陈述也实在强人所难、不近人情，因为真实义务虽说是对国家为之，但更主要是为对方当事人之利益以谋求双方攻防手段的平等。因此，真实义务并不要求当事人积极主动地陈述所有客观真实事实，而是仅限于消极地禁止其陈述其明知是虚伪的事实，即不得故意作违背主观真实的主张及陈述。④ 同时，为了探究当事人是否违背真实义务，往往需要对其行为是否背离主观真实予以证明，而此种证明往往难以得到确切的结果，从而极易招致诉讼的迟延。实际上，进行此种证明不如直接对案件的真实加以证明来得直接和迅速，故在大陆法系国家和地区，无论是理论学说还是立法实践，对

---

① 参见蔡章麟：《民事诉讼法上的诚实信用原则》，载杨建华主编：《民事诉讼法论文选辑》（上），台湾五南图书出版公司1984年版，第21页。

② 参见石志泉：《诚实信用原则在诉讼法上之适用》，载杨建华主编：《民事诉讼法论文选辑》（上），台湾五南图书出版公司1984年版，第3~4页。

③ 蔡章麟：《民事诉讼法上的诚实信用原则》，载杨建华主编：《民事诉讼法论文选辑》（上），台湾五南图书出版公司1984年版，第22页。

④ 此即客观真实和主观真实的区别，其牵涉哲学范畴，当事人因各方面条件所限，不可能对客观发生的事实作完全准确和真实的陈述，只可能就其主观上所认识到的事实负有真实陈述义务。

于当事人违背真实义务的行为，均无直接加以制裁的论述和规范。① 不过，当事人不真实陈述的行为事实上影响着法官的心证，法官一般不会采信当事人违背真实义务所作的陈述或争执，同时，此种违背真实义务的行为也成为法官对该方当事人施以负面评价的基础，进而对审判的结果产生一定影响。

当然，从常理上来讲，真实揭露不利于自己的事实所产生的不利益往往会高于仅因违反真实义务而对法官心证造成的负面影响，因此，基于对诉讼效益这一简单的预测和权衡，一个"理性"的当事人很容易选择风险较小的方式，即违反真实义务，实施证明妨碍行为，使不利于自身的证据难以出现在诉讼中。可见，为使真实义务得以真正落实，推进诉讼的顺利进行，极有必要对证明妨碍行为施以一定的制裁。

3. 诉讼促进义务②

诉讼促进义务，是指大陆法系国家和地区为确保案件的集中审理，推进诉讼的高效进行，最终使民事纠纷得以迅速地解决而课以当事人的相应义务。

该义务有两种理解：一是狭义的诉讼促进义务，即指当事人在时间上负有迅速推进诉讼的义务，不可任意延滞程序的进行。如《德国民事诉讼法》第 282 条规定："当事人各方都应该在言词辩论中，按照诉讼的程度和程序上的要求，在为进行诉讼所必要与适当的时候，提出他的攻击和防御方法，特别是各种主张、否认、异议、抗辩、证据方法和证据抗辩。声明以及攻击和防御方法，如果对方当事人不预先了解就无从对之有所陈述时，应该在言词辩论

---

① 参见陈荣宗、林庆苗：《民事诉讼法》，台湾三民书局 1996 年版，第 691 页。

② 诉讼促进义务，不仅独属于当事人，法院作为诉讼主体之一亦应负有。如《德国民事诉讼法》第 273 条第 1 款规定："法院应及时地采取必要的准备措施。在诉讼的任何阶段，法院都应该使当事人为及时而完全的陈述。"即法院有义务及时采取必要的准备性措施以便使争议能够在审理中得到迅速、圆满地解决。但哪些措施属于"必要"则由法院自由裁量，其最终目的是使庭审不因缺乏必要的材料而被推迟。

前，以准备书状通知对方当事人，使对方当事人能得到必要的了解。"若当事人违反狭义的诉讼促进义务，逾期提出攻击或防御方法，法院有权予以驳回。可见，之所以将此种诉讼促进义务冠之以"狭义"，乃是因其仅从时间上对当事人的行为作了要求。二是广义的诉讼促进义务，即"协力解明事案义务"。① 这是指除时间上的要求外，当事人还应携手在其他各项诉讼指标上为案件真实的发现共同努力。在德国传统民事诉讼理论中，有否定广义诉讼促进义务、仅取其狭义的见解，② 认为民事诉讼中无论权利的主张还是举证责任的分配均系依据民事实体法的规范，而且针对当事人双方拥有证据资料不对等的状况，民事实体法已有不少关于一方可向持有相关资料的另一方请求开示的规定，③ 故无须另外承认诉讼法上的协力解明事案义务。但笔者认为，民事诉讼法和实体法在原理和操作上虽有共通或交叉的情况，但二者在创制目的和规范结构上均存在一定的差异：民事实体法规定的是民事关系的应然状态，不以双方之间存有纠纷为前提，具有一定的封闭性；而民事诉讼法却以定纷止争为出发点，因无法预见具体程序进行的结果，故在规范上较具开放性。因而民事实体法上关于开示请求的规定并不排斥民事诉讼法上另就当事人之间的协力解明事案义务予以明确，此乃民事诉讼攻防手段平衡之原则使然。

无论从狭义上推敲，还是从广义上理解，一方当事人妨碍对方举证的行为都与诉讼促进义务之内涵不符，从而与现代诉讼最精髓的公正、高效之要求相悖，理应有相应的理论和立法对其加以纠正。

---

① 沈冠伶：《论民事诉讼程序中当事人之不知陈述——兼评析民事诉讼法中当事人之陈述义务与诉讼促进义务》，载台湾《政大法学评论》第 63 期。

② 参见 Stein/Jonas/Leipold，ZPO，282Rdnr. 4，转引自沈冠伶：《论民事诉讼程序中当事人之不知陈述——兼评析民事诉讼法中当事人之陈述义务与诉讼促进义务》，载台湾《政大法学评论》第 63 期。

③ 如《德国民法典》第 260 条、第 402 条、第 444 条、第 713 条、第 716 条及第 799 条等诸多规定。

三、证明妨碍处治之域外立法例及相关学理

（一）域外立法例

1. 处理方式之一——以德国为代表

当一方当事人的行为符合法律规定的证明妨碍行为构成要件时，系属法院可以（或应当）认定另一方当事人关于被妨碍提出之证据的主张为正当和真实。前述《德国民事诉讼法》第441条第3款、第444条及第446条等皆即为适例。

2. 处理方式之二——以日本为代表

当一方当事人为证明妨碍行为时，法院不仅可以认定他方当事人关于相关证据本身的主张为真实，于一定情形还可对该证据所能证明之事实的真实性加以认定。如《日本民事诉讼法》第224条第3款规定："在本条前两款规定的情况下（即当事人不服从文书提出命令和毁灭有提出义务的文书或致使该文书不能使用），对方当事人对于该文书的记载提出具体的主张并以其他的证据证明用该文书应证明的事实非常困难时，法院可以认定对方当事人对于该事实的主张为真实。"

我国台湾地区与日本在该问题之处理方式上大体一致，譬如其"民事诉讼法"第282—1条第1款规定："当事人因妨碍他造使用，故意将证据灭失、隐匿或致碍难使用者，法院得审酌情形认他造关于该证据之主张或依该证据应证之事实为真实。"但细析之，其与日本法之规定仍有些许差异，下文将予以详述。

从上述两种立法例不难看出，在德国，当出现证明妨碍之情形时，法院只能认定另一方当事人关于相关证据的性质、内容及其成立等涉及该证据本身的主张为真实；而日本和我国台湾地区则规定法院在此基础上尚可进一步认定另一方当事人所主张依该证据所能证明的事实为真实。但无论何种方式，大陆法系主要国家和地区的立法在规定证明妨碍的法律后果时，均贯彻了一条基本的经验法则，即若该主张（德国的主张仅指证据本身，日本和我国台湾地区还包括证据所能证明的事实）不真实，则当事人理应不致妨碍对方对该证据之使用。

（二）相关学理

一般认为，在对待证明妨碍法律后果之态度上，大陆法系国家和地区在理论上主要有两种主张：举证责任转换说和自由心证说。① 前者认为，当出现证明妨碍的情形时，法院应当将举证人所主张的事实之举证责任转换于妨碍人，从而使之陷于有败诉危险之境地，以此防止证明妨碍行为的发生；后者则认为，证明妨碍行为发生时，法院可以直接认定举证人的主张为真实，是否予以认定由法院综合考虑各项因素后予以自由裁量。而究竟应采何种学说作为相应制度确立之理论根基，学者间存有相当大之争议，而恰是这一理论上之分歧，导致了各国在司法实践中的不一致。笔者认为，从总体上讲，德国乃采举证责任转换与自由心证相结合之做法；日本是以自由心证为指导，但不尽彻底；而我国台湾地区则运用的是完全、彻底的自由心证。

1. 德国——举证责任转换说与自由心证说相结合

德国法上关于证明妨碍之规定极为复杂，从条文本身丝毫看不出其究竟采何种学说作为理论支撑。其一，德国法中既有适用举证责任转换之规定，亦有采取自由心证之情形。如《德国民事诉讼法》第 427 条和第 444 条，在对妨碍书证使用的后果加以规定时，均使用了"视为"这一提法，此显是一种法律上的推定，从而凸现出举证责任转换之特质。而在同法第 441 条第 3 款和第 446 条中，却使用了"可以"和"自由心证"等字眼，即将对当事人关于证据的主张真实与否的认定交由法院自由裁量，此无疑渗透出鲜明的自由心证色彩。其二，即使是适用自由心证的情况，从相关规定之措辞上看，法院自由裁量的程度也不尽彻底，其心证之范围仅及于有关证据本身的主张，对证据所能证明之事实却并不适用，后者之认定仍需主张者展开新一轮的举证活动，从而促使法院心证之形成。

2. 日本——以自由心证说为指导，但不尽彻底

---

① 参见骆永家：《证明妨碍》，载台湾《月旦法学杂志》2001 年第 2 期。

从有关证明妨碍的法律条文之规定来看，可以认为日本在对证明妨碍行为的制裁上乃采自由心证的做法。因为在其所有相关条文中均使用了"可以"一词。然细究之，并不能认定其乃采完整意义上的自由心证。原因有二：

其一，对于任何证据，法院都可在证明妨碍情形下认定当事人对该证据本身的主张为真实，但只有在妨碍书证提出之情形下才可在此基础上认定相关书证所能证明之事实为真实。

规定证明妨碍情形下法院可以认定证据所能证明的事实为真实，此与规定法院仅可认定当事人对证据本身的主张为真实相比，无疑具有相当大的进步，因其考虑到了"证据距离"这一因素。举证人与其所举证据之间客观上存在着一定的"距离"，当举证人参与了证据之作成时，此"距离"显然较近；反之，则较远。在"证据距离"不同的情况下，若法院皆仅能认定当事人关于证据本身的主张为真实，往往对未参与证据作成之举证人不公。因为相对于参与证据作成之举证人，未参与证据作成之举证人显然无法就证据之内容作特定、具体的描述，进而即无力证明应证事实之真实性。特别是随着经济、科技等社会生活各方面的迅猛发展，举证人无法参与证据作成之场合呈日趋增加之态势，其陷入举证困难之可能性也趋于增长。对于此种情形下的证明妨碍，只有规定法院可依自由心证认定相关证据所能证明之事实为真实，始能对违反证据协力义务的当事人发挥制裁之实效。而日本民诉法上的相关规定仅在对妨碍书证使用之制裁上考虑了"证据距离"之因素，此显然不够周全。

其二，日本法上，即使法院可对书证所证明的事实予以认定，但依然不够彻底，因为从其相关条文之规定（第224条第3款）可以看出，法院在证明妨碍情形下，若欲认定书证所证明的事实为真，必须具备两项前提条件：第一，举证人对于该文书的记载提出了具体的主张；第二，举证人须证明该文书所证明之事实由其证明有相当之困难。

3. 我国台湾地区——完全、彻底的自由心证说

从我国台湾地区"民事诉讼法"第282—1条第1款、第345

条第 1 款及第 367 条①之规定可以看出，对于证明妨碍，其采取的是彻底的自由心证：一方面，对于所有的证据种类均区分对证据本身的主张之认定及对其所能证明的事实之认定；另一方面，对于证据所能证明的事实之认定不加任何限制性条件，完全交由法院自由裁量。②

四、举证责任转换说与自由心证说

（一）举证责任转换说与自由心证说之比较

在对待证明妨碍制裁之态度上，究竟应采举证责任转换抑或自由心证，众说纷纭，各执一词。③ 依笔者拙见，似以采后者，即自由心证说较为妥。如前所述，采证明责任转换说的学者看到了举证责任转换直接、简便及可操作性较强等特点，但同时却忽视了转换之后的后果。而这正是比较而言采自由心证之优势所在。因为在举证责任转换情形下，败诉的风险虽应由妨碍人来承担，但此时妨碍人仍有提供相反证据（此时为本证）进行反击之机会。一般来讲，

① 我国台湾地区"民事诉讼法"第 282—1 条 1 款之规定前已述出，在此不予复列。同"法"第 345 条第 1 款规定："当事人无正当理由不服从提出文书之命者，法院得审酌情形认他造关于该证据之主张或依该证据应证之事实为真实。"第 367 条规定，第 345 条之规定，于勘验准用之。

② 如我国台湾地区"民事诉讼法"第 282—1 条第 1 款之立法理由即为："当事人以不正当手段妨碍他造之举证活动者，例如，故意将证据灭失、隐匿或有其他致碍使用之情事，显然违反诚信原则；为防杜当事人利用此等不正当手段以取得有利之诉送结果，并顾及当事人间之公平，爰增设本条，于第一款规定，当事人有妨碍他造举证之行为者，法院得审酌情形，认他造关于该证据之主张或依该证据应证事实为真实，即法院得审酌当事人妨碍他造举证之态样，所妨碍证据之重要性等情形，依自由心证认他造关于该证据之主张或依该证据应证之事实为真实，以示制裁。"

③ 采举证责任转换说的学者认为，举证责任转换说比自由心证说更具可操作性，其是由法律直接规定具体的处理结果，证明妨碍行为发生后将直接导致法律后果的发生；同时，在我国目前法院素质亟待提高之背景下，采自由心证说实难获得当事人和广大人民群众的认同。相关论述可参见贺秋平所著《析民事诉讼中的举证妨碍行为》，载《法律适用》2003 年第 9 期。采自由心证说之学者论述可参见骆永家前揭文。

被妨碍人在举证活动中往往处于相对弱势之地位，而一旦给予妨碍人反驳之机会，其就极有可能利用自身所处的提供证据之相对优势地位使被妨碍人再次陷于举证不能之境地，进而影响法官心证之形成。易言之，举证责任转换的效果与法官心证的最终形成之间仍存在一个再次举证的过程，若采举证责任转换说，即不能对妨碍人产生直接的制裁效果，因为败诉之风险并不能直接等同于败诉之结果本身。而采完全的自由心证说则可避免举证责任转换在制裁上的相对乏力，法官一旦依自由心证对证明妨碍行为予以认定，即能确定举证人关于证据本身的主张或其所能证明的事实为真实，而基于此即可直接导致妨碍人败诉，此时妨碍人则无任何反驳之机会，① 因为法官之心证已告形成，妨碍人为二次妨碍之可能性即被完全杜绝。此一方面有利于保护在举证上处于相对弱势地位的举证人，另一方面也有利于纠纷的迅速解决，从而使无谓的循环举证得以避免。

（二）自由心证说之阐释

即便将自由心证确立为对证明妨碍处治之方式，但在如何立论上却存有分歧，进而衍生出不同的学说，其中尤以德国为典型。如有观点认为，应该采取可推翻的不利拟制说，申言之，若不负举证责任的当事人实施证明妨碍行为，即应将负举证责任当事人的主张视为被自认或视为已被证明，仅于法官对相应事实获得确信，或在实施较轻微妨碍行为的当事人能获得优越性的确认时，主要事实的拟制方被推翻。② 亦有观点认为，对于故意妨碍应进行证据评价，对于过失妨碍则应依《德国民法典》第 242 条诚实信用原则之规

---

① 本就不应给妨碍人留有再次反驳之余地，因为根据"若该事实非真，则当事人理应不致妨碍该证据之使用"的经验法则，一般情况下即能认定证据本身或证据所能证明之事实为真。

② 参见 Sturner, Die Aufklarngspflicht der Parteien des Zivilprozesses, 1976, S. 242ff. ; Strner, Entwicklungstendenzen des zivilprozessualen Beweisrechts und Arzhaftungsprozeβ, NJW, 1979, 1225（1229），转引自姜世明前揭文。

定，将证明度降低，从而减轻负举证责任当事人的举证责任。① 还有观点主张证明度分层理论，认为自由心证难免会赋予法官必要的裁量空间，从而在不同的个案中作适当的选择，但为增强可预测性，仍应寻找若干标准以定其分界。这可从可归责性出发，对于故意妨碍，法官可径行将负举证责任当事人的主张视为真实；对于轻微的过失妨碍，法官对负举证责任当事人所主张事实的认定应建立在达到优越盖然性之证明度的基础上；若属于重大过失，则仅要求低度盖然性即可。②

依笔者拙见，上述各学说虽都有可取之处，但其种种观点只能对法官的心证起到参考作用，而不宜直接规定于成文法中，否则自由心证的特质即有被抹杀之虞。因为在对证明妨碍各项构成要件予以考察时，行为人的主观心态乃其中一项重要组成部分，该内容应由法官针对不同的个案具体加以把握，不便直接由成文法用两分法或三分法的方式加以一刀切，庶免于法官生不必要之羁束，阻碍心证之生成。不过，在采完全、彻底的自由心证之同时，也应对相关配套措施之完备予以重视：其一，应提高法官的专业素质和职业道德，因为在此问题上赋予法官的自由裁量权越大，对其各方面的要求自然就越高；其二，法官在裁判前必须给予当事人充分辩论之机会，③ 其原因乃在于，法官自由裁量的权限越广，当事人在对不提出证据所导致的法律后果的预测上把握就越小，只有给予其充分辩

---

① 参见 Schellhammer, Zivilprozeβ, 6. Aufl. , 1994, Rdnr. 532, 转引自姜世明前揭文。

② 参见 Baumgartel, Beweislastpraxis im Privatrecht, 1996, Rdnr. 129, 转引自姜世明前揭文。

③ 我国台湾地区"民事诉讼法"第 282 条之一第 2 款"若出现当事人因妨碍他造使用，故意将证据灭失、隐匿或致碍难使用之情况，法院在审酌情形做出他造关于该证据之主张或依该证据应证之事实为真实之裁判前，应令当事人有辩论之机会"及第 345 条第 2 款"前项情形（当事人无正当理由不服从提出文书之命者，法院得审酌情形认他造关于该证据之主张或依该证据应证之事实为真实），于裁判前应令当事人有辩论之机会"之规定即为著例。

论之机会，才能"防止突袭性裁判，确保当事人之辩论权、证明权"。①

从大陆法系主要国家和地区相关立法和实践的发展趋势来看，也似有向完全自由心证的做法靠拢（或曰过渡）之倾向。譬如日本，在其1996年修改民诉法之前，若当事人不服从文书提出命令或妨碍对方当事人正常使用书证，法院仅可认定对方当事人（举证人）关于该证据本身的主张为真实，不能在此基础上进一步对该证据所能证明之事实的真实性予以认定。② 而1996年修订之后，现行《日本民事诉讼法》第224条第3款将对证据所能证明的事实的真实性之认定也纳入到法官自由裁量之范畴，从而使得法官在此问题上心证之界阈有所扩张。而我国台湾地区的变动则更为显著。其"民事诉讼法"在2000年修改前，仅规定当事人无正当理由不服从提供文书或协助勘验之命令时，法院可以认定对方当事人关于该文书或该勘验之主张为正当。③ 其经2000年之修订，一方面规定当事人无正当理由不服从提供文书或协助勘验之命令，法院不仅可以认定对方关于该文书或该勘验之主张为真实，进而还可认定依该文书或该勘验所能证明之事实为真实；④ 另一方面，当相关规定以第282—1条第1款（其处于"证据"节"通则"目）之面目出现时，法院可作前述认定之对象也由仅限于书证和勘验扩展至

---

① 许士宦：《文书之开示与密匿》，载台湾《台大法学论丛》2003年第4期。

② 参见日本旧民事诉讼法第三章"证据"的第四节"书证"部分。其中第316条规定："当事人不服从提出文书命令时，法院可以认定对方当事人所主张的关于该文书的记载为真实。"同法第317条规定："当事人以妨碍对方当事人使用为目的，毁灭有提出义务的文书或致使该文书不能使用时，法院可以认定对方当事人所主张的关于该文书的记载为真实。"

③ 我国台湾地区2000年修改前的"民事诉讼法"第345条规定："当事人无正当理由不服从提供文书之命者，法院得认他造关于该文书之主张为正当。"同"法"第367条规定，第345条之规定，于勘验准用之。

④ 我国台湾地区"民事诉讼法"之相关规定前已述出，在此不予复列。

所有证据类型。①

同时应引起注意的是，对证明妨碍之认定，虽属法官内心裁量之范畴，但其并非通常意义上的自由心证，两者之间存有一定差异。通常意义上的自由心证乃针对作为认定讼争事实依据的证据，其彰显的是法官评价证据的直接性，即法官直接从证据本身认定讼争事实；而对证明妨碍之认定针对的则是妨碍他方正常举证的行为，其乃表明裁判者评价证据的间接性，即在因妨碍人的证明妨碍行为使得裁判者无法直接对作为认定讼争事实依据的相关证据加以认定的情形下，通过对证明妨碍此行为本身加以判断，从而达到评价讼争事实之目的。

五、现行证明妨碍制度

（一）现行规定之概述

1.《民事诉讼法》第111条——公法上之制裁方式

观之我国，现行《民事诉讼法》第111条对两类明显的证明妨碍行为及相应的制裁措施作了规定，即对于"伪造、毁灭重要证据，妨碍人民法院审理案件"和"以暴力、威胁、贿买方法阻止证人作证"②的诉讼参加人或其他人，"人民法院可以根据情节轻重予以罚款、拘留；构成犯罪的，依法追究刑事责任"。从责任承担的方式上不难看出，民诉法对妨碍人设置了一些司法上的强制

---

① 大陆法系国家和地区的证据理论中将此称为"证据方法"，其乃指可由受诉法院予以调查的客观载体。与之相对应的即所谓之"证据资料"，其指的是受诉法院经由证据方法之调查所获得的用以形成心证的事实。证据方法之作用在于受诉法院对其予以调查可获得相应之证据资料。

② 《民事诉讼法》第111条在此两类行为之外，还规定了诉讼参加人或其他人"指使、贿买、胁迫他人作伪证"的行为，但比照证明妨碍行为之特质，该行为显然不应被归入证明妨碍之列。因为证明妨碍仅是针对证据本身施以毁灭、隐匿或不予提供等阻却行为，于证据内容，即其反映的案件事实本身则不加以改变，而指使、贿买或胁迫他人作伪证的行为则使证人证言这一证据形式所指向的案件事实发生了改变，从而直接改变了举证责任的内容和方向。

制裁措施和刑事上的制裁手段，期冀通过公法上的惩戒来消弭此类妨碍行为的发生。

2. 《审改规定》第 30 条及《证据规定》第 75 条——私法上之制裁方式

毋庸置疑，与上述公法上的惩治方式相比，更具必要性的则是让妨碍人承担与实体权益紧密相关的诉讼上的不利益，即对其施以私法上的不利后果。1998 年最高人民法院在《审改规定》第 30 条中规定："有证据证明持有证据的一方当事人无正当理由拒不提供，如果对方当事人主张该证据的内容不利于证据持有人，可以推定该主张成立。"并在 2001 年发布的《证据规定》第 75 条中重申了此项做法。这便是将妨碍行为与裁判结果相挂钩，对妨碍人实施妨碍行为所欲获得的诉讼上的利益予以消减，以此达到从根本上遏制证明妨碍行为发生之目的。

3. 现行法与相关司法解释之比较

杜绝证明妨碍行为发生之关键并不在于"罚"，不能动辄冠以妨碍人诸如"妨碍司法"等罪名（此制度之备设更多地是起到一种威慑作用），依此草率行事往往事倍功半，于问题之根本解决并无多大助益。既然妨碍证明者之目的在于使对方当事人不能证明其主张之事实，我们即可通过相应制度之设置使该目的落空。与民诉法第 111 条相比，《审改规定》第 30 条与《证据规定》第 75 条直接将妨碍行为与裁判结果相挂钩，对妨碍人实施妨碍行为所欲获得的诉讼上的利益予以消减，相对而言较为妥适。

（二）对《审改规定》第 30 条及《证据规定》第 75 条之斟酌

《审改规定》第 30 条和《证据规定》第 75 条虽从规范层面上对证明妨碍行为之私法上的处治方式作了一定布设，但其中之缺陷与不足至为显明，有作进一步完善之必要。

1. 对证明妨碍行为的适用主体和前提应予以明确界定

（1）对证明妨碍行为之适用主体予以界定——对所持证据不负举证责任之一方。

从《审改规定》第 30 条和《证据规定》第 75 条之规定来看，

证明妨碍排除制度适用之主体乃持有证据无正当理由拒不提供的"一方当事人"。但"一方当事人"究竟应为哪一方,两司法解释均为对其作出界定。在笔者看来,根据民事诉讼证明责任分配之一般理论,该"一方当事人"应为对所持证据不负举证责任的一方,也即对被妨碍提出之证据负举证责任的当事人之相对方。若该"一方当事人"为对被妨碍提出之证据负举证责任之本人,则其拒不提出所持证据之行为只会直接导致其自身遭受败诉之风险,此显与诉讼常理相悖,因为一般情况下,任何人均不会为有损自身实体及诉讼利益之行为,故与证据提供相关之行为无疑也应被当然囊括于内。

(2)对证明妨碍行为之适用前提应予以界定。

a.对"正当理由"应予以明确。

至于证明妨碍排除制度的适用前提,《审改规定》第30条和《证据规定》第75条均将其界定为"一方当事人持有证据无正当理由拒不提供"这一情形。但对于作为此种妨碍行为成立之前提要件的"正当理由"究竟为何,该两司法解释并未作进一步厘清,从而为当事人滥用该条款提供口实。

笔者认为,何谓当事人拒绝提出证据的正当理由,的确不易作出准确界定。唯一可行的办法,即是由法官在整体上作综合考量的基础上,对个案中是否存在正当理由加以判断。一般来讲,证据事关当事人的隐私或秘密应属于不被提出的正当理由之列,但并非绝对,应从攻防手段之平衡、事实真相之发现、审理之集中化及诉讼之促进与隐私或秘密的保护之间寻求最佳的平衡点。此过程中应对隐私、秘密、证据及其所能证明的案件事实的重要性加以仔细斟酌、慎重考量,从而确定孰轻孰重。只有当隐私和秘密的重要性大于证据及其所能证明的案件事实的重要性时,法官才能同意证据持有人拒绝提供,承认其隐匿相关证据的合理性。

当然,此种利益之权衡必定因案件类型及诉讼过程中具体情况之不同而有所差异,这可能危及程序的安定性,与此同时会使当事人不予提供相应证据的权利丧失确定性，从而因可预测性的降低影响其应有作用的发挥。但笔者以为，随着审判实际经验的不断增加及案件类型的大致固定化，法官会逐渐积累起关于不同类型案件如何把握衡量尺度的特定的判断标准，届时该问题应会迎刃而解。如对于前面提到的环境污染、产品缺陷致损、医疗事故及专利侵权等民事主体双方的平等性和互换性基本完全丧失的现代型案件，作为被侵害方的原告的举证能力往往大大弱于作为侵害方的被告，与案件裁判结果息息相关的证据资料绝大多数由被告所掌握，此时若过分强调重视被告的隐私和秘密，赋予其极大不予提供证据的权利，原告即无从利用该类证据，案件之胜负几无悬念，这显然是极为不公。故对于该类案件，法官即应将对被告隐私及秘密的考虑降至最低，更多的关注证据的提出及案件真实地发现。

当然，对于涉及持有人隐私及秘密的相关证据之提供与否，仍应由法官予以认定，即法官仍要接触这些证据，对相应内容加以审阅后才能决定是否进入诉讼程序。而对于经审查不应提出、即不得作为裁判基础的证据，对方当事人虽未得见，但法官已对其内容有所了解，尔后的心证不免会受此影响，为此，对法官于此类证据加以审查的权力应适当限制，只有在显具必要性之情形下才能为之。当根据证据持有者所提出的证据能够证明其拒绝提出的证据符合正当理由之要求时，法官即应对其不予提供的行为予以认定，此时即无再对涉及隐私及秘密的证据加以审查之必要；反之，若根据证据持有者提出的相关证据，法官的心证未能达到确信涉及隐私及秘密的证据可归入正当理由的程度时，则可以对该证据进行审阅。

b. 有关证人拒绝作证之事项不应被纳入"正当理由"之范畴。

在对"正当理由"予以界定时应明确，有关证人拒绝作证之事项不应被纳入"正当理由"之范畴。在大陆法系主要国家和地区，民事诉讼立法一般均规定了证人的"证言豁免权"（或曰"拒绝作证权"），即证人在特定情况下①可以拒绝作证。之所以将这些情形下证人的作证义务予以免除，乃基于保护证人合法权益之需要。因为证人证言之提供虽攸关本案之处理，但其毕竟不是本案的直接纠纷主体。若为他人民事争议之解决而损害具有特定身份之证人的自身权益，显然有违诉讼解决民事纠纷、维护社会稳定之本旨，同时也必会打击证人作证的积极性，从而对整个民事诉讼之真相发现机制产生消极影响。而对当事人则不然。因为民事案件的处理结果直接攸关双方当事人之实体权益，故若关于证人"证言豁免权"之事由对其也能予适用，则对双方争端之解决实属无益。而且，我国现行《民事诉讼法》第 134 条规定，涉及国家秘密和个人隐私的案件，受诉法院应当不公开审理；离婚案件和涉及商业秘密的案件，若当事人申请不公开审理，则法院应当不公开审理。据此可至，凡涉及"证言豁免权"相关事由的案件，在我国均采不公开审理之方式，故双方当事人在提供相关证据时即无须有过多顾虑。退一步讲，在此基础之上，即使当事人仍旧担心因证据之提出会使对方当事人和法院知悉相关之国家秘密、商业秘密及个人隐私，基于民事诉讼当事人私权自治之原理，其通过权衡相关秘密之暴露与诉讼利益之取得两者孰轻孰重，大可借和解或调解之手段来求得两者之平衡，而毋须由法律将诸类情形纳入当事人可不予提供证据的"正当理由"之列。

2. 对可适用证明妨碍排除制度的行为种类加以扩充

将证明妨碍行为与案件的裁判结果相挂钩，使妨碍人承担由此

---

① 这些特定情形主要是关于国家秘密、商业秘密、个人隐私及特定亲属关系等。如《德国民事诉讼法》第 383 条和第 384 条规定证人有权拒绝作证的情况主要有：1. 与当事人一方有特定的亲属关系；2. 被当事人一方所告知一定事项的神职人员；3. 因编辑、出版或发行等职业原因知悉当事人相关情况的人。《日本民事诉讼法》上规定的证人有权拒绝作证的情况主要有：1. 与当事人一方有特定的亲属关系；2. 与当事人有监护与被监护的关系；3. 知悉特定职务秘密的公务员或曾任公务员的人；4. 医生、律师、公证人及神职人员等因职业原因知悉当事人隐私或秘密的人。我国台湾地区"民事诉讼法"第 306 条和第 307 条也有大致相同的规定。

造成的诉讼上的不利益，即可有效地遏制证明妨碍行为的发生。但对于《审改规定》第 30 条和《证据规定》第 75 条所规定的能够适用此制度的妨碍行为之种类，则应作进一步地扩充。

《审改规定》第 30 条和《证据规定》第 75 条仅规定了一方当事人实施"持有证据无正当理由拒不提供"此种妨碍行为时，法院可以认定其所持有的证据能够证明对方当事人的主张，即只有在当事人消极不作为的情况下可适用此项制度之规定，尚未将种类更多的作为行为包纳于内，而仅是在《民事诉讼法》第 111 条中对某些作为性质的妨碍行为（伪造、毁灭重要证据和以暴力、威胁、贿买方法阻止证人作证）设置了相关公法上的惩罚手段。

如前所述，在一定程度上，现行《民事诉讼法》第 111 条对证明妨碍行为施以司法强制措施及刑事制裁手段之设置在我国现行民事诉讼框架之下无疑具有存在之必要性及合理性，但当妨碍人通过实施妨碍行为可能获得之裁判利益远大于因公法上之惩戒所遭受的损失时，此种制裁之威慑力即会有所降低。此时，私法上的制裁措施若不紧跟而上，不对其欲通过实施妨碍行为所可能获得之裁判利益予以消减，这些作为性质的妨碍行为便难以得到彻底的遏制，对方当事人合法权益之有效维护即沦为空谈。同时，《民事诉讼法》第 111 条也仅对两种作为性质的妨碍行为作了规定，① 但在司法实践中，仍存有诸多既不受《民事诉讼法》第 111 条、亦不受《审改规定》第 30 条和《证据规定》第 75 条规制的作为性质的妨

---

① 而已有的规定也不尽完善，其与刑法的相关规定不完全配套，即二者在行为陈述及相应制裁上存有疏漏。因为对于伪造、毁灭证据的行为，《刑法》第 306 条和第 307 条虽然分别规定了辩护人、诉讼代理人毁灭、伪造证据罪和帮助毁灭、伪造证据罪，但这两个罪名适用的范围仅为刑事诉讼，其针对的犯罪主体也仅是辩护人、诉讼代理人和其他帮助当事人毁灭、伪造证据的人，对于当事人本身实施的此类行为仅是作为量刑的酌定情节。而依"法无明文规定不为罪"的刑罚基本原则，这两个罪名对于民事诉讼中当事人毁灭、伪造证据的行为显然无从适用，而现行刑法又未有别的相应罪名予以规制，故《民事诉讼法》111 条所谓的对当事人的该类行为施以刑事制裁徒有具文。

碍行为，一方当事人实施这些行为时，必会对他方当事人的举证活动的正常开展产生实质性的负面影响。因此，应将可适用《审改规定》第 30 条和《证据规定》第 75 条规定的证明妨碍行为之种类加以扩充为诸如灭失、损毁、隐匿、无正当理由拒不提供所持有的证据及其他妨碍对方举证的行为等。

3. 对待证明妨碍制裁之态度应予以明确——采彻底的自由心证

从《审改规定》第 30 条及《证据规定》第 75 条本身并不能看出该两项司法解释对证明妨碍制裁采何种态度。但《证据规定》出台之后，从司法解释制定者的相关阐释性论述中可看出，其关于此项规定之出发点乃欲以推定之方式对证明妨碍之后果加以规制，即认定其实质为"根据已经被证明的一方当事人有证据拒不出示的事实，推定其持有的证据能够证明对方当事人的主张"，① 并认为"本条推定在客观效果上构成了举证责任倒置，……利用推定实现了举证责任倒置"。② 而依推定之一般原理，可将对证明妨碍之推定归入法律推定之范畴，其具有法律推定之特质，即据以推定之经验法则乃事先为法律③所确定，不容反驳，只要基础事实得以确证，即可直接依经验法则得出推定之事实。

虽然我国司法解释制定者的意图是欲用推定之方式规制证明妨碍行为的后果，进而自然可推出其在此问题上的态度乃采举证责任

---

① 最高人民法院民事审判第一庭著，黄松有主编：《民事诉讼证据司法解释的理解与适用》，中国法制出版社 2002 年版，第 360 页。

② 李国光主编：《最高人民法院〈关于民事诉讼证据的若干规定〉的理解与适用》，中国法制出版社 2002 年版，第 471 页。

③ 在我国，司法解释虽然不应被纳入法律之范畴，但在实际操作中，人民法院仍将其置于与法律具有同等效力之地位（相关依据乃《最高人民法院关于司法解释工作的若干规定》第 4 条"最高人民法院制定并发布的司法解释，具有法律效力"之规定），此做法虽有悖法理，但在现今特定的背景和语境下，也有其"合理性"。故将《审改规定》第 30 条和《证据规定》第 75 条所确认的对证明妨碍之推定纳入法律推定的范畴从某种意义上讲乃持论有据。

转换之结论，但从相关司法解释之条文本身来看，并不能当然地认为其采用的即为推定。因为《审改规定》第 30 条和《证据规定》第 75 条中使用的乃为"可以推定"，其中，"推定"是以有司法解释的明确规定为出发点的；而"可以"则是赋予法官自由裁量权的显著标志。将法律推定与法官自由心证并用，显然是疏于对两者各自内涵的准确把握所致。

如前所述，大陆法系主要国家和地区在对待证明妨碍法律后果之态度上大致有举证责任转换和自由心证两种。但通过前述分析可得出自由心证优于举证责任转换，且从大陆法系主要国家和地区相关立法发展之趋势来看，实际操作中也呈自由心证逐渐替代举证责任转换之态势。故为契合该发展之趋势（或曰潮流），我国在此问题上也似应采自由心证之做法，进而应在相关实际操作规则之修改与完善上有所体现。就近期来讲，似可将《审改规定》第 30 条和《证据规定》第 75 条中的"可以推定"更改为"可以认定"。此一词之异，从表征上看，使得自由裁量与法律推定之间的关系得以厘清，而实质上则体现出自由心证取代举证责任转换之深层蕴意。

但仅作如此改动并不完全契合自由心证之本旨，因为依《审改规定》第 30 条和《证据规定》第 75 条之现有规定，当出现证明妨碍情形时，法官仅可认定举证人关于该证据内容的主张为真实，即仅能作关于该证据本身是否为真实的认定，不能直接判断证据所能证明之事实是否为真——如前所述，此并非完整意义上彻底的自由心证。故在今后对其予以修订时，也应对法官所能认定之对象加以区分，即当举证人参与证据作成时，可以认定其对该证据本身的主张为真实；在其未能参与之情形下，法官就不仅可以认定举证人对该证据本身的主张为真实，还可对其所能证明的事实之真实性予以认定。

应提起注意的是，法官心证的重要内容之一，即要对证据的重要性加以考量。不能一出现妨碍证明之情形即认定举证人对证据本身的主张或其所能证明的事实为真实，此显然忽视了其他证据的存在并割裂了证据之间及证据与待证事实之间的内在联系。若完全仅凭证明妨碍此单一事实即对当事人关于该证据的主张及讼争事实的真实性加以认定,① 则其他详尽的认证规则存在之必要性亟丧失殆尽，而整个民事诉讼证据体系也有被抽空之虞。② 同时，私法上证明妨碍之制裁效果，原则上使诉讼恢复至无此妨碍之状态即告成功，绝不能使当事人在受妨碍之情形下比无此情形时居于更为有利之诉讼地位，否则即僭越此制度设置初衷。循此而言，法院不能在任何情况下都对举证人的主张予以认定；在仅能对关于证据本身的主张加以认定时即不能考虑认定其所能证明之事实。此乃当事人双方攻防平衡、武器对等此民事诉讼之精髓使然。③

第四节　证　据　保　全

证据保全，是指民事诉讼前或诉讼中，在法定情形下，法院根据当事人的请求或依职权采取措施对特定证据加以固定和保护并进行调查的程序。因其关乎证据收集和提出的效果，进而影响诉讼的成败，因此对民事诉讼整体程序的顺利开展起到相当重要的作用。

---

①　这也正是举证责任转换说的显著缺陷之一。因为若采举证责任转换说，法院即无法依据具体案件中证明妨碍在方式及程度上的差异来灵活地作出不同的处置。参见［日］高桥宏志：《民事诉讼法——制度与理论的深层分析》，林剑峰译，法律出版社 2003 年版，第 466 页。

②　自由心证的"自由"绝非容许法官为恣意地判断。自由心证原则确立初期，其"内心确信"侧重于主观方面的证据评价标准，后来这些标准受到了各方的批评，由此有关国家在制度上和实务中为客观标准的确立开始了不断努力。现代意义上的自由心证不再是法官的自由擅断，而是一种辩证的"自由"，法官在自由心证过程中，必须遵循可观的认识规律，同时必须执行与自由心证相配套的一系列相关制度，尤其是不能逾越与之相适应的法律制度和规定的制约。故大陆法系国家和地区的立法一方面保障法官心证形成的自由，另一方面又设置了相应的、合理的制约措施。

③　当然，笔者在此处仍有另一种考虑，即在对证明妨碍行为予以处治时，有一因素不应被忽略，即处治应能有效地预防该类行为的再次发生，故在制裁的力度上应比其不为妨碍行为、诚实提供相应证据所遭到的不利后果要严重一些，这样始能达到预防或制裁的效果，否则，当事人在考虑到为妨碍行为决不会导致比提出证据更不利、且有可能逃脱制裁的侥幸心理之诱惑下，大肆从事毁灭、隐匿或不予提供相关证据的行为，使证据调查陷入困境。

而基于一定考虑所设定的保全范围则直接决定证据保全应有功能的发挥及预期目的的实现，故其在证据保全体系中所具之显著地位亦不言而喻。但截至目前，我国对证据保全范围之研究均是浅尝辄止，现有相关规定（法律和司法解释）也鲜有涉及，这就直接导致司法实践中证据保全名不副实，效果差强人意。鉴此，有必要以发展的眼光对证据保全制度的功能进行再认识，并以其扩大化为基点，对证据保全的应有范围予以探析，期冀对相关规定的完善有所裨益，使该制度真正得以推进民事诉讼的顺利进行。在各国和地区的诉讼中，基于直接言词原则的要求，法官只有在系争案件进入诉讼系属之后，才可以对与本案相关的证据进行调查和认定。但必须承认的是，在案件发生之后以及进入诉讼系属之前，其中必然有一客观存在的期间，而且这一期间在很多情况下是不可控的。在此期间，种种情况的出现或者种种因素的介入很可能使得案件发生时的证据的性状发生改变甚至遭到损毁，此种情形显然会给后续案件的顺利审判造成阻碍，影响法官对案件真相的全面掌握和认定。鉴此，世界各国和地区的诉讼中，立法均规定在必要情况下，在符合特定条件的基础上，法官可以在诉讼系属之前或者诉讼系属之后但证据调查程序开启之前，对与本案有关的证据方法采取一定程度的保障措施，从而确保其能顺利地进入后续的证据调查阶段，此即所谓证据保全制度。

一、证据保全范围确定的基础

证据保全始创于寺院法，后继受德国普通法并沿传至今，[1] 为大陆法系许多国家和地区的立法所采用。在英美法系证据法上，因有证据开示制度保障证据的提出与展示，其功能和作用与大陆法系证据法上的证据保全制度基本相当，故未在证据开示制度之外又规定一套独立的证据保全制度。故厘清大陆法系国家和地区证据保全机能的发展脉络对推动我国证据保全机能的发展具有相

---

[1]　［日］松岗义正：《民事证据论》，张知本译，中国政法大学出版社2004年版，第331页。

当重要的意义。

（一）大陆法系国家和地区证据保全功能的发展

1. 证据保全之传统功能

虽然人人皆知证据对于解决争端时所能起到的重要作用，但是，一般来讲，出于情面、关系等种种因素的考虑，普通主体基于防患于未然而在纠纷发生前对证据加以保全的观念仍然相当淡薄，一旦事后发生争端，则因证据灭失或者发生客观上的障碍难免产生诉讼上的不利后果。而证据调查通常是在诉讼系属以后，诉讼程序进行到一定程度并认为有必要时方予进行，此时难免因情势变迁、物理上的变化或其他意外原因而发生证据有碍使用的隐患，① 因此，证据保全最直接的功能即在于事前防范，使特定证据得以顺利进入证据调查程序，保障调查的顺利开展。

2. 证据保全之证据调查功能

传统意义上证据保全的功能即在于上述的证据保存，为后续的证据调查做准备。该认识的基点在于将证据保全和证据调查视为两项完全不同机能的制度。一般认为，"诉讼中，法院依职权调查或就当事人所提出之证据调查，在与应证事项有关之条件下而经由辩论者，即可资为裁判之基础。但依证据保全程序所保全之证据，法院经就其证据之存否予以调查，既不问其与应证事实确否有关，尤不得直接资为裁判之基础；必待举证后并经辩论程序者始可采用"。② 而随理论及实践的不断发展，对证据保全的认识亦日益深入，人们逐渐意识到，证据保全除可以消极地固定证据外，法院在实施保全行为过程中实质上即可同时对被保全的证据进行调查，从而有助于法院于审理本案诉讼时发现真实及妥适进行诉讼，以达到审理集中之目的。易言之，即将证据保全程序从一种消极的保存程序发展为一种积极的先期证据调查程序，从而得以对事实予以确定。证据保全的结果与本诉讼所进行的证据调查具有相同的效力，

---

① 王甲乙、杨建华、郑健才：《民事诉讼法新论》，台湾三民书局股份有限公司 2002 年版，第 420 页。

② 陈玮直：《民事证据法研究》，台北新生印刷厂 1970 年版，第 88 页。

在其后进行的诉讼中，"即便被保全之证据能够付诸于正规的证据调查，证据保全也不丧失其效力"，① 如在证据保全过程中对证人进行了讯问，则将其视为已经在本案诉讼中进行了证人讯问程序。从大陆法系国家和地区证据保全制度的发展趋势来看，有逐渐凸显该机能的倾向，与之相配套的是延长证据调查的期间，从诉讼中延伸至诉前证据保全程序中。如《德国民事诉讼法》上的证据保全部分原名为"证据保全"，1990 年修改后，将证据保全的适用期间从诉讼系属中扩展至诉讼系属之前，并将本部分更名为"独立证据程序"，② 从而显现出证据调查的意味。而该法第 492 条第 1 款"调查证据，依适用于有关的证据方法的规定进行"和第 493 条第 1 款"一方当事人在诉讼中援引作为独立证据的事实时，该独立的调查证据与受诉法院所为的证据调查有同等效力"之规定则更明确了其证据调查的作用。《日本民事诉讼法》第 234 条同样规定："法院认为，如不预先进行调查证据则产生难以使用该证据的情形时，根据申请，依照本章的规定，可以进行调查证据。"我国台湾地区"民事诉讼法"亦以第 368 条第 2 款"前项证据保全，应适用本节有关调查证据方法之规定"明确了证据调查规则在证据保全程序中的适用。

3. 证据保全之疏减讼源功能

诉讼的发生并非完全是双方当事人各持己见的结果，而是常常因为一方当事人未能保全其证据，他方趁机否认其权利所致。如果证据能够保全完整无缺，在相当程度上便可减少案件发生的几率。同时，当事人如果能申请证据保全，还可以利用法院所保全的证据了解案件的实际状况，并有可能就某些事项达成一致，从而促成争议的解决，避免纠纷的扩大。而且，当事人即使在证据保全程序中未能就某些事项达成一致，其事后仍然可通过和解、调解或仲裁等

① ［日］新堂幸司：《新民事诉讼法》，林剑锋译，法律出版社 2008 年版，第 426 页。

② 许士宧：《起诉前之证据保全》，载《台大法学论丛》2003 年第 6 期。

多种方式促成纠纷的解决。可见，证据保全深层次的功能乃在于疏减讼源，化解纠纷。如《德国民事诉讼法》第 492 条第 3 款规定："在预期可以达成一致时，法院可传唤双方当事人进行口头讨论；和解应记入法庭记录。"我国台湾地区"民事诉讼法"在 2000 年修改之后，也增加了第 376 条之一"保全证据程序中之协议及其笔录"的内容。即"（1）本案尚未系属者，于保全证据程序期日到场之两造，就诉讼标的、事实、证据或其他事项成立协议时，法院应将其协议记明笔录。（2）前项协议系就诉讼标的成立者，法院并应将协议之法律关系及争议情形记明笔录。依其协议之内容，当事人应为一定之给付者，得为执行名义。（3）协议成立者，应于十日内以笔录正本送达于当事人。（4）第二百十二条至第二百十九条之规定（言词辩论笔录相关规则），于前项笔录准用之。"这些规定都是明确证据保全具有疏减讼源、化解纠纷的力证。

（二）我国证据保全功能的再定位

如前所述，德国、日本和我国台湾地区等大陆法系代表国家和地区随着对证据保全功能认识的不断深化，对证据保全适用的范围和领域亦不断拓宽，证据保全从以前单一保存证据的行为逐渐发展为一种促进诉讼中证据调查顺利、高效进行的独立的证据调查程序。而观之我国，理论上一直以来便将证据保全界定为一种行为（或措施），① 以之保护和确认相关证据，以便将来能够加以利用，从而防止可能出现的举证困难，保证诉讼活动的顺利进行，确保人民法院可以据证作出正确裁判，即其根本目的在于为将来法庭调查中的举证和质证提供保障。相关立法亦秉承该认知，《民事诉讼法》第 81 条和《海事诉讼法》第 62 条均将证据保全看做一种一般情况下法院根据一方当事人的单方申请（即不须双方当事人参与）所采取的保存或固定证据的（强制）措施。这一观念无疑尚处于上述大陆法系代表国家和地区对证据保全认识的初级阶段，即仅意识到证据保全具有保全证据以备将来使用的消极功用，没有认

---

① 江伟：《民事诉讼法》（第四版），中国人民大学出版社 2008 年版，第 192 页。

识到其同时还可以发挥证据调查进而推进诉讼或促进裁判外纷争解决的积极功效。而且，仅将证据保全作为一种行为（或措施）对待，即仅强调其是针对特定情况采取的某种处理方法，重点在于经处理方法所获得的结果。而若将证据保全作为一种独立的证据调查程序，则其不仅要为结果服务，同时也要注意处理过程本身的公正与效率。既然没有将证据保全看做一种证据调查程序，当然谈不上对域外证据保全所具有的新型功能予以认识，在该过程中也就自然谈不上当事人的参与权、到场权、对证据方法及调查过程的要求等程序性的保障问题。而这种对证据保全功能定位的滞后也给司法实践带来诸多不便。譬如，在通过不具证据调查性质的证据保全行为对病危的证人进行询问并制成笔录后，在庭审的证据调查阶段仍应对证人进行询问，否则即不能作为认证的依据。而若证人在此之前死亡，则对于该证人的证言即不能进行当庭质证，这必然会影响法庭调查的效果，进而损及认证结果的正当性。

证据保全的性质为何，其重点乃是判断其是否具有诉讼的属性。在该问题上，历来存在诉讼事件与非讼事件之争。① 所谓诉讼事件，是指就已存在的私权争执，由国家机关以公权力加以确定；而所谓非讼事件，则是指就确定私权以外而与私权有关的事项由国家机关以公权力加以干涉。② 两类事件最显著的区别在于，诉讼事件因以解决已产生争执的私权为目的，故必然有对立的双方当事人的存在；而后者因以预防私权产生争执为目的，故原则上无争议性，不一定存在对立的双方当事人。③

在传统的证据保全程序中，证据保全措施的实施主要是为了保

① 参见［日］松冈义正：《民事证据论》，张知本译，中国政法大学出版社 2004 年版，第 331 页；沈冠伶：《证据保全制度——从扩大制度机能之观点谈起》，载《月旦法学杂志》第 76 期；刘玉中：《证据保全之认知与运用》，载《玄奘法律学报》第 2 期。

② 参见王甲乙、杨建华、郑健才：《民事诉讼法新论》，台湾三民书局股份有限公司 2002 年版，第 3 页。

③ 关于诉讼事件和非讼事件区别的详细论述，参见陈计男：《民事诉讼法论》（上），台湾三民书局 2000 年版，第 11 页。

存与固定相应证据，故其无须具备当事人两造对立的讼争结构，只要申请人提起的证据保全申请符合法律规定法的相应条件，即便无直接的利害关系人，法院亦可采取一定的保全措施。但如上所述，随着证据保全程序在机能的发挥上由传统的保存、固定证据向调查证据与认定事实演进，该机制有逐渐发展为诉讼中证据调查程序之一部分的趋势，即所谓"预告的证据调查"① 或"本诉讼程序的附随程序"②。这就要求，法院在采取证据保全措施之前，应当通知申请人和相关利害关系人，并使之有适当的机会参与该过程。而在此期间，在一定情况下，当事人还可以达成和解，从而即时化解纠纷。就此而言，证据保全程序明显展现出一定的诉讼特征。《德国民事诉讼法》第491条第1款、《日本民事诉讼法》第240条前半段以及我国台湾地区"民事诉讼法"第373条③均强调证据保全中应保证双方当事人在一般情况下均有参与的机会；同时，《德国民事诉讼法》第492条第1款、《日本民事诉讼法》第234条以及我国台湾地区"民事诉讼法"第368条第2款④还明确了诉讼中证据调查的手段可以直接适用于证据保全程序，这均在很大程度上可

---

① ［日］松冈义正：《民事证据论》，张知本译，中国政法大学出版社2004年版，第331页。

② ［日］新堂幸司：《新民事诉讼法》，林剑锋译，法律出版社2008年版，第424页。

③ 《德国民事诉讼法》第491条第1款规定："在具体情况许可时，应将裁定与申请的缮本送达于对方当事人，并且传唤对方当事人于规定的调查期日到场，以便对方当事人于期日保护其权利。"《日本民事诉讼法》第240条前半段规定，调查证据的期日，应当传唤申请人和对方当事人。我国台湾地区"民事诉讼法"第373条规定：（1）调查证据期日，应通知声请人，并应于期日前送达声请书状或笔录及裁定于他造当事人而通知之。（2）当事人于前项期日在场者，得命其陈述意见。

④ 《德国民事诉讼法》第492条第1款规定："调查证据，依适用于有关的证据方法的规定进行。"《日本民事诉讼法》第234条规定："法院认为，如不预先进行调查证据则产生难以使用该证据的情形时，根据申请，依照本章的规定，可以进行调查证据。"我国台湾地区"民事诉讼法"第368条第2款规定："前项证据保全，应适用本节有关调查证据方法之规定。"

以证明现今的证据保全程序具有了诉讼的属性。

当然，证据保全和严格意义上的证据调查还是存在一定差异的。一方面，从启动的条件来看，证据保全由于一般是在情况较为紧急的情况之下开启的，故不可能像严格意义上的证据调查一样要求申请人就待证事实作出详细、具体的说明。同时，在证据保全中，"证据调查的必要性也不会得到事先审理"①。另一方面，从程序要求尤其对当事人双方的参与权之保障上来看，证据保全显然要较严格意义上的证据调查为宽松。如《德国民事诉讼法》第491条第1款、《日本民事诉讼法》第240条以及我国台湾地区"民事诉讼法"第373条尽管强调证据保全时通常应当确保对方当事人的参与权，但同时也明确，在特殊情形下，即便对方当事人未参与保全程序，法院亦可采取证据保全措施。② 此外，《德国民事诉讼法》第494条第1款、《日本民事诉讼法》第236条前半段和我国台湾地区"民事诉讼法"第370条第1项③还规定，在对方当事人不明时亦可在法定情形下进行证据保全。当然，为保护对方当事人的正当权益，在此种情形下，上述域外立法例均要求法院应为对方当事人选定特别代理人（参见《德国民事诉讼法》第494条第2款、《日本民事诉讼法》第236条后半段、我国台湾地区"民事诉

---

① ［日］高桥宏志：《重点讲义民事诉讼法》，张卫平、许可译，法律出版社2007年版，第174页。

② 《德国民事诉讼法》第491条第2款规定，即使不遵守本条第一款关于传唤对方当事人的规定，也不妨碍调查证据。《日本民事诉讼法》第240条后半段规定，在紧急情况下，可以不传唤对方当事人。我国台湾地区"民事诉讼法"第373条也规定，有急迫或有碍证据保全情形的，可以不向他造当事人送达声请书状或笔录。

③ 《德国民事诉讼法》第494条第1款规定："举证人未指明对方当事人时，如举证人释明，未能指明对方当事人并非由于自己的过失，应准许其申请。"《日本民事诉讼法》第236条规定，保全证据的申请，即使在不能指定对方当事人的情况下，也可以提出。我国台湾地区"民事诉讼法"第370条第1项规定，保全证据之声请，应表明他造当事人，如不能指定他造当事人者，则应表明不能指定之理由。

讼法"第 374 条)。①

二、证据保全范围的完善

对于证据保全措施可以适用于何种法定的证据方法，大陆法系主要国家和地区的诉讼立法之规定并不完全相同。从《德国民事诉讼法》第 485 条第 1 款和第 2 款的规定来看，对于证据可能灭失或以后难以取得以及对方当事人同意的两种情形下，证据保全的措施可以适用于证人讯问、鉴定人之鉴定以及勘验物等三种证据方法；在确定事、物的现状之情形下，证据保全则仅适用于鉴定。但在德国的民事审判实务中，此种证据保全并未完全排除对书证的适用，当事人可以通过法院之勘验或提起确认证书真伪之诉从而排除文书的伪造或变造，或经由讯问证人、鉴定人的方式间接认识到书证的内容。② 由于《德国民事诉讼法》第 485 条在制定之初，并未将当事人讯问认定为一种独立的证据方法，故当事人讯问不属于证据保全的范围。易言之，"讯问当事人本人者，乃法院调查当事人所提出证据之结果，对于应证事实之真否，不足得心证时而之证据调查也"③。但在现今，《德国民事诉讼法》经修改已将当事人讯问界定为一种独立的证据方法的背景之下，德国学界普遍认为其也可以适用证据保全措施。④

《日本民事诉讼法》并未对可予适用证据保全之证据方法的范

---

① 这里的特别代理人从性质上讲属于法定代理人的一种。参见［日］高桥宏志：《重点讲义民事诉讼法》，张卫平、许可译，法律出版社 2007 年版，第 174 页。

② 参见 Baumbach/Lauterbach/Albers/Hartmann，ZPO，485 Rdnr. 2。转引自沈冠伶：《证据保全制度——从扩大制度机能之观点谈起》，载《月旦法学杂志》第 76 期。

③ ［日］松岗义正：《民事证据论》，张知本译，中国政法大学出版社 2004 年版，第 333 页。

④ 参见 Stein/Jonas/Leipold，ZPO，21，Aufl. 1999，485 Rdnr. 5。转引自沈冠伶：《证据保全制度——从扩大制度机能之观点谈起》，载《月旦法学杂志》第 76 期。

围予以直接规定，但理论上和实践中一般均认为，人证、书证、勘验、鉴定以及当事人讯问等五种证据方法均可适用证据保全。①

在我国台湾地区，其"民事诉讼法"对于证据可能灭失或以后难以取得以及对方当事人同意的两种情形下可予适用证据保全的证据方法之类型亦未明确，其理论上和实务中基本采取跟上述日本诉讼中一样的解释和做法，即认为在此两种情况下，证据保全可适用于所有种类的证据方法。② 而确定事、物现状的情形下证据保全仅则适用于鉴定、勘验或书证。

通过上述对证据保全功能的阐析可以看出，要对我国现有证据保全范围之相关规定予以改进，第一步便要对证据保全的功能进行重新定位，即将其予以扩大化，以此为前提再对具体范围进行充实和完善。总体来说，应从如下两方面着手：

(一) 增加可予保全的情形

我国现有相关规定对证据保全范围的界定极为有限，仅囿于"证据有灭失或以后难以取得"（《民事诉讼法》第 81 条、《商标法》第 58 条及《著作权法》第 50 条）之时，为进一步体现证据保全调查证据及疏减讼源等现代型功能，应增加三种可予保全的情形：

1. 对方当事人同意

在传统证据保存与固定意义下，证据保全不须具备当事人两造对立的讼争结构，只要申请人提起的申请符合法定条件，即便无相对人，法院亦可进行证据保全。但随着证据保全程序调查证据及认定事实功能的日渐显现，其逐渐发展为诉讼中证据调查程序的一部分。这就要求在一般情况下，证据保全并非只有申请人参与，而是应在明确对方当事人参与权的前提下，通过证据的保存来确定案件

---

① 1890 年《日本民事诉讼法》第 365 条借鉴 1877 年的《德国民事诉讼法》，将证据保全的范围限于证人讯问、鉴定和勘验，但于大正年间修法时将这一限制取消。参见［日］高桥宏志：《重点讲义民事诉讼法》，张卫平、许可译，法律出版社 2007 年版，第 173 页。

② 参见许士宦：《起诉前之证据保全》，载《台大法学论丛》2003 年第 6 期。

的相关事实，并预用于后续的诉讼程序，从而一方面促进案件真实的发现，另一方面增加和解的可能。因此，证据虽无灭失或以后难以取得的危险，如果经过对方当事人同意，当事人也可以向法院申请证据保全。此种情形主要目的不在于保存证据的现状或维持其效用，而在于事前确定事实关系，不必等到诉讼中的证据调查阶段再为证据调查，有助于实现诉讼经济。《德国民事诉讼法》第485条第1款即规定，除在证据方法有灭失或难以使用之虞外，当事人同意时，在诉讼程序进行中或开始前，依一方当事人的申请，可以命令进行勘验、讯问证人或由鉴定人为鉴定。我国台湾地区"民事诉讼法"第368条第1款也规定，经他造同意者，当事人得向法院申请保全。但司法实践中，除准备合意解决纠纷的当事人会合意启动证据保全程序之外，其他情形下适用该种保全的几率非常之少，从而使得该项规范并无太大的实际意义。从立法情况来看，在日本，一方面因其使用机会较少，另一方面也为防止频繁引发将来的诉讼，于1926年修正民事诉讼法时已将这项证据保全适用条件删除。① 因为除相互之间恶意串通的虚假诉讼之外，诉讼系属中对立的双方当事人之间存在明显的、相冲突的利害关系，此时，从常理上来讲，彼此之间不可能就相应证据是否保全达成一致，尤其是对己方不利的证据，均是千方百计使之不能为对方发现，遑论主动提出予以保全了。

2. 确定事、物的现状

如前所述，证据保全的机能除了消极地保存证据而使之不致灭失外，更重要的在于经由先行的证据调查以确定案件事实，一方面有助于在本案诉讼系属中可集中力量就法律问题或其他较复杂的事实问题进行审理，另一方面也可以因某种程度上事实的查清而有助于促成当事人以裁判外的方式解决纠纷。而确定事、物的现状这种情形就集中地反映了这一目的。如在医疗纠纷中，医院的病历通常并无灭失或以后难以取得的危险，但为确定案件事实，避免遭到篡

---

① 参见许士宧：《起诉前之证据保全》，载《台大法学论丛》2003年第6期。

改，即有申请保全该书证的必要。又如，对于遭受人身伤害的当事人的人身伤害程度及原因也可以申请鉴定。此时，要以特定事、物的现状与当事人有一定利害关系方能进行。原则上并不须以本案诉讼的进行是否有胜诉的可能性为判断基准，一方面，证据保全所确定的事实有助于纠纷的解决从而避免诉讼即可，即"使当事人在了解、掌握事实之全貌后，得以判断是否有起诉之必要，或循调解、和解等其他裁判外纷争解决途径予以处理，以免提起不必要之诉讼，徒增当事人及法院之负担"；① 另一方面，即便进入诉讼，如果可以推进程序的迅速推进也属于该情形，即"不仅在于得以避免发生诉讼（有和解之可能），并应扩及于得为诉讼资料之准备（构成诉讼上请求权之基础）之情形"。② 当然，对于利害关系的判断亦要谨慎判断，避免当事人动辄引用该规定，对程序的安定性产生纷扰。通常认为，我国台湾地区"民事诉讼法"关于"事、物之现状"范围的界定在理解上应持宽松解释的立场，即其除《德国民事诉讼法》第 485 条第 2 款的规定事项之外，还应包括"发生损害或瑕疵之发生原因、责任归属、排除瑕疵之必要方法或所需费用等事实"③。学者对于"法律上的利害关系"或"法律上利益并有必要"的理解也是如此，认为原则上其并不须以本案诉讼的进行是否有胜诉的可能性为判断基准，只要证据保全所确定的事实有助于纠纷的解决从而避免诉讼即可，从而"使当事人在了解、掌握事实之全貌后，得以判断是否有起诉之必要，或循调解、和解等其他裁判外纷争解决途径予以处理，以免提起不必要之诉讼，徒增当事人及法院之负担"④；此外，学者认为，即便进入诉讼，如果可以推进程序的迅速进行也属于该情形，即"不仅在于

---

① 沈冠伶：《证据保全制度》，载《月旦法学杂志》2001 年第 9 期。

② 刘玉中：《证据保全之认知与运用》，载《玄奘法律学报》2004 年第 2 期。

③ 沈冠伶：《证据保全制度——从扩大制度机能之观点谈起》，载《月旦法学杂志》第 76 期。

④ 沈冠伶：《证据保全制度——从扩大制度机能之观点谈起》，载《月旦法学杂志》第 76 期。

得以避免发生诉讼（有和解之可能），并应扩及于得为诉讼资料之准备（构成诉讼上请求权之基础）之情形"①。另有学者则认为，对于"法律上的利害关系"或"法律上利益并有必要"的判断应谨慎为之，避免当事人动辄引用该规定，对程序的安定性产生纷扰。②

值得注意的是，在特定案件中，如果符合同时符合上述三种情形中的两种或三种，则当事人无须同时提起两种或三种申请，只需提出一种即可，即只要其中的一个获得法院同意，即可达到证据保全的目的。当然，若当事人据以提起申请的某一情形未能得到法院支持，则其可以换一种情形再次提出申请。另外，在不同的证据方法分别符合上述不同情形时，当事人应分别提出保全申请，法院也应分别进行审查和判断，进而分别实施保全措施，即其中的某一项或某几项申请的未予支持不影响对其他申请的支持。

3. 证据可能即刻灭失或今后无法获取

为避免证据灭失或使用上的困难而采取一定的固定或保护措施，以期将来证据可以作为法院证据调查之对象，这是最传统、最广泛的证据保全适用的情形。证据可能灭失，如证人身患疾病有死亡的可能、鉴定或勘验之标的物将因自身之物理状态或因对方当事人的行为有消灭、变更的隐患、有关机关保管的文卷已将逾越保存期限有焚毁的可能的情形等；证据以后难以取得，如证人即将远行、证物即将为对方当事人和第三人携带出国等。③ 有无证据可能灭失或以后难以取得的危险，应由法官依据案件的具体情况加以认定，尤其应对申请方的证据保全利益和对方当事人的证据保全负担

---

① 刘玉中：《证据保全之认知与运用》，载《玄奘法律学报》第 2 期。

② 我国台湾地区有学者认为，在判断有无"法律上利益并有必要"时，应考量的主要因素包括：（1）当事人事证收集权保障之必要；（2）他造当事人参与程序之负担；（3）司法资源之合理分配。参见许士宧：《起诉前之证据保全》，载《台大法学论丛》2003 年第 6 期。

③ 参见王甲乙、杨建华、郑健才：《民事诉讼法新论》，台湾三民书局股份有限公司 2002 年版，第 421 页；杨建华、郑杰夫：《民事诉讼法要论》，北京大学出版社 2013 年版，第 288~289 页。

之间进行利害衡量，在此基础之上决定是否进行证据保全。如对于申请人而言，在其以通常程序取得证据并无困难时，即可认为尚未达到证据保全的条件。大陆法系国家和地区的诉讼立法通常将证据可能灭失或以后难以取得作为证据保全程序启动之首要条件，如《德国民事诉讼法》第485条第1款规定："在证据方法有灭失或难于使用之虞时，在诉讼程序进行中或开始前，依一方当事人的申请，可以命令进行勘验、讯问证人或由鉴定人为鉴定。"《日本民事诉讼法》第234条规定："法院认为，如不预先进行调查证据则产生难以使用该证据的情形时，根据申请，依照本章的规定，可以进行调查证据。"我国台湾地区"民事诉讼法"第368条第1款规定："证据有灭失或碍难使用之虞，得向法院声请保全。"

（二）延长可予保全的时间

依证据保全启动的时间不同，可以将证据保全分为诉前证据保全和诉中证据保全。诉前证据保全，是指在当事人起诉之前，案件尚未诉讼系属于法院之时，法院在法定情形下依当事人的申请对特定证据方法予以保存和固定并进行调查的程序。诉前证据保全除可以防止证据的灭失或难以使用，从而避免后续举证的困难外，因能够使欲主张权利之人在提起诉讼之前即能通过向法院申请证据保全而收集相关证据，将有助于法院在诉前了解案件相关事实，促进诉讼中证据调查程序的快速推进，实现审理的集中化，提高诉讼解决纠纷的效率；同时，也利于当事人预测和判断纠纷的实际情况和裁判的可能结果，进而促成诉讼外纠纷解决机制的运行，达到预防诉讼的目的。此外，当事人即使在将来提起诉讼，因双方在诉前证据保全程序中已就某些争议事项达成一致，故在法官审理时，可以减少争点，节省法院的司法资源和当事人的诉讼成本，达到促进诉讼经济的目的。诉中证据保全，是指在当事人起诉之后，案件已经诉讼系属于法院之时，法院在法定情形下依当事人的申请或依职权对特定证据方法予以保存和固定并进行调查的程序。与诉前证据保全可能存在后继诉讼程序开启与否的不确定相比，作为诉讼的一部分，诉中证据保全完全是证据调查的应有之意，故除可依当事人申请发动外，法院认为有必要时可以依职权发动（《日本民事诉讼法》第 237 条、我国台湾地区"民事诉讼法"第 372 条），以免因当事人对证据保全的认知不足或时机选择的不当损及证据保全的效果，进而影响证据调查的顺利进行。

对于证据保全的时间范围，现行《民事诉讼法》第 81 条将我国一般民事诉讼领域的证据保全限定在起诉以后，仅在知识产权和海事诉讼领域，相关法律（《商标法》第 58 条，《著作权法》第 50 条及《海事诉讼法》第 62 条）规定法院可以在当事人起诉之前进行证据保全。对于绝大多数的普通民事案件，实践中乃由公证机关依《中华人民共和国公证暂行条例》第 4 条第 11 项之规定根据当事人的申请在诉讼尚未形成之前办理证据保全公证。一般认为，在诉前由公证机关对可能灭失的证据进行保全，有助于减轻法院的工作负荷，同时还可以强化公证机关的业务职能。① 理论上也有观点认为，法院进行诉前证据保全即于理未合，亦无凭无据。②

依笔者拙见，应该拓宽我国民事诉讼领域证据保全的时间范围，全面引入诉前证据保全，而非仅停留在现有的知识产权和海事诉讼等特殊领域，保证该制度在适用上的统一性和一致性。因为从本质上来说，现有公证机关所从事的所谓诉前证据保全绝非民事诉讼意义上的诉前证据保全，原因有四：第一，公证保全与民事诉讼法上诉前证据保全适用的领域不同。公证机关进行的证据保全应以双方当事人对有关法律事实无争议为前提，即公证确认的对象是没有发生争议的法律事实；而民事诉讼法上诉前证据保全的对象绝大多数都是双方有争议、申请人因各种原因不能自行收集或保存才向司法机关申请保全的证据。第二，公证保全与民事诉讼法上诉前证据保全的效力不同。公证机关没有采取强制措施的权力，现实中若保全证据受阻，一般难以继续开展；而民事诉讼法上诉前证据保全则必须有强制力为后盾，即法院在保全证据受阻的情况下，可以通

---

① 毕玉谦：《证据保全程序研究》，载《北京科技大学学报》（社会科学版）2000 年第 3 期。

② 张金兰、许继学：《论诉前诉讼证据保全的违法性》，载《法学评论》2000 年第 3 期。

过依法采取相应的强制措施来保障程序的顺利进行。第三，公证保全与民事诉讼法上诉前证据保全的功能不同。如前所述，民事诉讼法上诉前证据保全除保存证据外，还具有证据调查和促成纠纷讼外解决等更为重要的功能，这就自然要求证据保全的机关应与证据调查的机关相一致；而公证机关并非证据调查机关，其所从事的证据保全显然不具备上述民事诉讼法上诉前证据保全应发挥的功能。其四，若承认公证机关和法院均可进行民事诉讼法上的诉前证据保全，则两者所作证据保全效力发生冲突的情形在所难免，徒增当事人之负担，亦滞延纠纷的顺畅进行。因此，应将民事诉讼法上证据保全的时间扩至诉讼系属之前，使法院成为我国诉前证据保全的唯一主体。可适用证据保全。① 在我国台湾地区，其"民事诉讼法"对于证据可能灭失或以后难以取得以及对方当事人同意的两种情形下可予适用证据保全的证据方法之类型亦未明确，其理论上和实务中基本采取跟上述日本诉讼中一样的解释和做法，即认为在此两种情况下，证据保全可适用于所有种类的证据方法。② 而确定事、物现状的情形下证据保全仅则适用于鉴定、勘验或书证。

总之，为促使证据保全制度在我国民事诉讼领域得以发挥实效，在日后改进我国证据保全机制时，首要任务便是应重新界定证据保全的范围。在将证据保全之机能予以扩大化后，对证据保全范围的完善应从两方面入手：一方面，从适用情形上来讲，在保持现有证据有灭失或以后难以取得之情形外，应增加对方当事人同意和确定事、物现状等两种较能体现证据保全调查证据及疏减讼源等现代型功能的情形；另一方面，从适用时间上来讲，应将法院可以采取证据保全措施的时间延伸至诉讼之前。由此双管齐下，方能完整地界定证据保全适用之应有范围。

---

① 1890 年《日本民事诉讼法》第 365 条借鉴 1877 年的《德国民事诉讼法》，将证据保全的范围限于证人讯问、鉴定和勘验，但于大正年间修法时将这一限制取消。参见［日］高桥宏志：《重点讲义民事诉讼法》，张卫平、许可译，法律出版社 2007 年版，第 173 页。

② 参见许士宦：《起诉前之证据保全》，载《台大法学论丛》2003 年第6 期。

第四章　证明之深化

第一节　证明责任的内涵

一、证明责任的概念

现代法治国家均将对证据进行调查所获悉的结果作为案件审理的主要依据,① 即采取证据裁判主义的审理模式。在案件实际审理过程中,经由当事人的举证和质证等一系列环节,案件的系争事实可能表现为三种情形:一是法官对系争事实的存在形成内心确信;二是法官对系争事实的不存在形成内心确信;三是法官对系争事实的存在或不存在均未能形成内心确信,即系争事实真伪不明。② 在

① 证据调查的结果,即法官从证据方法中获取的证据资料无疑是法官自由心证最重要的内容和对象,是案件事实认定的主要依据。但应注意的是,除证据调查的结果之外,证据调查过程中出现的特定情形也可能成为法官自由心证时斟酌的对象,进而成为案件事实认定的依据,有些国家和地区的证据法理论中将其称为"全辩论意旨"(刑事诉讼与民事诉讼不同,因其实行证据裁判主义原则,认定事实必须全部依据证据资料,而不能依据全部辩论意旨)。比如当事人或其诉讼代理人在诉讼中的态度、当事人对主张的变更、当事人的自认及撤回、当事人提出特定攻防手段的时机、证人的状况及勘验或鉴定所遇到的情况等。这些情形虽并非证据调查的结果本身,但可能对证据调查的结果产生某种程度上的影响,进而影响法官心证的形成,故也将其列入心证的内容之列。

② 事实"真伪不明"包括五项构成要件:(1)原告方针对该事实提出了实质性的主张;(2)被告方则针对该事实提出了实质性的相反主张;(3)对争议事实真伪与否确有证明的必要;(4)双方用尽合法、可能的手段仍无法使法院获得足够心证;(5)口头辩论已经结束,而法官心证不足的情况仍无法改变。参见〔德〕汉斯·普维庭:《现代证明责任问题》,吴越译,法律出版社 2000 年版,第 26 页。

118

前两种情形下，因为法官已对系争事实的存在与否形成了明确的认知，故即可据此对案件作出明确的认定。惟在第三种情形下，因系争事实真伪不明，故一方面，按照事实认定的标准，法官不能当然地认定其为真实；另一方面，依据司法不得拒绝裁判的原则，法官亦必须对案件作出处理。此两难情形下，如若不设置相关的裁判规则供法官适用，则司法之窘迫可想而知——证明责任分配之规则应运而生。证明责任分配的相关规则专门用于处理法庭言词辩论终结后系争事实仍然处于真伪不明的状态，使得此种情形下法官的裁判有理有据。

证明责任的历史源远流长。从源头上来看，"证明责任"一词在古巴比伦的《汉谟拉比法典》中即已出现，其后古罗马学者针对诉讼中证明责任的运用总结出诸如"原告不举证证明，被告即获胜诉"、"为主张之人有证明义务，为否定之人则无之"、"事物之性质上，否定之人无须证明"、"原告对于其诉，以及以其诉请求之权利，须举证证明之"及"若提出抗辩，则就其抗辩有举证之必要"等基本规则。① 但是，直到后续的德国普通法时代，证明责任在内涵上仍指当事人提出主张后必须向法院提供相应的证据，即特指提供证据的责任。② 而当案件的系争事实在审判终结时仍然真伪不明的，法院裁判的依据要么是对不提供证据一方当事人的惩罚，要么是看当事人在平时的口碑或者庭审时的表现，要么干脆回避判决，等等。

在证明责任理论发展的相当长的时间段内，学者们也多是从提供证据责任的角度来把握证明责任的内涵，对证明责任概念的解释就一直界定为证据提供责任（或称为主观证明责任、行为责任及形式上的证明责任）。对这种传统观念最先提出挑战的是德国法学家尤理乌斯·格拉查（Julius Glaser）。他在 1883 年率先提出了证

---

① 参见骆永家：《民事举证责任论》，台湾商务印书馆 1987 年版，第 69 页；陈计男：《民事诉讼法论》（上），台湾三民书局股份有限公司 2002 年版，第 437 页；王甲乙、杨建华、郑健才：《民事诉讼法新论》，台湾三民书局 2002 年版，第 349 页。

② 参见骆永家：《民事举证责任论》，台湾商务印书馆 1987 年版，第 70 页；陈荣宗：《举证责任分配与民事程序法》（第二册），台湾三民书局 1984 年版，第 6 页。

明责任（Beweislast）概念的分层理论。格拉查认为，系争事实真伪不明是案件审理过程中客观存在的一种状态，它与当事人提供证据的活动没有必然联系，是由案件本身的各种情况综合决定的。在系争事实真伪不明的情况下，依据司法不得拒绝裁判的原则，法官仍然要对案件进行处理，此时必须由相应规则来明确究竟应由何方当事人最终负担特定事实真伪不明的不利后果。鉴此，在承认证据提出责任（Beweisführungslast）的同时，证明责任还应包含第二层意思，即在法庭辩论终结后，因特定的主要事实没有得到证明，法院不认可发生以该事实为要件的法律效力，从而应由特定一方当事人承担的诉讼上的不利后果。① 由于第二层含义与诉讼的结果有关，所以可将其称之为结果责任、客观证明责任、实质上的证明责任或确定责任（Festsellungslast）。② 继格拉查提出证明责任的双层概念之后，罗森贝克和莱昂哈德两位德国学者相继著书立说，进一步完善和发展了这一理论，使之很快成为德国证据理论界的通说，并逐渐在大陆法系其他国家和地区的证据法上得以确立。③

英美法系证据法理论上对证明责任（the burden of proof）也作两层理解。④ 一为提供证据的责任或举证负担（the burden of producing evidence 或 production burden），是指当事人向法官提供足

---

① 早期日本学者也从提供证据责任层面理解证明责任的内涵。如松冈义正先生即认为，证明责任是指当事人为避免败诉之结果，而有证明特定事实的必要。参见［日］松冈义正：《民事证据论》，张知本译，中国政法大学出版社 2004 年版，第 30 页。

② 参见 Rosenberg, Die Beweislast 5. Aufl. S. 18 ff. 转引自陈荣宗：《举证责任分配与民事程序法》（第二册），台湾三民书局 1984 年版，第 6 页。

③ 参见骆永家：《民事举证责任论》，台湾商务印书馆 1987 年版，第 46 页。

④ 摩根教授认为，从事审判的法官，对于每一系争的命题，必须决定：（1）若在证据之质与量的方面，如未充分提供使足以发现该命题为真实时，何造当事人将告败诉；（2）若于举证程序终结时，陪审团尤无法决定该命题是否真实，则何造当事人将告败诉。易言之，法官必须决定何造当事人应负担未提供充分证据，足使陪审团为特定发见的危险，以及何造当事人应负担未说服陪审团的危险。参见［美］Edmund M. Morgan：《证据法之基本问题》，李学灯译，台湾世界书局 1982 年版，第 45 页。

以使案件交予陪审团评议的证据的行为责任，未履行提供证据责任的案件不得交予陪审团评议，由法官通过指示评议进行判决。易言之，不管是哪一方当事人对争执的事实负证明责任，双方在诉讼过程中均应当根据诉讼进行的状态，就其主张或者反驳的事实提供证据予以证明。如果主张的事实提出后，主张者不提供相应证据加以证明，法官则应拒绝将该事实提交陪审团审理，对方当事人也没有反驳的义务，此时法官便将该事实作为法律问题加以处理，直接认定主张者负担败诉后果；如果主张者就事实主张提供证据加以证明，对方当事人就产生了提供证据加以反驳的义务，若对方不提供证据，就表明他对所争执的事实没有争议，此时法官把这种没有争议的事实作为法律问题，可以对不提供证据一方当事人作出败诉的判决。二为说服责任或说服负担（the burden of persuasion 或 persuasion burden），是指当事人若能提供相应的证据来证明其主张，且能够据此说服事实认定者（陪审团或没有陪审团审判时的法官），法官即应对该责任的负担者作出有利的认定；如果需加以证明的事实处于真伪不明的状态，对该事实具有说服负担的当事人则承担由此而生的败诉后果。《美国加利福尼亚州证据法典》第1500.5 条对关于借助计算机或计算机可读存储介质而使用或存储的计算机信息或计算机程序的打印材料的可采性和相关证明责任进行了规定：（1）如果某一计算机信息或相关程序乃是借助该特定计算机或计算机的可读存储介质而生成或存储的，则应当采纳有关该计算机信息或相关程序的打印材料，从而用以证明存在该计算机信息或程序，而不必考虑最佳证据规则的规定。（2）对于特定计算机系统记录的计算机信息或相关程序以及其复制件，不得直接引用最佳证据规则来排斥其可采性。（3）对于特定计算机信息或相关程序的打印件，可以直接推定其能够准确表示其所要表达的该特定计算机信息或相关程序的内容。但是，这一推定仅是一个可以影响证明责任的推定。如果参加司法程序的任何一方当事人提出证据来证明该打印材料乃是不可靠或不准确的，则打算将其作为证据引入的那一方当事人将必须承担下列证明责任，即该当事人必须通过占优势的证据来证明该打印材料是用于证明该计算机信息或程序及其内容存在的可以获得的最佳证据。第1500.6 条则对视频或数字介质上的图像和打印材料的可采性及相应证明责任的分担作了规定：如果某一图像乃是通过视频或数字介质生成并存储的，则应当采纳有关该图像的电子打印材料，该材料可以用来证明存在该视频或数字介质方式生成或存储的图像及其内容，而不需要考虑最佳证据规则的规制。对于以视频或数字方式存储的图像及其复本，不得直接引用最佳证据规则从而致使其丧失可采性。对于以视频或数字方式存储的图像的打印材料，应当推定其能够准确表达所要表达的图像。但是，该推定是一个仅能够影响部分证明责任分配的推定。如果参加诉讼程序的任意一方当事人能够提供证据证明该打印材料是不可靠或不准确的，则打算将该打印材料作为证据使用的一方当事人将承担下列证明责任，即其必须通过提供占优势的证据来证明该打印材料是可以用来证明其所指的图像及其内容存在的可以获得的最佳证据。而第 1550 条和第 1551 条则分别规定了用作业务记录的拍摄复本和原件毁损或遗失时拍摄复本的效力：（1）如果在正常业务活动中制作了有关文书的复本或复制件，并用来作为业务记录的组成部分予以保存，则该复本与复制件享有同文书本身一样的可采性效力。此处的复本与复制件包括不可修改的光学图像复制件（即从技术上来说，该复制件无法对原始文件进行变更、删减或添加）、文件的影印件、微缩胶片、微缩胶卡、缩小的摄影带或其他摄影复本、复制件或放大件。同时，若原始文书仍然存在，则允许当事人提供该文件的副本、复制件或放大件并不导致排除原始文书的可采性。此时，法庭可以要求当事人提供打印输出的文件复本或复制件。（2）如果一份打印材料乃是根据某一原始文书的摄影胶片通过放大或其他相应技术而产生，而该原始文书在获得该胶片或来自磁性表面上的图像电子记录的复制件之后，发生了灭失或毁损，则在相应条件之下，① 该打印材料同原始文书本身具有同样的可采性。

---

① 该条件是指在某人指示并掌控对该胶片或电子记录的制作时，他已经在其上面、或在其放置与保存的密封容器上了标签，或者已经为该胶片或电子记录附上了一份证明书，该证明书签有日期，并用以表明制作该胶片或电子记录活动处于此人的指示或掌控之中的事实。

两大法系的证明责任理论虽然在形式上有所差异，但在本质上是一致的。两者都承认在证明责任的双层含义中，客观证明责任或说服负担为其本质，其存在的价值在于防止法官拒绝裁判现象的发生，在具体的诉讼过程中不发生任何的转换或转移；而提供证据的责任则是形式意义上的责任，其可以在具体的诉讼过程中发生转换或转移。从规则层面来看，除《美国联邦证据规则》第 301 条"在所有民事诉讼中，除国会制定法或本证据规则另有规定外，一项推定赋予其针对的当事人举证反驳或满足该推定的责任，但未向该当事人转移未履行说服责任即需承担风险意义上的证明责任。该证明责任仍由在审判过程中原先承担的当事人承担"的规定以制定法的形式将上述两层含义作了概念上的区分之外，其他各国和地区均未从制度层面对该双重含义作出明确划分。大陆法系国家和地区通常是在法的解释和判例中来阐释两者的区别。

总而言之，在现代证据法理论上，从狭义上讲，证明责任仅指结果责任，即在案件的法庭辩论终结之后，当事人因系争的要件事实未得到证明，法院不认可相当于该事实的构成要件的法律效力而承担的诉讼上的不利后果；从广义上讲，除结果责任之外，证明责任还包括提供证据的责任，即当事人在具体的诉讼过程中，为避免承担败诉的风险而向法院提供证据的必要性。本书在以下的论述中均在狭义上使用"证明责任"，与之相对应的提供证据的必要性则使用"提供证据责任"。

二、证明责任的本质

世界各国的法官在裁判案件时均是以事实为依据、以法律为准绳。在这一"三段论"推理过程中，法官对事实的认定乃是推理的小前提，对法律的适用则是推理的大前提。事实认定问题乃是具体案件审理的第一步，在此基础之上方有进一步的法律适用问题。如果作为推理小前提的案件事实真伪不明，推理就无法进行。对于职业法官而言，法律应是其自当知晓的内容，故法律问题非多数案件争议之所在；而具体案件中的事实问题则非法官所能当然知晓，故需通过一定的调查方能为法官所悉。一如前述，在实际案件的审理过程中，对系争事实的认定在法庭辩论终结之后会出现"真"、"假"和"真伪不明"三种情形。必须承认，因人类认知水平的局限和诉讼机制的固囿，实际案件的审理过程中系争事实真伪不明情形的出现在所难免，而此导致的最终后果便是由此产生的法律后果亦是难以确定，① 由此给不得拒绝裁判的主审法官所带来的压力与窘迫可想而知。

但作为争端解决的终极机制，诉讼是纷争主体穷尽了其他一切合法解纷手段之后所能选择的最后渠道，故其必须给纠纷主体"一个说法"，而不得以任何理由拒绝处理，其中自然包括事实真伪不明的情形。针对此种情形，曾经出现过强制自由心证和作出驳回起诉判决两种做法。② 前者要求法官在无合理依据的基础上根据自由心证强制性地认定所谓案件事实，此显然与自由心证的应有之义大相径庭，是对自由心证本旨的曲解，亦无助于案件妥适地解决；后者则要求法官在事实真伪不明时直接驳回当事人的起诉，此则是一种典型的视而不见的"鸵鸟思维"，与司法最终解纷的本意相悖，亦不能打消纠纷主体再诉的意念，且会空耗有限的司法资源，无疑是一种得不偿失的两面不讨好的做法。

由此可见，传统的诉讼规则仅适用于系争事实存在与否已然明确的情形，而对于事实真伪不明的情况则是无能为力，这就需要探寻专门的裁判规则来对此种情形予以处理。而证明责任相关规范的

---

① 罗森贝克教授指出，鉴于认识手段的不足及认识能力的局限性，在每一个争讼中均可能发生当事人对案件事实过程的阐述不可能达到使法官获得心证的情况。因为不管将判决所依据的资料交由当事人提供，还是委托给法院调查，当事人或法院均必须对在诉讼中引用的事实情况的真实性进行认定，并对此负责，认定程序最终会受制于所谓的形式真实或所谓的实体真实的原则——常常会出现这样的情况，即作为争讼基础的事实不可能在每个细节上均能得到澄清，对于法官的裁决具有重要意义的事实，既不能被查明已经发生，也不能被查明尚未发生。参见［德］罗森贝克：《证明责任论》，庄敬华译，中国法制出版社 2002 年版，第 1～2 页。

② 参见李浩：《事实真伪不明处置办法之比较》，载《法商研究》2005年第 3 期。

出现正是因应了此种需求，其通过对事实真伪不明时一些共性问题的总结和归纳，理出现象背后规律性的内容，并借助一定的技术和方法，将其凝结为抽象的可予通用的一般性规则，且随着时代的演进而不断地予以完善和补充，从而契合审判实践发展的需要。

从某种意义上来讲，规则的适用不完全是一个真伪与否的判断问题，其更是一个合适与否的价值判定问题。证明责任规则确立的合理性基础在于，其对事实真伪不明情形的处理符合事物发展的客观规律，能够在诸多可供选择的方法中找到令人信服（尤其是承担不利后果的一方主体）的路径，且处理的结果经得起各方的检验，其中彰显的是规则制定者深厚的法律素养以及规则适用者熟练的法律技巧，而非简单粗暴地以势压人、以暴制人。

三、证明责任的属性

从证明责任的概念产生伊始，学界便对其属性进行了不同程度的探究。对证明责任属性的看法向来众说纷纭。举其荦荦大者，主要有以下三种见解：

（一）权利说

此种观点认为，证明责任是当事人的一项诉讼权利，而因举证不力所致使的要件事实真伪不明被法院认定承担的不利后果只不过是当事人行使该权利时所承受的相应的负担。① 此种观点在对责任和权利两者的本质的认识上存在一定误区。权利之所以可称之为权利，其核心要素便是权利的主体可以根据自己的自主意愿对该权利进行自由处分，既可选择行使，亦可选择放弃，而选择的具体方式、时间和程度等在不违法的前提之下均可任性为之。而证明责任之所以被冠之以责任，即包含有被动承受且不可随性之意，其与权利之本旨相距甚远，风马牛不相及。

（二）义务说

此种观点认为，证明责任乃是当事人的一项诉讼义务，诉讼中

---

① 参见樊崇义主编：《证据法学》（第三版），法律出版社2004年版，第280页。

因当事人不及时提供相应证据证明系争事实从而致使真伪不明而被法院判决承担不利后果就是违反该义务所致的法律后果的体现。[①]与权利说相比，此观点在一定程度上反映出了证明责任所包含的强制之意，但将"义务"和"责任"予以等同未免失之绝对。一般来讲，违反义务一定会导致遭受法律预设的相应制裁；而未负法定责任却并非一定会招致直接的惩罚，只是会对责任主体产生一定的不利影响（此种影响可能是间接的）。而法官依证明责任分配规则对特定一方主体所作出的不利裁判并非一种针对该主体不提供证据的行为本身所进行直接的制裁，而是从案件整体审理的角度所采取的一种裁判的方法。

（三）败诉危险负担说

此种观点认为，证明责任乃是一种因一方当事人对特定要件事实举证不能而使之真伪不明时法官所施以其的一种败诉的风险。[②]与上述两种观点相比，此观点已与证明责任的属性最为接近，但仍存在些许不妥之处。因为通常所说的风险乃是一种可能发生但不一定必然发生的不利后果，其发生的概率因时因地而异；而当事人因举证不力所导致的由证明责任规则施以的败诉后果乃是实实在在的，不存在可能与否，即其已非盖然性的问题，而是必然性的结果。

可见，权利说、义务说和败诉危险负担说均存在不足之处，证明责任的根本属性在于，其是一种当事人因举证不力而会导致败诉的现实的负担，即当事实在案件审理最终仍真伪不明时，就该事实承担证明责任的一方当事人所应负担的不利后果。

四、证明责任和相关概念的关系

（一）证明责任和提供证据责任

提供证据责任与证明责任之间存在密切的联系。对负担证明责

---

① 参见毕玉谦：《民事证明责任研究》，法律出版社 2007 年版，第 20 页。

② 参见张永泉：《民事诉讼证据原理研究》，厦门大学出版社 2005 年版，第 167 页。

任的当事人来说，承担提供证据责任是为了避免因举证不能或不力而导致证明责任在诉讼终结时实际地发生；同时，当案件事实存在与否发生争议时，就该事实之成立承担证明责任的一方当事人在诉讼中首先即应承担提供证据的责任。

但是，二者之间存在本质上的差异：其一，性质不同。证明责任乃为实体法所预设，与程序法无关，与诉讼证明的过程本身也无关涉。当然，证明责任并非直接写在实体法的条文之中，而是需要通过法官在具体适用中通过对规则的解释和阐明去发现和确定。而提供证据的责任则并非规则所预设，而是在具体诉讼中随着案件审理的需要而产生并发生变化。① 可见，证明责任在当事人之间的实体法律关系产生之时即已生成；而提供证据的责任则是在当事人之间就实体法律关系发生争议进而诉诸法院且进入诉讼系属之后产生诉讼法律关系之时方才产生。其二，责任主体不同。证明责任只能根据实体法规则确立的请求权基础而由特定的一方当事人承担，且该主题下的证明责任始终固定于该方当事人，不会随着诉讼的进行而转移至对方当事人；而提供证据的责任却可在具体案件的审理过程中随着法官心证的变化而在双方当事人之间转移。其三，功能不同。提供证据的责任因其具备的随诉讼进程而动的特质反过来可以推动诉讼的进程；而证明责任则因其恒定不移的特质而难对诉讼程

---

① 当然，对于提供证据责任也并非没有任何法律规定。如《德国民事诉讼》法第 445 条第 1 款规定："一方当事人对于应该由他证明的事项，不能通过其他的证据方法得到完全的证明，或者未提出其他证据方法时，可以申请就应证明的事实询问对方当事人。"该条文表明，只有负担提供证据责任的当事人才可以申请询问对方当事人，而此时的询问，显然是履行提供证据责任的行为。第 597 条第 2 款关于在书证程序中，原告必须用法定的证明手段对其主张进行有效的证明，否则将驳回起诉的规定，更凸显提供证据责任的独立存在。因为这里法律严格要求以（未履行）提供证据责任来判决，即使案件事实尚未出现真伪不明的状态。此外，《德国民事诉讼法》第 139 条、《日本民事诉讼法》第 149 条第 4 款和我国台湾地区"民事诉讼法"第 199 条第 2 款关于法院行使阐明权促使当事人举证的规定，以及在相关条款中关于当事人双方应以准备书状记载攻击或防御方法的规定，均从立法上承认了提供证据责任的存在。

序的节奏产生实质性的影响。其四，适用不同。证明责任反映的是诉讼的共同规律，即举凡采取证据裁判主义的国家和地区，在案件真实处于真伪不明状态时，皆须依据证明责任规则所确立的不利后果的归属对系争案件作出裁判；而提供证据的责任则无法反映诉讼中的规律性内容，不同国家和地区的司法机关基于种种考量会在具体案件的处理中对此存在显著的差异。其五，后果不同。证明责任直接和诉讼的结果相挂钩，当系争事实真伪不明时，法官可直接据此判决就此事实承担证明责任的一方当事人败诉；而就某一事实承担提供证据责任的一方当事人如若不能有效的举证，则后续的进程虽会对其产生一定的不利影响，但并不必然导致其败诉后果的产生。

（二）证明责任和举证责任

我国证据法理论上一直并无"证明责任"这一术语，与之相关的是"举证责任"这一提法。"举证责任"这一术语最初引入我国时指的是提供证据的责任，并非包含证明责任的意思。这可以用当时曾参与起草《大清民事诉讼律草案》的日本学者松冈义正的观点予以佐证。他在其代表性专著《民事证据论》中将"举证责任"定义为"举证责任者，简言之，即当事人为避免败诉之结果，而有证明特定事实之必要也"。① 该观点成为旧中国证据法学界关于"举证责任"含义的支配性学说。②

中华人民共和国成立后的相当长一段时期内，证明责任被视为证据法理论研究的禁区。改革开放后，尤其是以 1982 年颁布《民

———————

① ［日］松冈义正：《民事证据论》，张知本译，中国政法大学出版社2004 年版，第 30 页。

② 虽然在 20 世纪初也有学者将德国学者提出的证明责任双层含义说介绍到日本（如 1917 年雉本朗造发表的《举证责任的分配》），但直到 20 世纪60 年代之前，日本关于证明责任的主流观点仍然是将其解释为提供证据的责任。在日本，举证责任、证明责任和立证责任三个用语是可以互换的，其含义也一致。此后，为了防止使用中产生混乱及无谓的争议，逐渐约定俗成地将客观的举证责任称为证明责任，逐渐减少举证责任和立证责任这两个术语的使用。参见［日］高桥宏志：《民事诉讼法制度与理论的深层分析》，林剑锋译，法律出版社 2003 年版，第 423 页。

事诉讼法》（试行）为契机，证明责任理论才开始日益受到法学界的关注。但此时的证据法理论乃是以苏联的证据法理论为蓝本，而苏联的证明责任理论则是以德国旧举证责任概念（即将证明责任界定为提供证据责任）为核心建立起来的。所以此时我国关于证明责任的权威观点仍然是将证明责任表述为"举证责任"，① 并将其理解为"当事人在诉讼中，对自己提出的主张，有责任提出证据，加以证明"。② 《民事诉讼法》（试行）第56条"当事人对自己提出的主张，有责任提供证据"的规定也表明了这一认识，并为1991年颁布的现行《民事诉讼法》第64条第1款所完全继承。③

---

① 此时学者在研究中基本都用的是"举证责任"的表述。参见段春生：《对民事诉讼举证责任的探讨》，载《法学》1989年第11期；姜亚行：《民事诉讼举证责任理论研究综述》，载《政治与法律》1990年第5期；魏江涛：《民事诉讼举证责任分配原则》，载《现代法学》1990年第4期；王锡三：《试论举证责任的转换》，载《现代法学》1990年第4期；李祥琴：《论民事诉讼中的举证责任》，载《法学研究》1990年第4期；韩海东：《亦谈举证责任》，载《当代法学》1990年第2期。从目前能够收集到的资料来看，最早使用"证明责任"这一表述的是田平安教授1985年发表的论文。参见田平安：《论民事诉讼中的证明责任》，载《政治与法律》1985年第6期。

② 柴发邦主编：《民事诉讼法教程》，法律出版社1983年版，第213页。

③ 《民事诉讼法》颁行前后，我国学者对证明责任问题有过一段时间的集中关注。参见许康定、康均心：《论证明责任》，载《法学评论》1991年第4期；江伟、尹小亭：《民事诉讼举证责任若干问题的思考》，载《政法论坛》1991年第2期；单云涛：《举证责任的免除、举证命题的变更与举证责任的不可转移性》，载《法学研究》1991年第5期；隆崇东：《浅谈举证责任与证明责任》，载《政法学刊》1991年第4期；朱云：《浅谈举证责任与证明责任异同问题》，载《法学杂志》1992年第1期；汤维建：《论民事举证责任的法律性质》，载《法学研究》1992年第3期；孔德然：《简评民事诉讼中的"举证责任倒置"原则》，载《政治与法律》1992年第1期；秦拓：《也谈举证责任倒置》，载《政治与法律》1992年第6期；李浩：《英国证据法中的证明责任》，载《比较法研究》1992年第4期；刘海东、徐伟群、尤海东：《举证责任和证明责任》，载《法学》1993年第3期；汤维建：《英美法上的证明责任概念》，载《环球法律评论》1993年第2期；邓代红、王映辉：《民事诉讼举证责任倒置的若干问题》，载《法学评论》1993年第6期；杨秀清、安永茂：《举证责任的分担及转换》，载《河北法学》1993年第5期；柴发邦、李浩：《两种含义举证责任之比较》，载《中国法学》1993年第4期。

　　20世纪90年代中后期至本世纪初近十余年时间里，随着对证明责任研究的不断深入，我国证据法学界开始认识到以往对举证责任认识的局限性和片面性，逐渐将结果意义上即真正意义上的证明责任引入我国证据领域。① 所以，在当今证据法理论中，举证责任和证明责任是同一意思，是作为与提供证据责任内容相异的形态出

---

　　① 参见张梓太：《环境侵权诉讼中原告举证责任减轻原则》，载《法学杂志》1995年第2期；李浩：《民事举证责任分配的法哲学思考》，载《政法论坛》1996年第1期；陈刚：《证明责任概念辨析》，载《现代法学》1997年第2期；陈刚：《证明责任问题散论》，载《法商研究》1999年第5期；毕玉谦：《举证责任分配体系之构建》，载《法学研究》1999年第2期。此时学者在研究中基本都用的是"举证责任"的表述。参见段春生：《对民事诉讼举证责任的探讨》，载《法学》1989年第11期；姜亚行：《民事诉讼举证责任理论研究综述》，载《政治与法律》1990年第5期；魏江涛：《民事诉讼举证责任分配原则》，载《现代法学》1990年第4期；王锡三：《试论举证责任的转换》，载《现代法学》1990年第4期；李祥琴：《论民事诉讼中的举证责任》，载《法学研究》1990年第4期；韩海东：《亦谈举证责任》，载《当代法学》1990年第2期。从目前能够收集到的资料来看，最早使用"证明责任"这一表述的是田平安教授1985年发表的论文。参见田平安：《论民事诉讼中的证明责任》，载《政治与法律》1985年第6期。

　　柴发邦主编：《民事诉讼法教程》，法律出版社1983年版，第213页。

　　《民事诉讼法》颁行前后，我国学者对证明责任问题有过一段时间的集中关注。参见许康定、康均心：《论证明责任》，载《法学评论》1991年第4期；江伟、尹小亭：《民事诉讼举证责任若干问题的思考》，载《政法论坛》1991年第2期；单云涛：《举证责任的免除、举证命题的变更与举证责任的不可转移性》，载《法学研究》1991年第5期；隆崇东：《浅谈举证责任与证明责任》，载《政法学刊》1991年第4期；朱云：《浅谈举证责任与证明责任异同问题》，载《法学杂志》1992年第1期；汤维建：《论民事举证责任的法律性质》，载《法学研究》1992年第3期；孔德然：《简评民事诉讼中的"举证责任倒置"原则》，载《政治与法律》1992年第1期；秦拓：《也谈举证责任倒置》，载《政治与法律》1992年第6期；李浩：《英国证据法中的证明责任》，载《比较法研究》1992年第4期；刘海东、徐伟群、尤海东：《举证责任和证明责任》，载《法学》1993年第3期；汤维建：《英美法上的证明责任概念》，载《环球法律评论》1993年第2期；邓代红、王映辉：《民事诉讼举证责任倒置的若干问题》，载《法学评论》1993年第6期；杨秀清、安永茂：《举证责任的分担及转换》，载《河北法学》1993年第5期；柴发邦、李浩：《两种含义举证责任之比较》，载《中国法学》1993年第4期。

现的。如《民事证据规定》第 2 条即规定："当事人对自己提出的诉讼请求所依据的事实或者反驳对方诉讼请求所依据的事实有责任提供证据加以证明。没有证据或者证据不足以证明当事人的事实主张的，由负有举证责任的当事人承担不利后果。"

举证不等同于证明责任，其属于提供证据责任中的内容。在证据法语境下，提供证据的责任和证明责任乃是有着不同含义的概念。民事诉讼领域存在两种裁判：一是事实真伪分明的裁判；二是事实真伪不明的裁判。① 事实真伪分明的裁判是以本案的要件事实②已被证明为前提的；但是，在当事人用尽法律所许可的发现真实的所有手段之后，某一要件事实仍然处于真伪不明状态时，法院显然不能直接以该事实的真伪已被确定为适用前提的法律进行裁判。然而，尽管该要件事实真伪不明，法院仍必须对本案作出裁判，因为法律禁止法院以事实不清为由拒绝作出裁判，即在要件事实真伪不明时，法官必须基于国家设置诉讼制度之目的承担裁判义务，此时便要依证明责任作出裁判。证明责任有主观证明责任和客观证明责任之分。客观证明责任，即狭义上的证明责任，是指法律规定当事人因其主张赖以存在的要件事实真伪不明而承担的败诉风险。主观证明责任，亦称提供证据的责任，是指当事人为满足法官对事实认定的需要而承担的提供证据的责任。客观证明责任在本质上属于法律责任的一种，其适用也仅与法律适用发生联系。它"早已经由法律事先设定好了，……总是抽象证明责任，绝不可能是具体的证明提供责任，因为它与具体的诉讼活动无关，仅当在要件事实真伪不明时，才应当借助于客观证明责任对实体争议做出裁判"③。而提

---

① 参见陈刚：《证明责任法与"当面点清"原则评析》，载《法学》2000 年第 1 期。

② 要件事实，是指产生法律效果所必要的实体法上规定的要件所对应的事实，即可以作为实体权利变动原因的事实。要件事实的核心问题，是诉讼中双方当事人就某种事实是否负有证明责任，从提起诉讼之前的证据收集活动到诉讼中对争点的整理，以及对于法院的诉讼指挥、决定审理的基本方针等阶段都起着作用，是诉讼实务的基础，是诉讼中不可缺少的一个问题。参见［日］奥田隆艾：《司法研修所教育及对法学教育的期望》，丁相顺译，载《法律适用》2002 年第 6 期。

③ ［德］汉斯·普维庭：《现代证明责任问题》，吴越译，法律出版社2000 年版，第 14 页。

供证据的责任只在具体诉讼中发生，并随法官心证的进行而在当事人间发生转移，本质上属于证明评价的内容，只与法官心证发生联系。① 诉讼中，双方当事人均可能成为承担提供证据责任的责任主体，只要一方提出了一定事实主张，其即有责任提出相关的证据予以证明。现行《民事诉讼法》第 65 条第 1 款"当事人对自己提出的主张应当及时提供证据"即是对此种提供证据责任的明确规定。② 证明责任一般引起举证行为，但举证并不必然以证明责任的存在为前提。如在证明法律关系生效之要件的过程中，非主张一方

① 陈刚主编：《比较民事诉讼法（2000 年卷）》，中国人民大学出版社 2000 年版，第 165 页。

② 我国传统观点均认为《民事诉讼法》第 65 条第 1 款乃是确立了我国民事诉讼领域"谁主张，谁举证"的证明责任分配规则。即当事人对自己提出的主张有责任提供证据。此原则貌似合理，但若对其深入进行推理，便可发现其乃"非逻辑性思维的产物"（陈刚：《证明责任法研究》，中国人民大学出版社 2000 年版，第 230 页）。因为依此规则，在对同一事实存在与否发生争议时，一方当事人应就其主张该事实存在负证明责任，而对方当事人则应对其主张该事实不存在负证明责任。此时，就出现了当事人双方必须同时对该事实承担证明责任的情况。若结果是双方均未能通过有效的举证达到证明标准的要求，就出现了事实存否不明的情况。此种情况下，依逻辑推理，双方当事人都应承担证明责任，此时法官显然无法判定到底哪一方败诉，但这显然与诉讼制度的"两造对立"原则（此原则要求法官必须对诉讼作出胜败判决）相悖。可以说，"谁主张，谁举证"的证明责任分配规则等于未就诉讼中双方当事人的证明责任分配作出实质性的规定，因为任何一种证明责任分配规则都不能让当事人就同一事物从正、反两方面均承担证明责任，这是一条最基本的证明常识。之所以会出现这种情形，是因为我国之前的民事诉讼领域长期对有关证明责任各项概念之间的关系尚未厘清，尤其是在提供证据的责任和证明责任两个概念的理解和使用上经常发生混淆。根据"谁主张，谁举证"的所谓证明责任分配规则，证明责任是由一方当事人的主张确定的，先主张事实，尔后对此负证明责任。这实际上是颠倒了两者之间的关系。从表面上看，确实是先主张，后举证；但实际上却是证明责任决定主张责任。因为证明责任分配是按一定的标准预先由法律分配好的，而具体诉讼中原、被告双方的主张责任分配是"按照分配举证责任的同一标准进行的"（江伟主编：《民事诉讼法》，高等教育出版社、北京大学出版社 2000 年版，第 163 页），即原、被告对其各自负有证明责任的事实同时也均负有主张责任。设置证明责任分配原则之目的在于确立一条诉讼中证明责任归属何方的抽象规则，与具体诉讼中原、被告的诉讼地位并无必然联系。大陆法系国家和地区对证明责任分配通常的做法是依照罗森贝克的法律要件分类说，即主张权利的当事人，应对权利发生规范的要件事实负举证责任；否认权利的当事人，应对权利妨害规范、权利受制规范和权利消灭规范的要件事实负举证责任。

当事人一般不承担举证明责任，但在庭审中其也有权进行举证。对其而言，此时举证不是一种责任，而是一种权利。

(三) 证明责任和主张责任

主张责任，是指当事人为了获得对自己有利的裁判，需要向法院主张对自己有利的案件事实的责任。其存在的价值在于"回答每一方当事人必须提出那些主张的问题，如果他想避免诉讼上的不利、万不得已时的败诉"。① 实际上，主张责任也是一种后果，是指当事人如果没有向法院提出对自己有利的事实将可能承担的不利后果。

我国向来是以《民事诉讼法》第64条第1款"当事人对自己提出的主张，有责任提供证据"的规定来界定主张责任和证明责任之间的关系的。该款的规定向来被俗称为"谁主张，谁举证"，即证明责任是根据当事人的主张责任所确定的，即当事人先主张特定事实，然后对该事实承担证明责任。此种理解流于浮泛，实则颠倒了主张责任和证明责任之间的逻辑关系。从表面上看，确实是先主张，后证明，但实际上是证明责任决定主张责任而非主张责任决定证明责任。因为证明责任是按一定的标准预先由实体法规则所设置明确，而具体诉讼中当事人双方主张责任的分配乃是按照证明责任分配的同一标准而进行的，即双方对其各自负有证明责任的特定事实同时也均负有主张责任。

第二节　证明责任的分配

一、关于证明责任分配的学说

如前所述，证明责任是指事实真伪不明时，法官因不得拒绝裁判原则的要求而采用的处理案件的方法。如果仅让一方当事人负担所有的证明责任显然有悖于当事人诉讼地位的平等和程序的公正，

① ［德］奥特马·尧厄尼希：《民事诉讼法》（第27版），周翠译，法律出版社2003年版，第267页。

故有必要将证明责任在双方当事人之间进行合理的分配——由此便产生了证明责任的分配问题。所谓证明责任的分配，是指按照一定的标准，将事实真伪不明的风险在双方当事人之间进行合理的配置，从而使事实真伪不明所可能导致的风险分担能够在双方当事人之间达到基本的平衡。

证明责任的核心问题即在于证明责任的分配，而证明责任分配的关键问题则是分配的具体标准和尺度，即如何分配方能既符合公平和正义的基本理念，亦能契合纠纷解决效率和速度上的要求。证明责任分配和证明责任分配标准是两个内容不同的概念，前者是指法官在作为裁判依据的系争事实处于真伪不明的状态时，依据证明责任的相关规则将不利的诉讼后果判给特定的一方当事人承担；后者则是指规则制定者将不利的后果分配给特定一方当事人承担的具体理由。

关于证明责任分配的标准历来见仁见智，概括来讲，主要有以下几种代表性的观点：

（一）待证事实分类说

待证事实分类说是根据待证事实的性质和内容来决定证明责任的分配，即将待证事实按某种标准进行分类，明确那些需要承担证明责任，那些不需要承担证明责任。依划分的标准不同，可分为消极事实说、推定说和外界事实说。

1. 消极事实说

该学说将待证事实划分为积极事实和消极事实，认为主张积极事实的人应承担证明责任，主张消极事实的人则不承担证明责任。此说源自罗马法上否定者无须举证原则，由于一些罗马法学者将该原则中的"否定"解释为"消极"，以致变成了在诉讼中主张消极事实的当事人无须举证。[①] 该学说认为，一方面，积极事实容易证

---

① 罗马法规定，当原告承认证明不了自己的主张时，不得要求被告作与其立场相反的证明，因为按照事物的本性来说，否认某一事实的人所给予的证明是无效的。参见［意］桑德罗·斯奇巴尼选编：《司法管辖权·审判·诉讼》，黄风译，中国政法大学出版社1992年版，第57页。

明，也能够证明，消极事实则不容易证明，也难以证明，所以凡主张消极事实者均不负证明责任；另一方面，积极事实可以发生某种结果，而消极事实则不发生，所以未发生的消极事实不能成为发生某种结果的原因。①

从该学说成立的依据来看，其确有一定存在的合理性。一般而言，消极事实的证明都采用排除可能性的方法，即通过大量间接证据的提供来排除某段时间各个时间点均未发生某种事实。然而，这一学说的缺陷也十分明显。一方面，该学说的运用建立在将待证事实划分为消极事实与积极事实的基础之上，故能否正确划分决定了该学说的运用效果。而实践中往往会因当事人对同一事实主张的方式不同，导致两者的界线难以辨别。就正反相对的两个事实而言，倘若仅否定其中一个事实，就是肯定另一事实，从主张或陈述的方式上来分辨积极事实和消极事实之间的区别非常困难。同时，当事人还可通过将其主张或陈述由肯定变为否定，由积极变为消极的方式来规避证明责任，从而使其难以发挥应有的作用。另一方面，消极事实说的出发点是根据证明的难易程度来决定证明责任的分配，但消极事实并非绝对不能被证明，而且在某些情况下，对消极事实进行证明比对积极事实进行证明还容易些。而不考虑具体情形，均规定消极事实不负证明责任，显然有失公允。

2. 推定说

推定说实际上是消极事实说的进一步补充，该学说主张，不能只按照消极事实与积极事实的划分来确定证明责任，作为证明责任分配的例外，应当以经验为根据，即应以是否可以对待证事实进行推定为根据来确定证明责任分配的标准。因为由不断变化着的状态转变成一种个别状态的可能性，远比持续不变的状态要发生变化的可能性大，其中不断发生着的变化状态属于积极事实，而持续不变的状态属于消极事实。主张前者的人须举证，而主张后者的人无须

① 参见骆永家：《民事举证责任论》，台湾商务印书馆 1987 年版，第72 页。

举证。① 就一般情况而言，根据日常生活经验推定为存在的事实基本上是正确的，即该学说具有存在上的合理性，但其与消极事实说一样，存在着因人而异的因素，从而很难保证证明责任分配规则的确定性，难以形成稳定的证明责任分配秩序。

3. 外界事实说

该说依据事物能否从外部加以观察，把待证事实分为外界事实与内界事实。外界事实，是指那些可以借助人的五官感知到的事实，如物的大小、味道、体积、色彩和运动方式等。内界事实，是指人的心理状态，如知与不知、故意与否和善恶与否等。主张外界事实的人应承担证明责任，主张内界事实的人不承担证明责任。②该学说实质上考虑的是举证的难易。由于五官难以体察到内心的状态，故当然地应免去对内界事实的证明责任。该学说的不足也相当明显。一方面，外界事实与内界事实之间并无严格的区分标准，从而使得证明责任分配的确定性无从体现；另一方面，对一些不能体察到的内界事实，如果当事人均予以主张，证明责任如何分担则并未为其回答。

（二）法律要件分类说

法律要件分类说是在德国学者韦贝尔、贝特曼和赫尔维格等人对待证事实说进行彻底批判后建立起来的。其仍然源于罗马法注释法学家和德国普通法时代所承认的"原告应对诉的原因举证，被告应对抗辩事实举证"这一基本法则。待证事实说是以事实本身的内容与性质作为分配证明责任的标准，而法律要件分类说则着眼于事实与实体法的关系，以事实与实体法要件的关系及其在实体法上引起的不同效果作为分配证明责任的标准。法律要件分类说又有多数说和少数说之分，在多数说中，被誉为通说的是以德国学者罗森贝克的规范说，少数说是德国学者莱昂哈德的全备说。

---

① 参见张永泉：《民事诉讼证据原理研究》，厦门大学出版社 2005 年版，第 182 页。

② 参见骆永家：《民事举证责任论》，台湾商务印书馆 1987 年版，第 73 页。

1. 罗森贝克的规范说①

罗森贝克认为，证明责任分配的根据具有两层意义：一层意义就是弄清证明责任分配的根据，另一层意义就是弄清具体情况下证明责任分配的根据。前者人们称之为证明责任的解释原则，后者人们称之为证明责任的分配原则。② 罗森贝克的规范说的总的指导思想是，如果没有一定的法规可以适用，则无法获得诉讼上请求效果的当事人，应该就该法规要件在实际上已经存在的事实予以主张和举证，即各当事人应对其有利自己的规范要件加以主张和举证。③具体来说，包括五方面的内容：

第一，要件事实处于真伪不明状态时，法官将不适用当事人请求适用的对其有利的法律规范。法官在诉讼中的任务是将法律适用于具体的案件，证明责任则是适用法律中产生的问题。然而案件事实却有可能真伪不明，但即便在这种情况下，法官也不得拒绝裁判，同要件事实不存在形成的心证一样，要件事实真伪不明同样不会适用对该方当事人有利的法律规范。

---

① 在证明责任分配问题上，最重要的也是最著名的观点，当属罗森贝克的规范说。该学说在德国法上稳居绝对的统治地位。参见［德］汉斯·普维庭：《现代证明责任问题》，吴越译，法律出版社2000年版，第262页。

② 参见［德］罗森贝克：《证明责任论》，庄敬华译，中国法制出版社2002年版，第96页。

③ 参见［德］罗森贝克：《证明责任论》，庄敬华译，中国法制出版社2002年版，第1~3页；［德］汉斯·普维庭：《现代证明责任问题》，吴越译，法律出版社2000年版，第262~263页；［日］新堂幸司：《新民事诉讼法》，林剑锋译，法律出版社2008年版，第398~399页；［日］高桥宏志：《民事诉讼法制度与理论的深层分析》，林剑锋译，法律出版社2003年版，第439~441页；陈荣宗：《举证责任分配与民事程序法》（第二册），台湾三民书局1984年版，第16~17页；骆永家：《民事举证责任论》，台湾商务印书馆1987年版，第74页；王甲乙、杨建华、郑健才：《民事诉讼法新论》，台湾三民书局2002年版，第350页；陈计男：《民事诉讼法论》（上），台湾三民书局2000年版，第440页；雷万来等：《论票据诉讼之举证责任的分配》，载民事诉讼法研究基金会：《民事诉讼法之研讨》（六），台湾三民书局有限公司1997年版，第101页。

第二，当事人对有利于其的法律规范所规定的要件事实负证明责任。即当事人在于己有利的法律要件事实处于真伪不明时，将要承受不适用该法律所产生的不利后果。

第三，通过对法律规范进行分类来区分有利还是不利。从性质出发，实体法律可以被分为作为权利发生根据的权利根据规范（权利产生规范）、妨碍根据规定法律效果发生的权利障碍规范以及一旦形成就会使权利消灭的权利消灭规范三个种类。① 对于作为基础性规范的权利根据规范予以主张的人就是权利人；而主张性质相反的权利障碍规范与权利消灭规范的人就是义务人，两者分别对各自主张的实体规范的要件事实负担证明责任，因为对于权利人和义务人而言，这两种性质相反的规范分别是于其有利的规范。

第四，通过实体法形式上的结构、条文上的关系识别不同实体法规范。实体法本身便包含着识别不同规范的机制。从权利的产生与变动的时间顺序看，总是产生权利在先，障碍或消灭权利在后，因而可以从时间发生的先后区分权利发生规范与权利消灭规范。对于几乎在同一时刻发生作用的权利产生规范与权利妨碍规范，可以用原则与例外的关系来予以说明。

第五，证明责任分配应由立法予以规定。应排除每个法官的实质性考虑，否则容易造成不同法官作出不同的证明责任分配的结果。

从对实体法律规范的分析上去寻找证明责任分配的原则，就方法论上来讲并非罗森贝克的首创，但从法律规范相互之间的关系中去发现分配的原则，应当说是罗森贝克的独创。规范说的内容具有高度的内在逻辑性，具有很强的说理性，更重要的是其符合法的安

---

① 除此三类实体法规定外，罗森贝克还设置了一种权利受制规范，即赋予被请求方以形成权的规定，如消灭时效的抗辩、解除权和抵销权等，但后来罗森贝克又将权利受制规范并入权利妨碍规范。参见〔德〕罗森贝克：《证明责任论》，庄敬华译，中国法制出版社2002年版，第104页；〔德〕汉斯·普维庭：《现代证明责任问题》，吴越译，法律出版社2000年版，第165页；〔日〕高桥宏志：《民事诉讼法制度与理论的深层分析》，林剑锋译，法律出版社2003年版，第420页。

定性和形式正义的要求。规范说以法律条文为证明责任的分配依据，从法律规范之间的逻辑关系中找寻证明责任分配的原则之做法具有极强的操作性，强调法条之间的内在逻辑，很快在注重理论体系严密化的大陆法系国家中占据了证明责任分配理论的统治地位。

规范说尽管在证明责任分配领域影响巨大，但也并非尽善尽美，从其诞生之日起，该学说固有的缺陷便遭到来自各方的批判，主要集中在两个方面：第一，对当事人之间的实质正义以及诉讼效率关注不够。① 规范说过于注重法律规定的形式构成，完全不考虑现实的举证难易，使得证明责任制度的适用走入教条，从而影响证明责任分配的实质公平与公正。如当待证事实为消极事实时，主张消极事实的一方往往难以提供证据证明其关于事实不存在或未发生的主张，或者当主张事实的全部证据材料均在对方的控制和支配之下时，如果按照规范说分配证明责任，则当事人很难有效地维护自己的合法权益。第二，证明责任分配标准在某些方面并不明确。② 规范说的前提是所有的实体规范都能进行划分，但实际上，如果对于权利发生规范与权利消灭规范根据"权利是发生还是消灭"这一标准还能在实体法上予以区分的话，对于权利发生规范和权利妨碍规范却难以找出明确的区分标准。如关于行为能力，按照规范说的观点，有行为能力为权利发生事实，无行为能力为权利妨碍事实，但显然有行为能力者对自己的行为负责与无行为能力者不对自己的行为负责是同一意思。

2. 莱昂哈德的全备说（完全说）

莱昂哈德的全备说也是从对实体法律规范的分析上去寻找证明责任分配的原则。与规范说不同的是，全备说认为引起权利发生的一切法律要件事实都是权利产生所必需的，人为地将它们分为一般要件事实与特别要件事实是错误的。权利规范仅分为权利

① 参见陈荣宗：《举证责任分配与民事程序法》（第二册），台湾三民书局 1984 年版，第 18 页。

② 参见［日］新堂幸司：《新民事诉讼法》，林剑锋译，法律出版社 2008 年版，第 399 页。

发生规范与权利消灭规范两类，规范说下的权利妨碍规范应归入权利发生规范，权利受制规范应归入权利消灭规范。主张法律效果成立的当事人就发生该法律效果所必需的一切有关事实负证明责任；对方就该法律效果变化或消灭所必需的一切有关事实负证明责任。①

全备说最大的特点是将权利妨碍规范归入到权利发生规范，从而克服了在规范说中权利发生规范与权利妨碍规范难以区分的不利局面。但是，该学说也存在明显的不足，即如果在诉讼中要求主张权利的一方对产生权利的全部法律要件事实主张并证明，诉讼将变得异常复杂，诉讼效率也会大为降低；而且，原、被告双方作为平等的诉讼主体理应承担对等的义务，但在这里负担的天平却严重向原告倾斜，其胜诉的希望会大大降低，有悖公平和正义的要求。

（三）危险领域说

危险领域说是一种区别于法律要件分类说的新理论，由德国学者普霍斯首倡。该学说认为，应依据待证事实属于哪一方当事人控制的危险领域为标准，决定证明责任的分配，即当事人应当对其所能控制的危险领域中的事实负证明责任。② 危险领域说不是主张在整个诉讼领域全部适用新的证明责任分配标准，而是主张在特定领域，应当以危险领域作为证明责任分配的标准，以修正法律要件分类说的不足。危险领域说的立论根据有如下三点：第一，被害人在处于加害人控制下的危险领域内受到损害，要求被害人就其所提出的事实主张提供相关证据不具有可期待性；第二，由于危险领域受加害人控制，其相较于被害人更容易提出证据证明自己的清白，双方在举证能力上差距悬殊；第三，将危险领域内发生的事实的证明责任分配给加害人增加了其遭受败诉风险的可能性，从而激励其预

---

① 参见骆永家：《民事举证责任论》，台湾商务印书馆 1987 年版，第 76 页；毕玉谦：《民事证明责任研究》，法律出版社 2007 年版，第 78~79 页。

② 参见毕玉谦：《民事证明责任研究》，法律出版社 2007 年版，第 89 页；肖建华主编：《民事证据法理念与实践》，法律出版社 2005 年版，第 48 页。

防损害的发生，以免其举证不能或不够充分时承担不利益的裁判后果。如在损害赔偿的场合，根据法律要件分类说的证明责任分配原则，损害赔偿请求权能够成立，受害人必须证明以下法律要件事实：（1）存在损害事实；（2）加害人有过错；（3）加害行为与损害事实有因果关系；（4）加害行为是侵权行为。而对加害行为与损害事实的因果关系的证明，对于被害人来讲往往相当困难，特别是在现代化工业和技术领域中，因果关系常常不能以人们一般所具备的知识去判断和识别，这就给受害人的权利救济设置了障碍。此时必须考量举证难易和损害救济预防等因素，而不能局限于法律要件分类说的教条。

法律要件分类说注重的是形式上的分配方法，作为对其进行修正的学说，危险领域说更多地体现了对实质性分配的考量。现代型诉讼的出现使得规范说在适用上出现了新的难题，科学性证明难题和证据偏在等难以克服的困难极大加重了原告的证明负担，在这些领域若仍以规范说的分配标准分配证明责任，则难以使受害人权益得到救济。首先，被害人难以知晓处于加害人控制之下的危险领域里所发生的事件过程，故难于提出证据；相反，由于该危险领域在加害人的控制之下，加害人更容易了解有关案件的情况，故容易提出证据加以证明。其次，该学说能更好地预防损害的发生。证明责任分配给谁，就是将其置于不利地位，由加害方对危险领域内的事实负证明责任无异于一种惩罚，而对被害人而言，其权益便相应地获得了更好的保护。① 因此，加害人或潜在的加害人必定会更为自觉地预防、控制自己的损害行为，从而使既定的社会秩序更少的遭到破坏。

然而，该学说的欠缺之处也相当明显，即何谓危险领域并不明确，如几乎债务人的所有行为都被囊括在其中；同时，让加害方就

---

① 参见［德］汉斯·约阿希姆·穆泽拉克、科隆：《危险领域分配证明责任——对联邦最高法院危险范围理论的批判考察》，载［德］米夏埃尔·施蒂尔纳编：《德国民事诉讼法学文萃》，赵秀举译，中国政法大学出版社 2005 年版，第 289~290 页。

因果关系负证明责任未必总是公平，让债权人总是证明损害原因处于债务人的危险领域未必总是合理。所以不能将衡量证明责任分配的所有因素都笼统地用危险领域说来代替。

（四）盖然性说

盖然性说为德国学者莱讷克和瓦亨道夫所倡导。与危险领域说不同，盖然性说并非是对法律要件分类说的修正，而是对其的彻底否定。①

该学说认为，如果法官对一个要件事实真伪不明不能确认时，应当由某个要件事实成立的可能性较小，因而对其不利的一方当事人承担不利后果。② 而这里的要件事实成立的可能性，就是指根据人们生活经验统计出该要件事实发生的概率，即事实发生率高的，主张该事实的人不需要举证加以证明，反之则需要。③

该学说最大的缺陷在于寻找盖然性以及确定盖然性的整体价值方面的困难会损害法的可预测性，从而给诉讼带来极大的不安定性，最终会导致作为法定风险分配的证明责任误入歧途，并进一步导致证明评价有名无实。所以抽象盖然性充其量不过是立法者的动机之一，而不可能成为法定的证明责任分配规则。

二、民事诉讼中的证明责任分配

（一）民事诉讼中的证明责任分配概述

1. 民事诉讼中证明责任分配的原则

在注重理论体系精密化和严整化的大陆法系，以规范说为核心的法律要件分类说仍在证明责任分配诸学说里占据着统治地位。尽

---

① 参见陈荣宗：《举证责任分配与民事程序法》（第二册），台湾三民书局 1984 年版，第 30 页。

② ［德］汉斯·普维庭：《现代证明责任问题》，吴越译，法律出版社 2000 年版，第 332 页。

③ 参见毕玉谦：《民事证明责任研究》，法律出版社 2007 年版，第 89 页；肖建华主编：《民事证据法理念与实践》，法律出版社 2005 年版，第 47~48 页。

管有不少新的学说①诞生，且也有一定的生命力，但与法律要件分类说相比，毕竟缺乏系统性且操作性不强，故顶多只是在部分领域对法律要件分类说进行的补充，未能完全取而代之。法律要件分类说以其严密的逻辑性、体系性以及便于操作的优点仍然占据着大陆法系证明责任分配标准的通说地位，也是实践中法官分配证明责任的主要方法。在可以预见到的未来，对法律要件分类说予以修正仍然是证明责任分配标准发展的基本趋势。

在我国民事诉讼领域，长期占据证明责任分配主导地位的观点是所谓的"谁主张，谁举证"原则。1982年颁布的《民事诉讼法》（试行）第56条"当事人对自己提出的主张，有责任提供证据"的规定体现了这一原则，1991年颁布的现行《民事诉讼法》第64条第1款将其完全继承。此原则貌似合理，但若对其深入进行推理，便可发现其乃非逻辑性思维的产物。因为依此原则，在对同一事实存在与否发生争议时，一方当事人应就其关于该事实存在之主张负证明责任，而对方当事人则应对其关于该事实不存在之主张负证明责任，此时就出现了当事人双方必须同时对该事实承担举证责任的情况。若双方均未能通过有效的举证达到证明标准的要求，就出现了事实存否不明的情况，此时依逻辑推理双方都应承担证明责任，因而法官无法判定到底哪一方败诉。如甲请求法院确认其与乙之间存在买卖合同关系，乙予以否认。依"谁主张，谁举证"的原则，甲要就合同成立承担证明责任；而乙则应就合同不成立承担证明责任。当合同成立之事实真伪不明时，法院既可以基于合同成立之事实真伪不明而作出对甲不利的驳回诉讼请求的判决，也可以因合同不成立之事实真伪不明而作出对被告不利的承认请求判决，这显然与诉讼制度的基本原理是相悖的。可以说，"谁

---

①　以上各学说均为大陆法系学者所创，而当代英美法系的通说认为，证明责任分配不存在一般性的标准，只能在综合若干要素的基础上就具体案件进行具体性分配。在对具体案件分配时要考虑政策、公平、证据所持、方便、盖然性和经验规则等诸多因素。其中最重要的要素是政策、公平和盖然性。由于英美法系实际上是综合各种诉讼利益，以实证方式分配证明责任，所以这种分配理论被称为"利益衡量说"。

主张，谁举证"的证明责任分配原则等于未就诉讼中双方当事人的证明责任分配作出实质性的规定，因为任何一种证明责任分配原则都不能让当事人就同一事实从正、反两方面对其承担证明责任，这是一项最基本的证明常识。

《民事证据规定》首次在我国民事诉讼领域确立了现代意义上的证明责任制度。其第 2 条规定："当事人对自己提出的诉讼请求所依据的事实或者反驳对方诉讼请求所依据的事实有责任提供证据加以证明。没有证据或者证据不足以证明当事人的事实主张的，由负有举证责任的当事人承担不利后果。"可见，我国在证明责任分配原则问题上基本采纳了法律要件分类说的理论。这主要是由于该学说在理论上已较为成熟，在我国已为学界所广泛认同，并且也具有广泛的实践基础。但不能否认的是，因对证明责任分配本质的认识不清，该规定存在着明显的缺陷。一方面，错误地界定了证明责任适用的前提条件。如上所述，在法律要件分类说下，证明责任得以发生的前提条件是作为当事人主张的法律构成要件的法律事实处于真伪不明的状态。而本条第 2 款却对该已达成共识的结论置若罔闻，将"没有证据或证据不足以证明当事人的事实主张"作为证明责任发生的前提条件。虽然在整个案件没有证据或证据不足以证明争议事实时，由负有证明责任的当事人承担不利后果在表述上好像顺理成章，但是经不起逻辑检验的。我国《民事诉讼法》第 119 条第（3）项规定，起诉时必须有事实和理由，此即意味着没有任何证据不可能开启诉讼程序，故不存在"没有证据证明当事人的事实主张"的案件；而"证据不足以证明当事人的事实主张"也不等于争议事实真伪不明，因为其本身无法排除证据可以证明争议事实为虚伪这一可能性。另一方面，错误地界定了证明责任的客体。证明责任源于对当事人法律主张的否定，尽管这种否定以对作为当事人主张的构成要件的法律事实的否定为中介，但这不表明这些法律事实即为证明责任的客体，二者之间没有合乎逻辑的对应关系。对一项法律事实的否定本身也没有"有利"与"不利"的区分。所以，将"负举证责任的当事人承担的不利后果"界定在"当事人的事实主张"之上，在逻辑上犯了将间接关系简约为直接关系的错误。而 2015 年《民诉法解释》第 91 条"人民法院应当依照下列原则确定举证证明责任的承担，但法律另有规定的除外：（一）主张法律关系存在的当事人，应当对产生该法律关系的基本事实承担举证证明责任；（二）主张法律关系变更、消灭或者权利受到妨害的当事人，应当对该法律关系变更、消灭或者权利受到妨害的基本事实承担举证证明责任"则更为明确地将法律要件分类说确立为我国民事诉讼领域证明责任分配的基本原则，适用于除特殊类型案件之外的所有民事案件的处理。

还值得注意的是，《民事证据规定》第 7 条"在法律没有具体规定，依本规定及其他司法解释无法确定举证责任承担时，人民法院可以根据公平原则和诚实信用原则，综合当事人举证能力等因素确定举证责任的承担"的规定还赋予了法官在一定条件下的证明责任分配的自由裁量权。从表面上看来，赋予法官自由裁量权似乎能够有效地对法律要件分类说予以补充，但不得不承认的是，若依此规定操作能有可能使证明责任在诉讼终结前即被适用。即于诉讼终结之前就已确定了败诉者，从而使得其后继的程序流于形式；同时，还可能会在实践中造成对提供证据责任和证明责任的再次混淆。

2. 民事诉讼中证明责任分配的例外

（1）民事诉讼中证明责任分配例外的缘起。

民事诉讼中证明责任分配原则的例外，在我国常被冠以"证明责任倒置"（或"举证责任倒置"）之名。[①] 证明责任倒置首先

---

① 参见孔德然：《简评民事诉讼中的"举证责任倒置"原则》，载《政治与法律》1992 年第 1 期；秦拓：《也谈举证责任倒置》，载《政治与法律》1992 年第 6 期；邓代红、王映辉：《民事诉讼举证责任倒置的若干问题》，载《法学评论》1993 年第 6 期；张卫平：《证明责任倒置辨析》，载《人民司法》2001 年第 8 期；单国军：《民事举证责任倒置研究——兼谈民事举证责任的"正置"》，载《法律适用》2002 年第 2 期；李浩：《举证责任倒置：学理分析与问题研究》，载《法商研究》2003 年第 4 期；叶名怡：《过错及因果关系推定与证明责任倒置——从事实到价值的思考》，载《北方法学》2007 年第 4 期；宋朝武：《证明责任倒置新论》，载《证据科学》2007 年第 1 期。

由德国学者于 20 世纪 50 年代提出,并随之由德国在判例解释中予以确立,使之具有法律效力。其后,这种做法在大陆法系国家普遍得以确认,成为修正法律要件分类说的重要方法。

一般认为,只有在成文法至上的大陆法系国家和地区才存在"证明责任倒置"的概念;而对证明责任分配实行个案决定的英美法系国家和地区则无证明责任分配规则的一般与例外之分。即大陆法系采取的是一般加例外的证明责任分配方式;英美法系则采用价值衡量的分配方式。这种认识显然失之偏颇。因为,作为大陆法系国家证明责任倒置前提和基础的法律要件分类说是建立在对民事实体法律规范进行分析基础之上的,而实体法乃是从无数个案中得出的共同点的集合,是无数次具体价值衡量上升到法律层面的结晶。可见,实体法本身就蕴含有一定的价值,故以此为基础所进行的证明责任分配无疑也理所当然地体现有价值衡量的理念。

近代民法所要求体现的核心价值理念便是追求法的安定性,即对于同一法律事实类型适用同一法律规则,得出同样的判决结果;同时由于此时民事主体的平等性和互换性,① 这就对民法提出了定型化的要求,使得作为民法理念的社会正义体现为着重强调形式正义,人格抽象、契约绝对自由和过失责任等均为其表现。分析法律要件分类说的实质,可发现其显然是近代民法的产物:其一,以成文法为基础,用法律条文的形式对证明责任分配的标准分类加以确定;其二,认为一切案件均可按成文法确定的标准进行证明责任分配,无须法官发挥主观能动性;其三,注重形式正义,从形式上进行分配,充分考虑体系上的完整性和逻辑上的严密性。随着资本主义进入垄断阶段,近代民法也发展成为现代民法。随着科技的突飞猛进,在物质文明高度发展的同时,也导致了两极分化严重、交通事故频发、环境污染层出、缺陷产品致损及商业秘密盗用等各种社会问题的出现。此时民事主体的平等性和互换性在很大程度上已丧失。这些都导致民法的价值观念由追求法的安定性转向侧重于追求

---

① 参见梁慧星:《从现代民法到近代民法》,载梁慧星主编:《民商法论丛》(第 7 卷),法律出版社 1997 年版,第 234 页。

法的社会妥当性，这既是维持社会稳定的需要，也是民法自身保持其生命力的需要。民法的理念也由强调形式正义转为着重实质正义，① 在民法模式上就表现为人格的具体化、对契约绝对自由的限制和严格责任等。这种民法理念的变化使得证明责任的分配也随之作出相应的调整，即对法律要件分类说予以修正。在某些特定类型的案件，如污染侵权诉讼、产品缺陷损害诉讼、医疗事故诉讼及专利侵权诉讼等中，民事主体双方的平等性和互换性基本上完全丧失，侵权和被侵权的主体在社会结构层次上固定下来，原、被告的角色几乎没有互换的可能，而且这种互换性的丧失在诉讼中则常常表现为当事人实质地位和掌握武器的不对等。② 由于诸多在近代民法时期不可想象的原因使原告的举证能力大大弱于被告，如果仍按严格意义上的法律要件分类说进行证明责任分配，则原告就会常常陷入举证困难或举证不能的境地，从而导致败诉的不利后果，这是与现代意义上民法的基本价值理念相悖的。价值衡量的结果要求法律在进行规定时应向受害者倾斜，从而使他们有更大的把握获得赔偿。

　　在以法律要件分类说为基础、对证明责任进行分配的做法不作根本性改变的前提之下，寻求减轻当事人证明责任负担的途径有两条：一是从立法上免除某些侵权案件过错法律要件的证明责任，实行无过错责任；二是把部分侵权案件的过错及因果关系的证明负担倒置于对方，即将法律要件的一部分从权利发生规范的要件事实中排除，而从反面归入到权利妨害规范、权利受制规范和权利消灭规范的要件事实中去，产生所谓证明责任的倒置。由此可见，所谓证明责任倒置并非指本来由一方当事人承担的举证责任转换给另一方承担，而是指应由"此方当事人承担的证明责任被免除，由彼方当事人对本来的证明对象从相反的方向承担证明责任"。③ 所以，

---

　　① 参见梁慧星：《从现代民法到近代民法》，载梁慧星主编：《民商法论丛》（第7卷），法律出版社1997年版，第242页。

　　② 参见王亚新：《对抗与判定——日本民事诉讼的基本结构》，清华大学出版社2002年版，第229~230页。

　　③ 陈刚：《证明责任法研究》，中国人民大学出版社2000年版，第247页。

证明责任倒置仅是对以法律要件分类说进行举证明责任分配此一般情况下"正置"的补充，也是由法律预先设置好的，并不随具体诉讼的进行而发生改动，因而从实质意义上的证明责任分配角度来讲，并未发生所谓的倒置。

（2）我国现有相关规定及评述。

就我国立法来看，最早对证明责任倒置加以规定的是 1984 年颁布的《专利法》。该法第 60 条第 2 款规定："在发生侵权责任纠纷的时候，如果发明专利是一项新产品的制造方法，制造同样产品的单位或个人应当提供其产品制造方法的证明。"这便是产品制造方法发明专利引起的专利侵权诉讼中有关证明责任倒置的规定。尔后 1986 年通过的《民法通则》又规定了几种倒置的情况。

1992 年的《民诉适用意见》第 74 条规定了几种特殊侵权诉讼实行证明责任倒置，其内容是："下列侵权诉讼中，对原告提出的侵权事实，被告否认的，由被告负责举证：（1）因产品制造方法发明专利引起的专利侵权诉讼；（2）高度危险作业致人损害的侵权诉讼；（3）因环境污染引起的损害赔偿诉讼；（4）建筑物或者其他设施以及建筑物上的搁置物、悬挂物发生倒塌、脱落、坠落致人损害的侵权诉讼；（5）饲养动物致人损害的侵权诉讼；（6）有关法律规定由被告承担举证责任的。"

最新关于证明责任倒置的有关规定是《民事证据规定》中的第 4 条第 1 款，其内容是："下列侵权诉讼，按照以下规定承担举证责任：（一）因新产品制造方法发明专利引起的专利侵权诉讼，由制造同样产品的单位或者个人对其产品制造方法不同于专利方法承担举证责任；（二）高度危险作业致人损害的侵权诉讼，由加害人就受害人故意造成损害的事实承担举证责任；（三）因环境污染引起的损害赔偿诉讼，由加害人就法律规定的免责事由及其行为与损害结果之间不存在因果关系承担举证责任；（四）建筑物或者其他设施以及建筑物上的搁置物、悬挂物发生倒塌、脱落、坠落致人损害的侵权诉讼，由所有人或者管理人对其无过错承担举证责任；（五）饲养动物致人损害的侵权诉讼，由动物饲养人或者管理人就受害人有过错或者第三人有过错承担举证责任；（六）因缺陷产品

148

致人损害的侵权诉讼，由产品的生产者就法律规定的免责事由承担举证责任；（七）因共同危险行为致人损害的侵权诉讼，由实施危险行为的人就其行为与损害结果之间不存在因果关系承担举证责任；（八）因医疗行为引起的侵权诉讼，由医疗机构就医疗行为与损害结果之间不存在因果关系及不存在医疗过错承担举证责任。"

与《民诉适用意见》第74条相比，《民事证据规定》第4条不仅弥补了前者规范的一些缺失，在内容上也更为丰富。其一，《民诉适用意见》第74条对倒置的对象规定得不够明确，究竟应将侵权责任构成要件中的哪些要件倒置给被告，未予以具体规定，只是笼统地规定"对原告提出的侵权事实，被告否认的，由被告负责举证"，这就产生一种被告对不存在侵权责任的全部构成要件事实均应负证明责任的错觉。《民事证据规定》第4条只对过错要件和因果关系要件实行证明责任倒置，并针对各类侵权诉讼逐一具体规定。其二，就《民事证据规定》第4条规定来看，新增了产品缺陷、共同危险及医疗事故三种侵权诉讼的证明责任负担规则，使这三种特殊侵权诉讼的举证有法可依。①

但《民事证据规定》第4条仍然存在明显的缺陷。一方面，该条本意是规定证明责任倒置，但八类案件中，竟有三类（高度危险作业致人损害、饲养动物致人损害及产品缺陷致人损害）并非是证明责任的倒置，而是完全意义上的证明责任一般分配。此三类均属特殊侵权责任中的无过错责任，受害人欲实现损害赔偿，须对损害事实、违法行为及因果关系进行证明；而被告若欲免责，就应对免责事由（即受害人的故意或法律规定的免责事由）加以证明——即否认受害人权利主张的被告，应就其主张的阻碍受害人权利发生的要件事实进行证明——这恰是在按照法律要件分类说正常

---

① 《侵权责任法》对医疗事故纠纷的证明责任分配进行了调整。依该法第54条"患者在诊疗活动中受到损害，医疗机构及其医务人员有过错的，由医疗机构承担赔偿责任"之规定，医疗事故纠纷的证明责任分配亦遵循证明责任分配的一般规则，不再将证明无过错和无因果关系的责任归由医疗机构承担。

分配证明责任，无任何倒置之意。另一方面，将实体法已明文规定实行证明责任倒置的情况又做规定，似乎有法条重复之虞。从大陆法系国家和地区关于证明责任的立法模式来看，其主要有两种：（1）德国模式。该模式在民事程序法中不设如何分配证明责任的规定，而是在民事实体法中对其加以规定。（2）法国模式。该模式在民事程序法中对证明责任分配作原则性规定，而在民事实体法中规定证明责任分配的特殊形式作出规定。如《法国民事诉讼法典》第9条规定："应当由每一当事人对其诉讼请求之胜局所必要的事实依法证明之。"就我国民事诉讼而言，虽然《民事诉讼法》第64条确立的"谁主张，谁举证"的证明责任分配原则存在诸多缺陷，但从立法体例来看，其乃是将证明责任分配的一般原则规定于民事程序法中；同时在《民法通则》《专利法》等民事实体法中规定证明责任分配的特殊情况，故采取的是法国模式。可见，在民事程序法的司法解释中又对证明责任的特殊形式重复加以规定，并无太大的必要性。

还应引起注意的是，由于"证明责任倒置"这一提法的片面性和模糊性，很容易对理论研究的深入和司法实践的发展产生误导；且从大陆法系各国和地区的相关立法，包括我国的立法来看，也从未出现过"倒置"的字眼。因此，在日后的理论研讨中，应逐渐淡化"倒置"的概念，抹去"倒置"的字眼，而以较为科学的"证明责任分配的特殊情况"这一提法取而代之。这样既可保证证明责任分配体系的完整性，又能兼顾证明责任分配的时代性。

（二）合同诉讼中的证明责任分配

按照法律要件分类说，合同法规范可以分为合同权利义务设立规范、合同权利义务变更规范和合同权利义务终止规范。合同法上的证明责任分配就是以这三类合同规范为基础展开的。合同权利设立的事实，由主张合同权利的人负责证明；就他人所主张的合同权利存在有变更或消灭的事实，由主张权利的相对方负责证明；如有争议，有关事实应视为合同权利设立的事实。《民事证据规定》第5条规定："合同纠纷案件中，主张合同关系成立并生效的一方当事人对合同订立和生效的事实承担举证责任；主张合同关系变更、解除、终止、撤销的一方当事人对引起合同关系变动的事实承担举证责任。对合同是否履行发生争议的，由负有履行义务的当事人承担举证责任。对代理权发生争议的，由主张有代理权一方当事人承担举证责任。"负有证明责任的当事人不能证明自己主张的，应承担不利后果。

如在借贷返还纠纷中，债权人应就借贷合同成立的特别要件即金钱给付和借贷合意有关事实承担证明责任；至于合同成立的一般要件，如订立合同之人具有行为能力及意思表示真实等事实，则应由主张合同关系不成立的债务人就无行为能力及意思表示不真实等事实负证明责任。再如，借贷合同成立后，债务人若主张其已因变更为赠与或已经由债权人免除使得债务消灭，其应对该特别要件事实负证明责任；债权人则应对该债务消灭的一般要件事实的欠缺如存在被欺诈或被胁迫等事实承担证明责任。

《民事证据规定》第6条规定："在劳动争议纠纷案件中，因用人单位作出开除、除名、辞退、解除劳动合同、减少劳动报酬、计算劳动者工作年限等决定而发生劳动争议的，由用人单位负举证责任。"此条对劳动争议纠纷案件中的证明责任分配作了规定。有观点认为在此类案件中实行的是证明责任倒置，即将本应由劳动者承担的证明责任倒置给用人单位承担，并将此类案件定性为"劳动者不服用人单位决定而产生的劳动争议案件"。[1] 该结论的得出是建立在认为劳动者和用人单位的诉讼地位固定，即劳动者总是原告，用人单位总是被告的基础上的。但实际情形并非总是如此。当遇到因用人单位作出开除、除名、辞退、解除劳动合同、减少劳动报酬、计算劳动者工作年限等决定而发生劳动争议时，多数情况下的确是劳动者诉至法院，但也不排除用人单位诉至法院的情形。此时，用人单位必然要对其主张赖以成立的法律要件事实予以举证，此时便不存在证明责任倒置之趋势。因此，单纯认为因用人单位作

---

① 李国光主编：《最高人民法院〈关于民事诉讼证据的若干规定〉的理解与适用》，中国法制出版社2002年版，第97页。

出开除、除名、辞退、解除劳动合同、减少劳动报酬、计算劳动者
工作年限等决定而发生劳动争议的案件由用人单位承担证明责任为
证明责任倒置是欠妥的。

（三）侵权诉讼中的证明责任分配

构成一般民事侵权行为，必须同时具备四个要件：（1）损害
事实；（2）侵权行为与损害事实之间存在因果关系；（3）行为具
有违法性；（4）行为人有过错。按照法律要件分类说，原告主张
侵权行为成立时应对该四项要件事实的存在负证明责任。但如前所
述，在某些特定类型的案件，如污染侵权诉讼、产品缺陷损害诉
讼、医疗事故诉讼及专利侵权诉讼等中，民事主体双方的平等性和
互换性基本上完全丧失，侵权和被侵权的主体在社会结构层次上固
定下来，原、被告的角色几乎没有互换的可能，而且这种互换性的
丧失在诉讼中则常常表现为当事人实质地位和掌握武器的不对等，
这均导致原告的举证能力大大弱于被告，如果仍按严格意义上的法
律要件分类说进行证明责任分配，则原告就会常常陷入举证困难或
举证不能的境地，从而导致败诉的不利后果，这是与民法的基本价
值理念是相悖的。前面已对我国《民法通则》《侵权责任法》《民
事证据规定》关于某些特殊类型侵权案件证明责任分配的规则进
行了介绍，下面就我国现有法律框架下侵权领域另外两个值得注意
的问题予以分析。

1. 产品缺陷致人损害案件

如前所述，依《民事证据规定》第4条第1款第（6）项的
规定，产品缺陷致人损害案件属于无过错责任案件，但案件的证
明责任分配仍按照的是法律要件分类说的一般分配方式进行，即
受害人欲实现损害赔偿，须对损害事实、违法行为及因果关系进
行证明；而被告若欲免责，就应对免责事由（即受害人的故意或
法律规定的免责事由）加以证明，即否认受害人权利主张的被
告，应就其主张的阻碍受害人权利发生的要件事实进行证明。要
注意的是，该规定并不能覆盖销售者的证明责任。该规定中生产
者的"免责事由"是指由2000年修改后的《产品质量法》第41

条第 2 款所规定的未将产品投入流通、投入流通时引起损害的缺陷尚不存在及投入流通时的科学技术水平尚不能发现缺陷存在三种情况。此三项免责事由只适用于狭义上的生产者，即制造者，对销售者不能予以适用。因此《产品质量法》第 42 条第 1 款规定："由于销售者的过错使产品存在缺陷，造成人身、他人财产损害的，销售者应当承担赔偿责任。"由此可知，《产品质量法》对销售者的侵权行为采取的是过错责任而非像针对制造者的侵权行为那样实行无过错责任。因此，在目前尚未有具体规定的情况下，只能按照法律要件分类说的一般要求，由受害者来负担销售者有过错的证明责任，但这明显不利于保护受害者（消费者）的利益。因为由居于弱势地位的受害者（消费者）来证明居于强势地位的销售者存在过错，从证据距离的远近、证明实力的大小及证明手段的多寡多各方面来讲均是明显不公的，也有悖于现代民法的常态价值取向。因此，对于销售者过错之证明责任显然应采取倒置的证明责任分配方法，由销售者对其侵权行为不存在过失这一法律要件事实承担证明责任。

2. 道路交通事故损害赔偿案件

道路交通事故损害赔偿分为机动车与机动车之间的事故损害赔偿和机动车与非机动车、行人之间发生的事故损害赔偿两类。从证明责任分配角度观察，机动车与机动车之间的事故损害赔偿与其他普通侵权赔偿并无太多不同，而机动车与非机动车、行人之间发生的事故损害赔偿的证明责任分配则值得关注。

由于机动车自身所固有的特殊危险，世界各国大多将机动车与非机动车人、行人之间发生交通事故的归责原则规定为无过错责任原则，即机动车一方是否承担责任与其是否存在过错没有关联，只要是造成了损害结果，其就应当承担赔偿责任。我国《民法通则》第 123 条"从事高空、高压、易燃、易爆、剧毒、放射性、高速运输工具等对周围环境有高度危险作业造成他人损害的，应当承担民事责任"的规定也确定了我国机动车与非机动车人、行人之间交通事故损害赔偿的的无过错归责原则。机动车驾驶方，由于一般不会在事故中造成自身伤亡，对于事故现场有能力保护，对有关证据有能力进行收集和保存，由其承担较多的证明责任，一方面可以促使机动车一方谨慎驾驶，另一方面也能避免机动车一方为逃避责任对事故现场和有关证据的破坏。《民事证据规定》第4条第1款第（2）项"高度危险作业致人损害的侵权诉讼，由加害人就受害人故意造成损害的事实承担举证责任"的规定重申了这一原则。而《道路交通安全法》第76条规定"机动车与非机动车、行人之间发生交通事故造成人身伤亡、财产损失的，由保险公司在机动车第三者责任强制保险的责任限度内予以赔偿。超过责任限度的部分，由机动车一方承担责任。但是，有证据证明非机动车驾驶人、行人违反道路交通安全法律、法规，机动车驾驶入已经采取必要处理措施的，减轻机动车一方的责任。交通事故的损失由非机动车驾驶人、行人故意造成的，机动车一方不承担责任"的规定则对机动车与非机动车人、行人之间发生交通事故赔偿的具体举证规则作了详细设置。

对归责事实损及害结果，作为原告方的非机动车、行人应对其承担全部的证明责任，从提供证据责任角度来讲，原告必须积极向法院提交相关证据以证明损害结果的存在，从证明责任角度来看，如果最终损害是否存在无法确认，原告则要承担对其不利的法律后果。作为被告的机动车在法律上对归责事实不承担任何证明责任。当然，为了降低原告所举证据的证据力，影响法官的事实判断，被告可以主动向法院提交证明原告请求不当的相关证据，但并不以其为必要。

至于减责和免责事实的证明责任分配则有所不同。由于原告诉请适用的法律规范结构中的法定事实构成部分为客观损害结果，而《道路交通安全法》所规定的作为机动车驾驶人减责和免责事由的非机动车驾驶人、行人是否违反道路交通法规以及是否对事故损失存在故意均与事故损害结果无关，既不能用来否定或是认可损害结果，也不能影响事故损害结果的大小。因而，这些法律事实不符合原告诉请适用的法律规范对事实的要求，很显然，当事人提出这些事实的目的是为了引入一个新的法律规范，从而达到对自己有利的法律适用结果，这就产生了机动车驾驶方的证明责任，即在减责和免责事由这一法律规范之下，机动车驾驶方应当对该事实负证明责任。而非机动车驾驶人、行人针对不适用这一法律规范的反驳并未引入新的法律规范，故不承担证明责任。

第五章　证明之拓展

第一节　法院阐明权

作为社会经济活动中形成的基本道德准则之一，诚实信用原则要求人们在市场经济活动中讲究信用，恪守诺言，诚实不欺，在不损害他人和社会利益的前提下追求自己的利益。随着市场经济发展的提速以及社会化大生产的加快，从 19 世纪末 20 世纪初开始，该原则逐渐被引入各国的法律领域。为契合和谐社会构建的应然要求，2012 年 8 月 31 日，经第十一届全国人大常委会第二十八次会议修改后的《民事诉讼法》第 13 条规定："民事诉讼应当遵循诚实信用原则。"由此，诚实信用原则在我国民事诉讼领域正式得以确立。一般来讲，民事诉讼的主体包括法院和当事人。对于将当事人纳入诚实信用原则适用的主体范围，学界向来无异议；但对于该原则可否适用于法院，则认识不一。而在此次《民事诉讼法》修改者看来，诚实信用原则"不仅是当事人和其他诉讼参与人应当遵守的原则，人民法院行使审判权也应当遵守"①，此即使得该原则适用于法院已无争议。

在以当事人处分权为主导的民事诉讼中，对当事人如何遵守诚实信用原则已有较多论著，而对法院如何遵守该原则则鲜有涉及。诉讼规则的普遍适用与法官个体的高度个性天然地存在抵牾，而程序规则的尽量详细、周密则是调和此种矛盾的不二利器。而该原则

---

① 王胜明：《中华人民共和国民事诉讼法释义》（最新修正版），法律出版社 2012 年版，第 180 页。

对法院行为约束的重点便是对阐明制度的细化和深化，从而切实贯彻和彰显该抽象原则的精髓和宗旨，使之能够对我国民事诉讼中审判权的良性运行发挥实效。

一、法院阐明制度之概述

（一）法院阐明制度的概念

作为大陆法系国家和地区民事诉讼中的一项重要制度，法院阐明制度亦称法院阐明权（或释明权）或法院阐明义务（或释明义务），是指在当事人提供的诉讼资料不明了或不完备时，法院可以就事实上及法律上的事项对当事人发问或促使其立证的制度①。在采取辩论主义的大陆法系国家和地区民事诉讼领域，"很长一段时间以来，以所谓'竞技理论'为特征的对抗性程序有其自身的问题这一点已被广泛认识。这种程序过分依赖于当事者各自所拥有的资源。开庭审理的集中对决方式总是伴随着不意打击的危险"②。鉴此，如果立法可以允许法院在诉讼的适当时期对案件的相关情况对当事人予以说明，则可使因机械适用辩论主义所造成的不合理性得到修正，从而有助于适当、公平裁判的作出。作为对 1806 年《法国民事诉讼法》中当事人绝对自由主义的修正，德国早在 1877 年制定的民事诉讼法典中即对阐明制度作了规定，随后被大陆法系其他国家和地区相继效仿。法院阐明制度在大陆法系国家和地区民事诉讼中之所以能予确立，主要是基于实现以下四方面目的的考量：其一，可以查明案件真相，妥善化解纠纷；其二，可以充实言词辩论，提升言词辩论的效果；其三，可以保证当事人诉讼权利的有效行使，确保当事人之间的实质平等；其四，可以限制法院对诉讼指挥权的滥用，防止突袭裁判的出现。

就现今立法例来看，《德国民事诉讼法》第 139 条规定，如有

---

① ［日］中村英郎：《新民事诉讼法讲义》，陈刚、林剑锋、郭美松译，法律出版社 2001 年版，第 178 页。

② ［日］谷口安平：《程序的正义与诉讼》（增补本），王亚新、刘荣军译，中国政法大学出版社 2002 年版，第 28 页。

必要，法院应当与当事人共同从事实与法律两方面对案件的实体和讼争关系进行阐明并发问。法院应当使当事人及时且完整地陈述所有重要的事实，并提出有利的申请，特别是在对所提出的事实说明不足时要加以补充，且要表明相应证据方法。就一方当事人显然忽略或认为不重要的观点，如果并非仅涉及附属请求时，法院仅在曾经予以阐明且赋予当事人陈述机会的情形下才可以将其作为裁判的基础。若法院所持观点与双方当事人不同，则法院亦须遵循此要求。《日本民事诉讼法》第 149 条规定，未明确诉讼关系，就事实上和法律上的事项，审判长可在口头辩论的期日或期日外向当事人发问并敦促其证明。（2）合议庭其他法官向审判长报告后可实施前款规定的阐明行为。我国台湾地区"民事诉讼法"第 199 条规定，审判长应注意令当事人就诉讼关系之事实及法律为适当完全之辩论。审判长应向当事人发问或晓谕，令其为事实上及法律上陈述、声明证据或为其他必要之声明及陈述；其所声明或陈述有不明了或不完足者，应令其叙明或补充。第 199 条之一规定，依原告之声明及事实上之陈述，得主张数项法律关系，而其主张不明了或不完足者，审判长应晓谕其叙明或补充之。被告如主张有消灭或妨碍原告请求之事由，究为防御方法或提起反诉有疑义时，审判长应阐明之。可见，德国民事诉讼中阐明的具体方式有发问、晓谕和商议三种；日本民事诉讼中阐明的方式仅发问一种；我国台湾地区民事诉讼中阐明有发问和晓谕两种具体方式。

（二）法院阐明制度的性质

对于法院阐明制度的性质，向来存有不同认识。理论上有权限说①、义务说②以及权限义务双重说③等观点。从立法层面来看，即便是同一国家或地区的立法，不同时期亦采取不同的态度。如在

---

①　骆永家：《阐明权》，载民事诉讼法研究基金会编：《民事诉讼法之研讨》（四），台湾三民书局有限公司 1993 年版，第 175 页。

②　［德］奥特马·尧厄尼希：《民事诉讼法》（第 27 版），周翠译，法律出版社 2003 年版，第 125 页。

③　［日］新堂幸司：《新民事诉讼法》，林剑锋译，法律出版社 2008 年版，第 314 页。

1877 年《德国民事诉讼法》颁布之前，该法的草案即采取权限说①；1890 年《日本民事诉讼法》即将法院阐明制度设定为义务形式，而 1926 年修正时则将其改成权限形式。就上述大陆法系国家和地区当今立法例观之，德国目前乃是将法院阐明设定为义务，而日本和我国台湾地区则将其设定为权限。

笔者认为，单纯就法律概念的内涵而言，法院权限的行使与义务的履行存在明显的差别，其相应的方式、范围以及后果等均有所差异。就制度层面而言，阐明乃为实现诉讼上的特定目的，故对受诉法院课以相应义务从而推动该目标的实现自然顺理成章；但就个案来说，阐明行为的实施则因时因事而异，即具体行使交由主审法官自由裁量较为妥当，故此时亦具有权限的色彩。因此，阐明制度具有权限与义务双重属性的认识应属适当。就立法形式而言，若采用权限的形式，则权限行使的性质较为突出，义务履行的因素即较为淡化，主审法官的自由裁量空间即较大；若采用义务的形式则刚好相反，具体制度布设的侧重点即有所不同。

（三）法院阐明制度的适用范围

因阐明制度所具有的权限与义务双重属性，有观点将阐明制度区分为"不应阐明""可以阐明"和"应阐明"三个层次予以区别对待：所谓"不应阐明"，法院如果阐明乃属于过度阐明，属于当事人异议及申请回避的事由；所谓"可以阐明"，乃属于法官自由裁量权范畴，法官阐明与否原则上不构成因违法而可以上诉的理由；所谓"应阐明"，则属于义务范围，如若违反则构成上诉的事由②。

而具体到阐明的形式来看，主要有对事实问题的阐明和对法律问题的阐明两种。对事实问题的阐明是传统意义上的阐明，包括不明了的阐明、除去不当的阐明、补充诉讼资料的阐明以及提出新诉

---

　①　吕太郎：《民事诉讼阐明之理论及其趋向》，载吕太郎主编：《民事诉讼之基本理论》（二），台湾元照出版有限公司 2009 年版，第 76 页。

　②　姜世明：《法官阐明制度发展之评估》，载《台湾法学杂志》2007 年第 11 期。

讼资料的阐明①。所谓不明了的阐明，是指对目的不明了、内容不特定、存在矛盾或易使人误解的当事人诉讼行为进行阐明，使之明了、不发生矛盾以及确定。所谓除去不当的阐明，是指对目的或内容虽已明确但存在不当或错误的当事人诉讼行为进行阐明，使之适当、正确。所谓补充诉讼资料的阐明，是指对内容有欠缺而无法发生应有效果的当事人诉讼行为进行阐明，使之得以补足。所谓提出新诉讼资料的阐明，是指对于裁判必须而当事人未提出的诉讼资料进行阐明，要求其予以提出。对法律问题的阐明是阐明制度中较新的形式，具体包括对法律关系的阐明和对法律见解的阐明。对法律关系的阐明，又称法律关系的晓谕义务，是指依当事人主张的事实，在实体法上可以主张数项法律关系而当事人主张不明确或不充足时，法院应通过晓谕使之确定或补足②。对法律见解的阐明，又称法律见解的表明义务，是指受诉法院在言词辩论终结以前，适度表明其所持法律观点，以协同当事人整理法律上争点，并使其集中于此进行辩论③。

4. 法院阐明与失权制裁的关系

作为大陆法系国家和地区民事审判的发展趋势，集中审理主义主要由言词辩论准备程序（或争点整理程序）和失权制裁制度两大重点构成。而法院阐明制度则将两者串联起来，成为言词辩论准备程序（或争点整理程序）是否有效运行以及失权制裁能否适当运用的前提条件。有观点进一步强调，言词辩论准备程序（或争点整理程序）、当事人失权制度以及法院阐明制度是集中审理主义的三大支柱。④ 法院的阐明应是失权制裁得以实施的前提条件。对

---

① ［日］高桥宏志：《民事诉讼法——制度与理论的深层分析》，林剑锋译，法律出版社 2003 年版，第 358 页。

② 许士宦：《法律关系之晓谕义务》，载《台湾法学杂志》2007 年第 9 期。

③ 许士宦：《法律见解之表明义务》，载《台湾法学杂志》2008 年第 8 期。

④ 参见姜世明：《争点简化协议之效力——着重于其与诉之变更追加等制度之体系冲突》，载《台湾本土法学杂志》2007 年第 5 期。

于攻击防御方法的提出时间和逾期提出的相应后果，法院应对当事人予以充分阐明，即明确向其晓谕攻击防御方法提出的相关要求，使当事人明了攻击防御方法的逾期提出与失权制裁之间的关系，从而促使其按期提出攻击防御方法。反之，倘若法院未对当事人晓谕逾期提出攻击防御方法与失权制裁之关系，则若要根据审理具体进程及时、有效地把握攻击防御方法的提出节奏，对于一般当事人来讲显然难度较高。一般民众的法律素质显然与准确掌握攻击防御方法提出节奏对当事人所须达到的法律素养相距甚远，故法院对失权制裁的效果不予阐明即直接适用之对当事人明显不公。鉴此，就德国而言，如果法院未遵守《德国民事诉讼法》第 139 条的规定未为或未及时晓谕当事人陈述其不明了的主张或补充其不完备的主张，则对于当事人因法院怠为提示而在诉讼中逾期提出攻击防御方法所导致的诉讼迟延，法院不能课予当事人失权的责任;① 就我国台湾地区而言，如果法院未在必要时对当事人予以及时阐明，则属于其"民事诉讼法"第 276 条第 1 款第（4）项和第 447 条第 1 款第（6）项规定的因"显失公平"可使当事人对逾期提出攻击防御方法得以免责的情形。②

就外观而言，不明了的阐明和除去不当的阐明并未超出当事人所为之诉讼行为的范围；补充诉讼资料的阐明则已部分超出了当事人所为之诉讼行为的范围；而新诉讼资料的阐明则完全超出了当事人所作诉讼行为的范围。因此从表面上看，在各类涉及事实问题的具体阐明形式中，涉及攻击防御方法逾期提出的即为补充诉讼资料的阐明和提出新诉讼资料的阐明。但就实质而言，与补充诉讼资料的阐明和新诉讼资料的阐明重在填补整体诉讼关系的缺陷相比，不明了的阐明和除去不当的阐明重在填补个别诉讼行为的缺陷，法院

---

① 参见［德］MunchKomm-ZPO/Prutting，1993，§296，Rn. 122。转引自吴从周：《论迟误准备程序之失权》，载《东吴法律学报》2005 年第 3 期。

② 参见沈冠伶：《论民事诉讼法修正条文中法官之阐明义务与当事人之事案解明义务》，载《万国法律》2000 年第 6 期；许士宦：《逾时提出攻击防御方法之失权》，载许士宦：《程序保障与阐明义务》，台湾学林出版社 2003 年版，第 335 页。

对当事人进行该两种阐明时亦会要求当事人提出新的诉讼资料，从而使原有的诉讼资料明确、适当。故在不明了的阐明和除去不当的阐明下亦涉及攻击防御方法提出的时间问题。可见，凡涉及事实问题的阐明均与当事人失权制度相关联。至于对法律问题的阐明，因其与攻击防御方法的提出无关，故无涉当事人失权制度。

此外，对逾期提出攻击防御方法施以失权制裁属于法院行使诉讼指挥权的具体表现，一旦法院决定对逾期提出的攻击防御方法须予驳回，则不仅需要法院在言词辩论中独立地作出驳回决定，还应当在判决理由中予以明示。当事人不能单独对此种驳回决定寻求救济，只能针对相应判决提起上诉。[1] 同时，逾期提出特定攻击防御方法的当事人应负担因诉讼迟延所额外产生的诉讼费用。如《德国民事诉讼法》第95条规定："当事人延误期间或期日，或因本人过失而导致期日变更、延期辩论、为续行辩论而指定期日或延长期间时，该方当事人应负担由此而产生的相应费用。"《日本民事诉讼法》第63条规定："因当事人未及时提出攻击防御方法或不遵守期日及期间的规定等其他可归责于该当事人的事由而导致诉讼迟延时，法院可以命令该当事人负担因诉讼迟延而产生的全部或部分诉讼费用，且不受该当事人胜诉与否的影响。"我国台湾地区"民事诉讼法"第82条规定："当事人不于适当时期提出攻击或防御方法，或迟误期日或期间，或因其它应归责于己之事由而致诉讼延滞者，虽该当事人胜诉，其因延滞而生之费用，法院得命其负担全部或一部。"

二、我国法院的阐明制度

（一）我国现有相关规定之评述

纵观中华人民共和国成立以来的相关立法，我国民事诉讼领域并无涉及法院阐明制度的明确规定。如前所述，法院阐明制度乃建立在辩论主义基础之上，其是以辩论主义修正和补充者的姿态出现

---

① 参见吴从周：《再论第二审失权与补充第一审之攻击防御方法》，载《台湾法学杂志》2008年第12期。

在大陆法系国家和地区民事诉讼中的。而对于在事实认定领域长期采取职权探知主义（甚至是超职权主义）的我国民事诉讼来说，在诉讼中占据绝对主导地位的法院无须通过阐明制度的设置即能有效地掌控事实审理的进程和结果。1982年颁行的《民事诉讼法（试行）》第56条第2款"人民法院应当依照法定程序，全面地、客观地收集和调查证据"和第149条"第二审人民法院必须全面审查第一审人民法院认定的事实和适用的法律，不受上诉范围的限制"之规定即集中彰显了这一点。随着改革开放的日期推进，法院对民事诉讼的绝对主导已难以适应民事审判的快速发展，加之对民事审判规律认识的不断深入，从1988年开始，我国法院系统开始进行民事审判方式改革，其核心便是凸显当事人的主体地位，淡化法院的职权色彩，具体到事实审理上，便是要强调当事人的举证责任。在1991年颁布的现行《民事诉讼法》中，第64条第1款"当事人对自己提出的主张，有责任提供证据"和第168条"第二审人民法院应当对上诉请求的有关事实和适用法律进行审查"之规定即反映了这一改革动向的部分成果。随后，相关的改革继续推进，重点仍是改变庭审方式，变询问式审判方式为辩论式审判方式，同时强调当事人的举证责任。可见，与西方国家日益强调法院对民事审判的指挥和控制的做法相反，我国民事审判方式改革的目标之一则是弱化法院的职权。"这固然是对以往超职权主义的一种矫正，但是在辩论主义没有确立，当事人主体地位没有充分保障的前提下，单纯削弱法官的职权，只会将辩论主义中过分依赖当事人所带来的缺陷失当放大"[1]，导致当事人在极为陌生的诉讼程序中茫然四顾、不知所措，从而使得不明了、不适当或不完备的诉讼状态时常发生，进而影响案件真相的发现和审判的实际效果，最终对司法的公信力和权威性造成消极影响。

鉴此，最高人民法院在2001年颁布的《关于民事诉讼证据的若干规定》（以下简称《民事证据规定》）中，明确将第3条第1

---

[1] 蔡虹：《释明权：基础透视与制度构建》，载《法学评论》2005年第1期。

款对举证指导的规定①以及第 33 条第 1 款关于送达举证通知书并载明相关事项的规定②定性为法院应予阐明的事项③，在我国民事诉讼辩论原则的框架下督促法官认真履行审判职责，适当地与当事人就事实问题进行合理程度的沟通，使当事人能够在一定程度上对诉讼的进程和后果作出合理预期，同时着手进行相应准备，从而有效保障其诉讼权利。此外，按照《民事证据规定》第 35 条第 1 款"诉讼过程中，当事人主张的法律关系的性质或者民事行为的效力与人民法院根据案件事实作出的认定不一致的，不受本规定第 34 条规定的限制，人民法院应当告知当事人可以变更诉讼请求"的规定，在一定条件下，法院应当告知当事人可以变更诉讼请求，从本质上来看，该行为并不符合阐明制度的应有属性。首先，从范畴上来看，阐明制度是与辩论主义相对应的，而法官告知当事人变更诉讼请求则对应于处分权原则④。如前所述，阐明制度是对辩论主义的修正和补充，而法院告知当事人变更诉讼请求涉及的则是当事人对诉讼请求的处分，其乃是对处分权原则的增补和完善，两者所属的范畴明显不同。其次，从行为状态来看，阐明需以当事人的声明、陈述不当或不明确为前提，同时应阐明而未阐明的可成为当事人上诉的理由，而告知则无须符合这些要求。再次，从语境上看，在当事人主张的法律关系的性质或者民事法律行为的效力与受诉法院的认定不一致时，若法院仅是提示该当事人根据法律关系的性质

---

① 《民事证据规定》第 3 条第 1 款规定："人民法院应当向当事人说明举证的要求及法律后果，促使当事人在合理期限内积极、全面、正确、诚实地完成举证。"

② 《民事证据规定》第 33 条第 1 款规定："人民法院应当在送达案件受理通知书和应诉通知书的同时向当事人送达举证通知书。举证通知书应当载明举证责任的分配原则与要求、可以向人民法院申请调查取证的情形、人民法院根据案件情况指定的举证期限以及逾期提供证据的法律后果。"

③ 参见李国光：《最高人民法院〈关于民事诉讼证据的若干规定〉的理解与适用》，中国法制出版社 2002 年版，第 280 页。

④ 参见赵钢：《论法官对诉讼请求变更事项的告知义务——以〈关于民事诉讼证据的若干规定〉第 35 条为分析基础》，载《法商研究》2005 年第 6 期。

或者民事行为的效力对攻击防御方法的提出进行相应调整，则应属于阐明的范围，但若法院直接告知当事人变更诉讼请求则涉及攻击防御行为本身，已远超出攻击防御方法的范围。最后，从规则层面来看，由上述大陆法系国家和地区关于阐明制度的立法例可知，法院可以从事实和法律两方面进行阐明，但均未将告知当事人变更诉讼请求归入阐明之列。

（二）阐明制度完善之建议

为使诚实信用原则切实对法院的审判行为发挥作用，实有必要对我国的阐明制度予以改进和完善。笔者认为，应从以下三个方面对法院阐明制度予以布设：

1. 明确法院阐明的具体方式

无论是不明了的阐明或除去不当的阐明，还是补充诉讼资料的阐明或新诉讼资料的阐明，法院均可根据实际情况通过发问和晓谕两种具体方式进行。发问是法院以询问的形式要求当事人就其提出的攻击防御方法中不明确、不适当或不充分的地方予以说明①，从而使当事人意识到其所提攻击防御方法的局限性，进而在法定或指定的期限内予以补充或完善的阐明方式。晓谕则是法院以说明的形式直接向当事人提示其所提攻击防御方法中不明确、不适当或不充分的地方，进而要求当事人在法定或指定的期限内予以补充或完善的阐明方式。两种方式最明显的区别在于，法院对当事人所提攻击防御方法的内容和目的不甚清楚，尚需通过询问来掌握其不明确、不适当或不充分之处时，法院乃运用发问的方式予以阐明；而当法院对当事人所提攻击防御方法的内容和目的相当清楚时，则可直接运用晓谕的方式达到阐明的目的。鉴此，发问和晓谕两种方式均应设定在今后我国民事诉讼的阐明制度中，由法院根据对具体案情的掌握情况选择适用。

在明确阐明具体方式的前提下，还要注意法院阐明的程度，即法院阐明时应充分考虑到其阐明行为对双方当事人之间权益保护的

---

① 参见包冰峰：《大陆法系的当事人询问制度及其启示》，载《南通大学学报》（社会科学版）2012 年第 2 期。

平衡，不应因阐明使一方当事人受到额外的照顾而损及另一方当事人的利益。以诉讼时效为例，从规则层面来看，对法院在诉讼中能否主动适用或向当事人予以阐明存在明显分野：一种是主动援引。如最高人民法院1992年颁布的《关于适用中华人民共和国民事诉讼若干问题的意见》（以下简称《民诉适用意见》）第153条即规定："当事人超过诉讼时效期间起诉的，人民法院应予受理。受理后查明无中止、中断、延长事由的，判决驳回其诉讼请求。" 1993年最高人民法院在《关于企业或个人欠国家银行贷款逾期两年未还应当适用民法通则规定的诉讼时效问题的批复》中也强调："国家各专业银行及其他金融机构系实行独立核算的经济实体。它们与借款的企业或公民之间的借贷关系，是平等主体之间的债权债务关系。国家各专业银行及其他金融机构向人民法院请求保护其追偿贷款权利的，应当适用民法通则关于诉讼时效的规定。确已超过诉讼时效期间，并且没有诉讼时效中止、中断或者延长诉讼时效期间情况的，人民法院应当判决驳回其诉讼请求。"另一种是不主动援引。如《法国民法典》第2223条规定："审判员不得自行援用时效的方法。"《日本民法典》第145条规定："除非当事人援用时效，法院不得根据时效进行裁判。"近年来，我国亦开始与上述大陆法系各国的做法趋向一致。2008年最高人民法院颁布的《关于审理民事案件适用诉讼时效制度若干问题规定》（以下简称《诉讼时效规定》）第3条即规定："当事人未提出诉讼时效抗辩，人民法院不应对诉讼时效问题进行释明及主动适用诉讼时效的规定进行裁判。"该规定与上述《民诉适用意见》第153条法院主动审查并援引诉讼时效的做法形成鲜明对比。促使最高人民法院作出这一调整的直接原因，便是其逐渐认识到，对诉讼时效的阐明对权利人权利保护影响重大，法院主动介入会使权利人和义务人之间的利益严重失衡，有损公平①。基于私法自治的原则，法律显然不能强迫债务人接受时效利益。"仅仅因为过了一定的时间，就想逃避承担一

----

① 参见奚晓明：《最高人民法院关于民事案件诉讼时效司法解释理解与适用》，人民法院出版社2008年版，第80页。

种确定无疑的存在的义务，这种行为至少在以前的某些交易圈中被视为是不名誉的事情。因此，债务人在这里应当有可能不提出消灭时效之抗辩，而将其抗辩的内容限制在其他的证据上，如付款、抵销或者撤销"①。因此，在当事人不以诉讼时效为由提出抗辩的情形下，"如果人民法院主动对诉讼时效问题进行释明，则无异于提醒和帮助义务人逃债，有违诚实信用的基本原则，也有违法院居中裁判的中立地位"②。可见，即便诉讼时效届满，法院亦应对案件进行审理。哪怕是在缺席判决时，法院亦不应主动援引诉讼时效。缺席应视为缺席方承认对方当事人的主张，故缺席时即可认为其放弃行使包括诉讼时效在内的所有抗辩权。若当事人虽未到庭或在退庭前未提出诉讼时效抗辩，但其提交的书面答辩意见中提到诉讼时效抗辩的，则应认定其已提出。要注意的是，在我国诉讼实践中，各基层法院一般会向当事人发放诉讼风险提示书，其中即包含有关于诉讼时效的提示。笔者认为，该种提示乃是一种法院为保护当事人合法权利、普及法律知识所进行的抽象性说明，并非针对具体案件，因而不能算作对诉讼时效的主动适用，故不属于法院阐明的范围。当然，法院不予阐明诉讼时效抗辩的前提是"当事人未提出诉讼时效抗辩"。从平衡双方当事人利益的角度来考虑，应当对该前提条件作狭义理解，即当事人根本没有提出诉讼时效抗辩的任何意思表示；倘若有相关意思表示，只是表述不够充分、清晰或准确，则应认定该当事人有提出诉讼时效抗辩的意思表示，法院即应就此通过发问的方式使之明确。

2. 明确当事人的异议权

从某种意义上讲，法院应在斟酌双方当事人利益平衡的基础上确定对攻击防御方法提出之阐明的内容和程度。而法院的自由裁量

① ［德］迪特尔·梅迪库斯：《德国民法总论》，邵建东译，法律出版社2000年版，第85页。

② 宋晓明、刘竹梅、张雪楳：《〈最高人民法院关于审理民事案件适用诉讼时效制度若干问题的规定〉的理解与适用》，载《法律适用》2008年第11期。

难免会因各种原因使得一方或双方当事人感到不公，为此，应赋予当事人对法院阐明行为的异议权，使当事人可以通过适当的渠道对法院的阐明行为提出质疑，从而在最大程度上增强阐明结果的可接受性。如《德国民事诉讼法》第 140 条即规定："参与言词辩论的当事人，如果认为审判长关于诉讼指挥的命令或审判长以及合议庭其他成员的发问违法而提出异议时，由法院予以裁判。"《日本民事诉讼法》第 150 条亦规定："当事人对指挥言词辩论的审判长命令或前条第一、二款所规定的审判长或合议庭其他成员的行为提出异议时，法院应对该异议作出裁定。"我国台湾地区"民事诉讼法"第 201 条规定："参与辩论人，如以审判长关于指挥诉讼之裁定，或审判长及陪席法官之发问或晓谕为违法而提出异议者，法院应就其异议为裁定。"就我国而言，在当事人对阐明行为表示不服时，首先可以向实施阐明行为的法院提出异议，法院应在法定的期限内予以回应（以裁定方式为宜），若法院拒绝回应或回应的内容仍难使当事人平服，则当事人可以通过上诉或申请再审的方式对该阐明行为的正当性提出进一步质疑。

3. 明确阐明的法律效力

对于当事人提出攻击防御方法不明确、不适当或不充分的情形，法院可予以适当阐明。若当事人并不依照法院阐明的要求按期提供相应攻击防御方法，则法院阐明行为的实施即成为触发失权制裁的"导火索"。此时，可以说法院已经"仁至义尽"，当事人对后续逾期提出攻击防御方法行为的发生显然存在过错，即具备了失权制裁的可归责性，故法院在适当情形下即可对当事人逾期提出的攻击防御方法予以驳回。为防止逾期提出攻击防御方法的当事人不承认法院先期阐明行为的存在，法院应在进行阐明时制作相应笔录，并由当事人签字或盖章确认，以之成为后续施以失权制裁的依据。

就民事诉讼领域而言，个案审理中具体规则的"强制"约束比抽象原则的"软性"制约更具实益，具体规则的抽象、空洞甚至缺失会使程序的价值大打折扣。倘若立法者对程序本身的要求仅满足于原则化或抽象化的层面，则程序本身存在的意义便会消失殆尽。期冀法官以空泛的道德层面的诚实信用来严于律己进而充分保障当事人的诉讼权利，对法官个人的素质要求无疑是超脱现实的"大跃进"；而因此相应产生的规则空洞与抽象问题则无疑是逃避现实的"大撤退"。而阐明制度的完善则是诚实信用原则具体化的关键举措，应成为民事诉讼机制进一步改进的方向。

第二节　检察院调查取证权

抗诉是我国目前立法所明确规定的检察机关对民事审判活动进行监督的唯一方式，因而系统、深入地对民事抗诉中检察机关的职权进行研究对于促进我国审判监督机制的完善无疑具有重大的意义。此节拟对民事抗诉中检察机关调查取证权的合理性及必要性进行阐释，并析明其本质，进而对我国现行相关规定加以评析，并尝试对其完善作一些粗浅的探讨。

一、民事抗诉中检察机关调查取证权存在的依据

所谓民事抗诉中检察机关的调查取证权，是指检察机关通过对民事抗诉案件和相关法律文书的审查，或通过其他渠道，发现法院作出的生效民事判决或裁定存在错误时，进行相关调查取证活动的权力。虽然现行《民事诉讼法》并未明确赋予检察机关在民事抗诉中的调查取证权，但其存在的合理性和必要性却毋庸置疑。

首先，现行《民事诉讼法》对民事抗诉中检察机关调查取证权规定的缺失是我国"宜粗不宜细"的立法传统指导思想的产物。这一观点认为对于有争议、讨论不成熟的问题，立法可以避而不谈，留给司法实践予以处理。但多年的司法实践表明，凡涉及不同司法机关之间权力分配，立法不易处理的在实践中更加难以解决。民事抗诉中检察机关调查取证权的确立，既属于对检察机关职权的设置，也涉及对法院审判活动的规制，人民检察院和人民法院基于各自立场对其认识和理解产生分歧在所难免。

其次，赋予检察机关调查取证权并非是对审判权独立行使的不当干预，亦不会破坏裁判的权威性和终局性。一方面，人民法院独

立行使审判权及裁判的权威性、终局性是审判权本身的要求，但审判权的行使必须合法，而审判权的滥用则是对其上述属性的挑战和否定，此异化行为理应予以排斥。而法定化和制度化的检察监督则是防止审判权滥用的最佳选择。这种监督并非是对审判权独立性、权威性和终局性的侵蚀，相反是一种维护。通过民事抗诉中检察机关的调查取证活动使得相关案件事实得以澄清，使错误裁判得到纠正，可以树立人民法院有错即纠的正面形象，进而增强其在公众心目中的权威地位。另一方面，虽然审判权和检察监督权在我国权力体系中处于同一位阶，但民事诉讼中检察监督权主要是一种改判建议权，因而"在监督权力与被监督权力关系中，被监督权力实际居于主导地位，这就使得法定监督机关和被监督机关实际上成为无权力平等基础的'虚拟平等'"。① 人民法院完全可以不对检察机关调查获取的证据予以采信，可作出原裁判认定事实真实、维持原判的再审裁判。即检察机关的调查取证权对法院审判权的独立性并不会直接产生实质性的影响，这也从侧面说明更有必要赋予检察机关在民事抗诉中的调查取证权，使获取更为真实、可信的证据成为可能。

再次，赋予检察机关调查取证权也并非是对当事人诉权的干涉，而是可以更好地维护其合法权益。在裁判出现错误时，总有一方当事人可能因此而使欲通过诉讼维护自身合法权益的愿望落空，而检察机关的调查取证行为则可以成为当事人合法权益得以维护的最后一道屏障。

最后，赋予检察机关调查取证权也是其自身从事民事抗诉活动的需要。检察机关在考虑对特定案件是否提起抗诉时，要对成功的几率进行充分地估测，这就必然要全方位、多角度地对案件进行考察，而必要时为获取相关证据展开调查取证自然是保证抗诉质量的必要条件之一。

---

① 邹建章:《论民事检察监督法律关系》，载《中国法学》1997 年第 6 期。

二、民事抗诉中检察机关调查取证权的本质

对民事抗诉案件中检察机关的调查取证权存在的理论依据予以阐明后，便能较为容易地把握其本质。有观点认为，检察机关在抗诉案件中进行调查取证，是其所应负的"举证责任"。① 此观点本身可能并非意指举证责任，但用"举证责任"这一提法来界定检察机关调查取证行为的本质却着实有失严谨：一方面是尚未厘清举证责任相关概念之间的关系，另一方面也是未能明确检察机关在民事抗诉案件中的地位。

举证责任有广义和狭义之分，前者包括行为意义上的举证责任和结果意义上的举证责任；而后者则是真正意义上的举证责任，即仅指结果意义上的举证责任。行为意义上的举证责任是当事人提供证据的责任；结果意义上的举证责任则是指当事人若未有效举证，案件事实真伪不明时所可能遭受的不利后果。由于我国以往将举证责任等同于提供证据的责任，没有把握举证责任的真正内涵，因此会得出上述检察机关在民事抗诉中调取证据即是检察机关负有举证责任的结论。真正意义上的举证责任阐明的是当事人的举证有效与否与诉讼成败之间的关系，对当事人以外的所有民事诉讼法律关系主体则均不发生任何效果。

同时，检察机关在民事抗诉中只能是法律监督者的角色，履行的是审判监督职能，其参加诉讼的价值不仅限于对当事人纠纷的评断，最根本的目的在于对法院生效民事裁判的正确性和公正性进行监督。此时监督权外化为抗诉权，抗诉是监督的形式和手段，监督通过抗诉得以实现，二者是内容与形式的统一。所以，在抗诉中，检察机关与其他诉讼主体的地位是迥然不同的，其"诉讼主体资格的取得，是由其法律监督者的身份所决定的，因此既不像法院因

---

① 刘芹玉、陈朝阳、王喜福：《民事检察举证责任探析》，载《人民检察》1998 年第 2 期。

审判职能取得诉讼主体资格，也不像当事人因诉讼取得诉讼主体资格"。① 故其在抗诉中并不享有实体权利，与案件的实体争议截然分离，也不受法院裁判的制约，因而不能用任何有关举证责任的内容界定检察机关的调查取证权。

检察机关并调查取证的行为虽在客观上缩小了当事人举证的范围，但绝非对当事人举证责任的免除。即使检察机关已就某一问题进行了调查取证，也不排除要求当事人对此再予举证的可能；同时，若对有关证据检察机关进行了调查但未能收集到的，仍要由负有举证责任的当事人承担举证不能的不利后果。

抗诉权一旦由静态的范畴转为动态的实践，就必然要将其内容有机地、全方位地表现在各类具体权能上，"这些权能像抗诉权的许多触角一样，将抗诉效应渗透到民事审判之中，并为检察机关每一种抗诉行为提供依据，以求抗诉目的的内在统一"。② 因此，民事抗诉案件中检察机关调查取证权的本质在于，其是为保障检察机关民事抗诉权有效实施的一项具体权能。

三、现有民事抗诉中检察机关调查取证权相关规定

虽然现行《民事诉讼法》对民事抗诉中检察机关调查取证权之规定付之阙如，但 2001 年最高人民检察院颁布的《人民检察院民事行政抗诉案件办案规则》（以下简称《检察院抗诉规则》）却作了一定设置。其第 18 条规定："有下列情形之一的，人民检察院可以进行调查：（一）当事人及其诉讼代理人由于客观原因不能自行收集的主要证据，向人民法院提供了证据线索，人民法院应予调查未进行调查取证的；（二）当事人提供的证据互相矛盾，人民法院应予调查取证未进行调查取证的；（三）审判人员在审理该案时可能有贪污受贿、徇私舞弊或者枉法裁判等违法行为的；（四）

---

① 孙谦、刘立宪：《检察理论研究综述》（1989—1999），中国检察出版社 2000 年版，第 240 页。

② 王今生、朱兴有：《析我国行政诉讼中的抗诉权》，载《法律科学》1992 年第 3 期。

人民法院据以认定事实的主要证据可能是伪证的。"上述四种情形中，前两种是对法院应行使调查取证权而未行使时对案件裁判产生消极影响的补救；第三种是对审判人员的违法行为进行的调查；第四种则是对法院在认证过程中出现的严重错误采取的应对措施。

（一）当事人及其诉讼代理人由于客观原因不能自行收集的主要证据，向人民法院提供了证据线索，人民法院应予调查未进行调查取证

这种情形是对《民事诉讼法》第 64 条第 2 款人民法院调查收集证据的呼应。诉讼中原、被告均有可能因客观原因难以收集到相应的证据而导致可能承担不利的诉讼后果，此时由法院的查证行为予以补充可以更好地贯彻当事人诉讼权利平等原则，使得诉讼的结果更接近于事实的真相，从而更好地维护当事人的合法权益。《民事证据规定》第 17 条对"客观原因"作了进一步明确，即申请调查收集的证据属于国家有关部门保存并须人民法院依职权调取的档案材料；涉及国家秘密、商业秘密、个人隐私的材料及当事人及其诉讼代理人确因客观原因不能自行收集的其他材料。可见，此时法院的调查取证行为与其说是一种权力，更准确地说应是一种职责，其不履行直接导致的结果是当事人无法提供相应的证据。此时只有赋予检察机关进行调查取证的权力方可弥补当事人在举证上的缺陷，从而保障诉讼程序的实质平等。当然，此种情形下检察机关调查取证行为的启动应以当事人的申请为基础，当事人若不提出要求则可认为其已不需要相关证据，检察机关自不必费力劳神主动去调取。

（二）当事人提供的证据互相矛盾，人民法院应予调查取证未进行调查取证

该种情形是以 1998 年《最高人民法院关于民事经济审判方式改革问题的若干规定》（以下简称《审改规定》）对人民法院调查收集证据范围的界定为基础的。《审改规定》第 3 条第 3 项规定，当事人双方提出的影响查明案件主要事实的证据材料相互矛盾，经过庭审质证无法认定其效力的，人民法院应予调查收集。然对人民法院在此情况下的调查取证，学界早已提出了强烈的批评，认为此

种情况下由法院调查取证"直接有违举证责任原理"。① 在审理过程中，一旦出现当事人双方提出的影响查明案件主要事实的证据材料相互矛盾，经过庭审质证无法认定其效力的状况，即表明此时案件陷入了事实真伪不明的状态。此时人民法院所要做的乃是适用举证责任规则对案件作出裁判，由对该事实负举证责任的一方当事人承担事实真伪不明时败诉的后果，而不能由法院去主动调查收集证据。而最高人民法院在 2001 年作出的《民事证据规定》中对人民法院调查取证权的范围重新界定时也将此种情形排除在外。显然，人民检察院在此情形下调查取证权存在的前提已经丧失，"皮之不存，毛将焉附"，故人民检察院调查取证的范围也应作出相应的调整。《民事证据规定》第 15 条设定了两种法院可以依职权主动调查收集证据的情形："（一）涉及可能有损国家利益、社会公共利益或者他人合法权益的事实；（二）涉及依职权追加当事人、中止诉讼、终结诉讼、回避等与实体争议无关的程序事项。"这一规定已经与大陆法系先进法治国家和地区的相关立法非常接近，已与法院查证的原理较为契合。

除第 15 条规定的法院应依职权调查收集的证据范围外，依第 16 条的规定，法院对其他证据的调查收集只能以当事人的申请为条件，没有当事人申请，法院不得进行调查收集证据行为，且对当事人及其法定代理人可以申请法院调查收集证据的范围也作了限制。第 17 条规定："符合下列条件之一的，当事人及其诉讼代理人可以申请人民法院调查收集证据：（一）申请调查收集的证据属于国家有关部门保存并须人民法院依职权调取的档案材料；（二）涉及国家秘密、商业秘密、个人隐私的材料；（三）当事人及其诉讼代理人确因客观原因不能自行收集的其他材料。"除该条第（三）项兜底条款使得"客观原因"界定不明外，第（一）、（二）确实属于当事人客观上难易自行收集的证据，从攻防手段平衡的角度来说，确实有请求法院调查收集的必要。对于

---

① 赵钢、占善刚：《也论当事人举证与法院查证之关系》，载《法商研究》1998 年第 6 期。

当事人申请法院调取相关证据的方式，第 18 条规定："当事人及其诉讼代理人申请人民法院调查收集证据，应当提交书面申请。申请书应当载明被调查人的姓名或者单位名称、住所地等基本情况、所要调查收集的证据的内容、需要由人民法院调查收集证据的原因及其要证明的事实。"对于当事人申请法院调取相关证据的时间，第 19 条第 1 款规定："当事人及其诉讼代理人申请人民法院调查收集证据，不得迟于举证期限届满前七日。"而第 19 条第 2 款则规定了对人民法院对当事人及其诉讼代理人的申请不予准许的救济，即人民法院应当向当事人或其诉讼代理人送达通知书。当事人及其诉讼代理人可以在收到通知书的次日起三日内向受理申请的人民法院书面申请复议一次。人民法院应当在收到复议申请之日起五日内作出答复。

2015 年颁布的《民诉法解释》进一步丰富了法院调查收集证据的情形并细化了相关条件和要求。该解释第 94、95 条规定，《民事诉讼法》第 64 条第 2 款规定的当事人及其诉讼代理人因客观原因不能自行收集的证据包括：（1）证据由国家有关部门保存，当事人及其诉讼代理人无权查阅调取的；（2）涉及国家秘密、商业秘密或者个人隐私的；（3）当事人及其诉讼代理人因客观原因不能自行收集的其他证据。当事人及其诉讼代理人因客观原因不能自行收集的证据，可以在举证期限届满前书面申请人民法院调查收集。当事人申请调查收集的证据，与待证事实无关联、对证明待证事实无意义或者其他无调查收集必要的，人民法院不予准许。其第 96 条细化了法院可以依职权主动调查收集证据的情形：（1）涉及可能损害国家利益、社会公共利益的；（2）涉及身份关系的；（3）涉及民事诉讼法第五十五条规定诉讼的；（4）当事人有恶意串通损害他人合法权益可能的；（5）涉及依职权追加当事人、中止诉讼、终结诉讼、回避等程序性事项的。除此五种情形之外，人民法院调查收集证据，应当依照当事人的申请进行。至于法院调查收集证据的程序，该解释第 97 条要求，人民法院调查收集证据，应当由两人以上共同进行。调查材料要由调查人、被调查人、记录人签名、捺印或者盖章。

（三）审判人员在审理该案时可能有贪污受贿、徇私舞弊或者枉法裁判等违法行为

审判人员在审理案件时的贪污受贿、徇私舞弊及枉法裁判行为必然会影响案件的公正审理。一则为维护遭不公正裁判影响的当事人的合法权益，另则为对有贪污受贿，徇私舞弊及枉法裁判行为的审判人员予以制裁，检察机关在此种情形下自然可以行使抗诉权。但此时检察机关仅通过调阅案卷很难获悉相应的案情，而仅凭当事人的力量收集此类证据亦相当不易；同时，即使当事人可以获得一定证据也可能带有强烈的主观色彩，单以这种证据作为抗诉中指证审判人员贪污受贿，徇私舞弊及枉法裁判的依据，对审判机关和检察机关的权威均会造成消极的影响。因此，这种情况下，作为法定监督机构的检察机关被赋予调查取证权，既有获得证据的优势，同时相对于当事人来讲又可较好地保证证据的客观真实性。

（四）人民法院据以认定事实的主要证据可能是伪证

对于此种情形下赋予检察机关调查取证权，笔者认为有待商榷。现代诉讼中，法院据以认定事实的主要证据多是由当事人提供的，若检察机关通过调阅案卷发现相关主要证据可能是伪证的，则只能由因法院对伪证的认定而承担不利诉讼后果的当事人承担证明法院据以认定事实的主要证据是否为伪证的责任，这才符合举证责任负担的基本原理。若由检察机关调取相关证据，显有越俎代庖之嫌，同时也会增加检察机关的负担；而且还会对当事人诉讼权利平等原则产生实质性的冲击。只有当法院据以认定事实的主要证据是由法院本身调查取得而检察机关认为可能是伪证时，检察机关才能予以调取，此时与当事人及其诉讼代理人由于客观原因不能自行收集主要证据而人民法院应予调查未调取的客观效果是基本一致的。

综上所述，笔者认为，在民事抗诉案件中，检察机关在两种情形下可以进行调查取证：第一，对法院查证的缺失行为予以补救，目的是侧重于消除那些造成当事人客观上举证不能的原因，从而使其能够获得依法应该得到的证据，此情形下检察机关调查取证行为的启动应以当事人的申请为基础；第二，调取审判人员贪污受贿、徇私舞弊或枉法裁判行为的证据，目的是侧重于对审判人员相关违

法行为的追究，维护国家审判机关的权威。同时，对民事抗诉调查取证权应从法律层面上予以明确，一方面有利于更好地维护当事人的合法权益；另一方面也可避免审判权和检察抗诉权之间不必要的摩擦，从而更有效地发挥民事抗诉制度的作用，这在修改后的《民事诉讼法》所确定的引起抗诉的事由大幅增加的现状下更具实际意义。

参 考 文 献

一、著作

［1］李浩培，吴传颐，孙鸣岗译．拿破仑法典（法国民法典）
　　　［M］．北京：商务印书馆，1979．

［2］柴发邦．民事诉讼法教程［M］．北京：法律出版社，1983．

［3］陈荣宗．举证责任分配与民事程序法［M］．台北：三民书局
　　　有限公司，1984．

［4］陈世雄．民刑事诉讼法大意［M］．台北：五南图书出版公司，
　　　1986．

［5］骆永家．民事举证责任论［M］．台北：商务印书馆，1987．

［6］林仁栋．马克思主义法学的一般理论［M］．南京：南京大学
　　　出版社，1990．

［7］杨荣新．民事诉讼法教程［M］．北京：中国政法大学出版社，
　　　1991．

［8］李学灯．证据法比较研究［M］．台北：五南图书出版社，
　　　1992．

［9］何孝元．诚实信用原则与衡平法［M］．台北：三民书局股份
　　　有限公司，1992．

［10］吴明轩．中国民事诉讼法［M］．台北：三民书局，1993．

［11］应松年．中国行政诉讼法讲义［M］．北京：中国政法大学出
　　　版社，1994．

［12］王以真．外国刑事诉讼法学［M］．北京：北京大学出版社，
　　　1994．

［13］孙国华．法理学教程［M］．北京：中国人民大学出版社，1994．

［14］邱联恭．程序制度机能论［M］．台北：三民书局，1996．

［15］张文显．二十世纪西方法哲学思潮研究［M］．北京：法律出版社，1996．

［16］毕玉谦．民事证据法及其程序功能［M］．北京：法律出版社，1997．

［17］雷万来．民事证据法论［M］．台北：瑞兴图书股份有限公司，1997．

［18］邱联恭．司法之现代化与程序法［M］．台北：三民书局，1997．

［19］杨建华．海峡两岸民事程序法［M］．台北：月旦出版股份有限公司，1997．

［20］杨建华．问题研析民事诉讼法（四）［M］．台北：三民书局有限公司，1997．

［21］王景琦．欧美民事诉讼程序［M］．北京：法律出版社，1998．

［22］卞建林译．美国联邦刑事诉讼规则和证据规则［M］．北京：中国政法大学出版社，1998．

［23］白绿铉．美国民事诉讼法［M］．北京：经济日报出版社，1998．

［24］李金昌．生态价值论［M］．重庆：重庆大学出版社，1999．

［25］刘荣军．程序保障的理论视角［M］．北京：法律出版社，1999．

［26］宋冰．读本：美国与德国的司法制度及司法程序［M］．北京：中国政法大学出版社，1999．

［27］罗结珍译．法国新民事诉讼法［M］．北京：中国法制出版社，1999．

［28］骆永家．既判力之研究［M］．台北：三民书局，1999．

［29］赵震江，付子堂．现代法理学［M］．北京：北京大学出版社，1999．

［30］江伟．民事诉讼法学原理［M］．北京：中国人民大学出版社，1999.

［31］陈计男．民事诉讼法论（上）［M］．台北：三民书局，2000.

［32］卞建林．证据法学［M］．北京：中国政法大学出版社，2000.

［33］周永坤．法理学——全球视野［M］．北京：法律出版社，2000.

［34］姚瑞光．民事诉讼法论［M］．台北：大中国图书出版公司，2000.

［35］章武生．司法现代化与民事诉讼制度的构建［M］．北京：法律出版社，2000.

［36］蔡彦敏，洪浩．正当程序法律分析——当代美国民事诉讼制度研究［M］．北京：中国政法大学出版社，2000.

［37］陈刚．证明责任法研究［M］．北京：中国人民大学出版社，2000.

［38］白绿铉编译．日本新民事诉讼法［M］．北京：中国法制出版社，2000.

［39］周叔厚．证据法论［M］．台北：三民书局，2000.

［40］张文显．法哲学范畴研究（修订版）［M］．北京：中国政法大学出版社，2001.

［41］樊崇义．证据法学［M］．北京：法律出版社，2001.

［42］王泽鉴．民法总则（增订版）［M］．北京：中国政法大学出版社，2001.

［43］杨建华，郑杰夫．民事诉讼法要论［M］．台北：三民书局，2001.

［44］邱联恭．争点整理方法论［M］．台北：三民书局，2001.

［45］王亚新．社会变革中的民事诉讼［M］．北京：中国法制出版社，2001.

［46］徐国栋．民法基本原则解释［M］．北京：中国政法大学出版社，2001.

［47］卞建林．证据法学［M］．北京：中国政法大学出版社，2002.

［48］谢怀栻译．德意志联邦共和国民事诉讼法［M］．北京：中国法制出版社，2002.

［49］肖建华．民事诉讼当事人研究［M］．北京：中国政法大学出版社，2002.

［50］李交发．中国诉讼法史［M］．北京：中国检察出版社，2002.

［51］江伟，邵明，陈刚．民事诉权研究［M］．北京：法律出版社，2002.

［52］王亚新．对抗与判定——日本民事诉讼的基本结构［M］．北京：清华大学出版社，2002.

［53］李国光．最高人民法院《关于民事诉讼证据的若干规定》的理解与适用［M］．北京：中国法制出版社，2002.

［54］黄松有．民事诉讼证据司法解释的理解与适用［M］．北京：中国法制出版社，2002.

［55］王甲乙，杨建华，郑健才．民事诉讼法新论［M］．台北：三民书局，2002.

［56］宋世杰．证据学新论［M］．北京：中国检察出版社，2002.

［57］何家弘．外国证据法［M］．北京：法律出版社，2003.

［58］罗玉珍，高委．民事证明制度与理论［M］．北京：法律出版社，2003.

［59］吕太郎．民事诉讼之基本理论［M］．北京：中国政法大学出版社，2003.

［60］汤维建．美国民事诉讼规则［M］．北京：中国检察出版社，2003.

［61］李浩．民事证明责任研究［M］．北京：法律出版社，2003.

［62］姜世明．新民事证据法论［M］．台北：学林文化出版事业有限公司，2003.

［63］姚瑞光．民事诉讼法论［M］．台北：大中国图书出版公司，2004.

［64］吴明轩．中国民事诉讼法（修订六版）［M］．台北：三民书局，2004.

［65］陈一云．证据法学［M］．北京：法律出版社，2004.

［66］何家弘，刘品新．证据法学［M］．北京：法律出版社，2004.

［67］樊崇义．证据法学（第三版）［M］．北京：法律出版社，2004.

［68］最高人民检察院法律政策研究室编译．支撑 21 世纪日本的司法制度——日本司法制度改革审议会意见书［M］．北京：中国检察出版社，2004.

［69］江伟．中国民事诉讼法专论［M］．北京：中国人民大学出版社，2005.

［70］何家弘．证据调查（第二版）［M］．北京：中国人民大学出版社，2005.

［71］张永泉．民事诉讼证据原理研究［M］．厦门：厦门大学出版社，2005.

［72］肖建华．民事证据法理念与实践［M］．北京：法律出版社，2005.

［73］叶自强．举证责任及其分配标准［M］．北京：法律出版社，2005.

［74］冷罗生．日本公害诉讼理论与案例评析［M］．北京：商务印书馆，2005.

［75］郭卫原，施霖．民事诉讼法释义（二十世纪中华法学文丛）［M］．北京：中国政法大学出版社，2005.

［76］邵勋，邵锋．中国民事诉讼法论（华东政法学院珍藏民国法律名著丛书）［M］．北京：中国方正出版社，2005.

［77］陈聪富．侵权归责原则与损害赔偿［M］．北京：北京大学出版社，2005.

［78］石志泉．民事诉讼条例释义（华东政法学院珍藏民国法律名著第二辑）［M］．北京：中国政法大学出版社，2006.

［79］张新宝．侵权责任法［M］．北京：中国人民大学出版社，2006.

［80］齐树洁．美国司法制度［M］．厦门：厦门大学出版社，

2006.

［81］梁书文．关于民事诉讼证据的若干规定新释解［M］．北京：人民法院出版社，2006.

［82］江伟．民事诉讼法（第三版）［M］．北京：高等教育出版社，2007.

［83］毕玉谦．民事证明责任研究［M］．北京：法律出版社，2007.

［84］李木贵．民事诉讼法［M］．台北：元照出版有限公司，2007.

［85］熊志海．英国成文证据法［M］．北京：中国法制出版社，2007.

［86］奚晓明．最高人民法院关于民事案件诉讼时效司法解释理解与适用［M］．北京：人民法院出版社，2008.

［87］黄国．民事诉讼理论之新开展［M］．北京：北京大学出版社，2008.

［88］沈冠伶．诉讼权保障与裁判外纷争处理［M］．北京：北京大学出版社，2008.

［89］占善刚，刘显鹏．证据法论［M］．武汉：武汉大学出版社，2009.

［90］陈荣宗，林庆苗．民事诉讼法（修订五版）［M］．台北：三民书局股份有限公司，2009.

［91］齐树洁．民事审前程序［M］．厦门：厦门大学出版社，2009.

［92］王雄飞．检察官证明责任研究［M］．北京：中国人民公安大学出版社，2009.

［93］赵钢，占善刚，刘学在．民事诉讼法（第二版）［M］．武汉：武汉大学出版社，2010.

［94］陈瑞华．比较刑事诉讼法［M］．北京：中国人民大学出版社，2010.

［95］邵建东．德国司法制度［M］．厦门：厦门大学出版社，2010.

［96］张文显．法理学（第四版）［M］．北京：高等教育出版社、北京大学出版社，2011.

［97］季桥龙．民事举证责任概念研究［M］．北京：中国政法大学出版社，2011.

［98］叶自强．举证责任［M］．北京：法律出版社，2011.

［99］王胜明．中华人民共和国民事诉讼法释义（最新修正版）［M］．北京：法律出版社，2012.

［100］齐树洁．民事诉讼法［M］．厦门：厦门大学出版社，2012.

［101］张海燕．美国联邦民事诉答程序制度研究［M］．北京：中国政法大学出版社，2012.

［102］王进喜．美国联邦证据规则（2011年重塑版）条解［M］．北京：中国法制出版社，2012.

［103］廖永安等译．马萨诸塞州证据规则指南［M］．湘潭：湘潭大学出版社，2012.

［104］王圣扬．诉讼证明责任与证明标准研究［M］．北京：中国人民公安大学出版社，2012.

［105］肖建国，包建华．证明责任——事实判断的辅助方法［M］．北京大学出版社，2012.

［106］陈聪富．侵权违法性与损害赔偿［M］．北京：北京大学出版社，2012.

［107］江伟，肖建国．民事诉讼法［M］．北京：中国人民大学出版社，2013.

［108］张卫平．民事诉讼法［M］．北京：法律出版社，2013.

［109］杨建华，郑杰夫．民事诉讼法要论［M］．北京：北京大学出版社，2013.

［110］许士宦．新民事诉讼法［M］．北京：北京大学出版社，2013.

［111］王进喜译．澳大利亚联邦证据法［M］．北京：中国法制出版社，2013.

［112］占善刚，刘显鹏．证据法论（第二版）［M］．武汉：武汉大学出版社，2013.

[113] 段文波. 要件事实理论视角下民事案件证明责任分配实证分析 [M]. 厦门：厦门大学出版社，2014.

[114] 沈德咏. 最高人民法院民事诉讼法司法解释理解与适用 [M]. 北京：人民法院出版社，2015.

[115] 占善刚，刘显鹏. 证据法论（第三版）[M]. 武汉：武汉大学出版社，2015.

[116] 胡学军. 具体举证责任论 [M]. 北京：法律出版社，2015.

[117] 赵万一，郑佳宁.《月旦法学》民事法判例研究汇编 [M]. 北京：北京大学出版社，2016.

[118] 姜世明. 举证责任与证明度 [M]. 厦门：厦门大学出版社，2017.

[119] 亚里士多德. 政治学 [M]. 吴寿彭译. 北京：商务印书馆，1981.

[120] 托马斯·阿奎那. 阿奎那政治著作选 [M]. 马清槐译. 北京：商务印书馆，1982.

[121] 柏拉图. 理想国 [M]. 郭斌和，张竹明译. 北京：商务印书馆，1986.

[122] ［美］Edmund M. Morgan. 证据法之基本问题 [M]. 李学灯译. 台北：世界书局，1982.

[123] ［美］罗斯科·庞德. 通过法律和社会控制、法律的任务 [M]. 沈宗灵，董世忠译. 北京：商务印书馆，1984.

[124] ［美］E. 博登海默. 法理学——法哲学及其方法 [M]. 邓正来，姬敬武译. 北京：华夏出版社，1987.

[125] ［美］约翰·罗尔斯. 正义论 [M]. 何怀宏，何包钢，廖申白译. 北京：中国社会科学出版社，1988.

[126] ［美］罗伯特·考特，托马斯·尤伦. 法和经济学 [M]. 张军等译. 上海：上海三联书店，1994.

[127] ［美］彼得·哈伊. 美国法律概论（第二版）[M]. 沈宗灵译. 北京：北京大学出版社，1997.

[128] ［美］理查德·A. 波斯纳. 法律的经济分析（上）[M]. 蒋兆康译. 北京：中国大百科全书出版社，1997.

［129］［美］杰弗里·C.哈泽德，米歇尔·塔鲁伊．美国民事诉讼法导论［M］．张茂译．北京：中国政法大学出版社，1998.

［130］［美］史蒂文·苏本，玛格瑞特·伍．美国民事诉讼的真谛：从历史、文化、实务的视角［M］．蔡彦敏，徐卉译．北京：法律出版社，2002.

［131］［美］杰克·H.弗兰德泰尔，玛丽·凯·凯恩，阿瑟·R.米勒．民事诉讼法（第三版）［M］．夏登峻，黄娟，唐前宏，王衡译．北京：中国政法大学出版社，2003.

［132］［美］梅利曼．大陆法系［M］．顾培东，禄正平译．北京：法律出版社，2004.

［133］［美］麦考密克．麦考密克论证据（第五版）［M］．汤维建等译．北京：中国政法大学出版社，2004.

［134］［美］戈尔德堡．纠纷解决——谈判、调解和其他机制［M］．蔡彦敏等译，北京：中国政法大学出版社，2004.

［135］［美］苏本等．民事诉讼法：原理、实务与运作环境［M］．傅郁林等译．北京：中国政法大学出版社，2004.

［136］［美］罗纳德·J.艾伦，理查德·B·库恩斯，埃莉诺·斯威夫特．证据法（文本、问题和案例）》（第3版）［M］．张保生，王进喜，赵滢译．北京：高等教育出版社，2006.

［137］［美］柯芬．美国上诉程序——法庭、代理、裁判［M］．傅郁林译．北京：中国政法大学出版社，2009.

［138］［美］安德森等．证据分析（第二版）［M］．张保生等译．北京：中国人民大学出版社，2012.

［139］［美］乔纳凯特．美国陪审团制度［M］．屈文生译．北京：法律出版社，2013.

［140］［美］弗里尔．美国民事诉讼法（第2版）［M］．张利民等译．北京：商务印书馆，2013.

［141］［美］罗纳德·J.艾伦．艾伦教授论证据法［M］．张保生，王进喜，汪诸豪译．北京：中国人民大学出版社，2014.

［142］［美］吉恩·马基雅弗利·艾根．毒物侵权法精要（第4

版）［M］. 李冰强译. 天津：南开大学出版社，2016.

［143］［美］Bryan A. Garnar. Black's Law Dictionary（8th Edition）
［M］. West. Thomson Business，2004.

［144］［英］霍布斯. 利维坦［M］. 黎思复，黎延弼译. 北京：商务印书馆，1985.

［145］［英］戴维·M. 沃克. 牛津法律大辞典［M］. 邓正来等译. 北京：光明日报出版社，1988.

［146］［英］艾伦. 英国证据法实务指南（第四版）［M］. 王进喜译. 北京：中国法制出版社，2012.

［147］［英］H. Dennis. The Law of Evidence［M］. Lodon：Sweet & Maxwell，1999.

［148］［英］Ian Grainger & Michael Fealy. An Introduction to the New Civil Procedure Rules［M］. Lodon：Cavendish Publishing Limited，1999.

［149］［英］John O'Hare & Kevin Browne. Civil Litigation（Ninth Edition）［M］. Lodon：Sweet & Maxwell，2000.

［150］［法］卢梭. 社会契约论［M］. 何兆武译. 北京：商务印书馆，1980.

［151］［德］汉斯·普维庭. 现代证明责任问题［M］. 吴越译. 北京：法律出版社，2000.

［152］［德］狄特·克罗林庚. 德国民事诉讼法律与实务［M］. 刘汉富译. 北京：法律出版社，2000.

［153］［德］罗森贝克. 证明责任论：以德国民法典和民事诉讼法典为基础撰写（第四版）［M］. 庄敬华译. 北京：中国法制出版社，2002.

［154］［德］K. 茨威格特，H. 克茨. 比较法总论［M］. 潘汉典，米健，高鸿钧，贺卫方译. 北京：法律出版社，2003.

［155］［德］奥特马·尧厄尼希. 民事诉讼法（第 27 版）［M］. 周翠译. 北京：法律出版社，2003.

［156］［德］克劳思·罗科信. 刑事诉讼法学（第 24 版）［M］. 吴丽琪译. 北京：法律出版社，2003.

[157] ［德］汉斯·约阿希姆·穆泽拉克. 德国民事诉讼法基础教程 ［M］. 周翠译. 北京：中国政法大学出版社，2005.

[158] ［德］马克西米利安·福克斯. 侵权行为法 ［M］. 齐晓琨译. 北京：法律出版社，2006.

[159] ［德］拉德布鲁赫. 法律哲学概论 ［M］. 徐苏中译. 北京：中国政法大学出版社，2007.

[160] ［德］罗森贝克，施瓦布，戈特瓦尔德. 德国民事诉讼法 ［M］. 李大雪译. 北京：中国法制出版社，2007.

[161] ［法］特鲁仕. 法国司法制度 ［M］. 丁伟译. 北京：北京大学出版社，2012.

[162] ［法］格拉松. 法国民事诉讼程序的起源 ［M］. 巢志雄译. 北京：北京大学出版社，2013.

[163] ［意］莫诺·卡佩莱蒂等. 当事人基本程序保障权与未来的民事诉讼 ［M］. 徐昕译. 北京：法律出版社，2000.

[164] ［奥］凯尔森. 法与国家的一般理论 ［M］. 沈宗灵译. 北京：中国大百科全书出版社，1996.

[165] ［日］雉本朗造. 民事诉讼法の诸问题 ［M］. 东京：有斐阁，1955.

[166] ［日］兼子一. 民事诉讼法 ［M］. 东京：弘文堂，1972.

[167] ［日］小岛武司. 要论民事诉讼法 ［M］. 东京：中央大学出版部，1977.

[168] ［日］小山昇. 民事诉讼法 ［M］. 东京：青林书院，1979.

[169] ［日］吉村德重，竹下守夫，谷口安平. 讲义民事诉讼法 ［M］. 东京：青林书院，1982.

[170] ［日］斋藤秀夫. 注解民事诉讼法（1）［M］. 东京：第一法规出版株式会社，1982.

[171] ［日］斋藤秀夫. 注解民事诉讼法（4）［M］. 东京：第一法规出版株式会社，1983.

[172] ［日］新堂幸司，铃木正裕，竹下守夫. 注释民事诉讼法（3）［M］. 东京：有斐阁，1993.

[173] ［日］新堂幸司，铃木正裕，竹下守夫. 注释民事诉讼法

（6）［M］. 东京：有斐阁，1995.

［174］ ［日］兼子一，竹下守夫. 民事诉讼法 ［M］. 白绿铉译. 北京：法律出版社，1995.

［175］ ［日］谷口安平. 程序的正义与诉讼 ［M］. 王亚新，刘荣军译. 北京：中国政法大学出版社，1996.

［176］ ［日］小岛武司. 诉讼制度改革的法理与实证 ［M］. 陈刚，郭美松译. 北京：法律出版社，2001.

［177］ ［日］中村英郎. 新民事诉讼法讲义 ［M］. 陈刚，林剑锋，郭美松译. 北京：法律出版社，2001.

［178］ ［日］藤原弘道. 民事裁判与证明 ［M］. 东京：有信堂，2001.

［179］ ［日］谷口安平. 程序的正义与诉讼（增补本）［M］. 王亚新，刘荣军译. 北京：中国政法大学出版社，2002.

［180］ ［日］萩原金美. 诉讼中主张证明的法理 ［M］. 东京：信山社，2002.

［181］ ［日］梅本吉彦. 民事诉讼法 ［M］. 东京：信山社，2002.

［182］ ［日］小林秀之. 新证据法（第2版）［M］. 东京：弘文堂，2003.

［183］ ［日］小室直人等. 新民事诉讼法（Ⅱ）［M］. 东京：日本评论社，2003.

［184］ ［日］高桥宏志. 民事诉讼法——制度与理论的深层分析 ［M］. 林剑锋译. 北京：法律出版社，2003.

［185］ ［日］中野贞一郎，松浦馨，铃木正裕. 新民事诉讼法讲义（第2版）［M］. 东京：有斐阁，2004.

［186］ ［日］高桥宏志. 重点讲义民事诉讼法（下）［M］. 东京：有斐阁，2004.

［187］ ［日］伊藤真. 民事诉讼法（第3版）［M］. 东京：有斐阁，2004.

［188］ ［日］门口正人编集代表. 民事证据法大系（第2卷）［M］. 东京：青林书院，2004.

［189］ ［日］上田徹一郎. 民事诉讼法（第4版）［M］. 东京：法

学书院，2004.

[190] ［日］松岗义正. 民事证据论 ［M］. 张知本译. 北京：中国政法大学出版社，2004.

[191] ［日］新堂幸司. 新民事诉讼法（第 3 版补正版）［M］. 东京：弘文堂，2005.

[192] ［日］松本博之，上野泰男. 民事诉讼法（第 4 版）［M］. 东京：弘文堂，2005.

[193] ［日］高桥宏志. 重点讲义民事诉讼法 ［M］. 张卫平，许可译. 北京：法律出版社，2007.

[194] ［日］新堂幸司. 新民事诉讼法 ［M］. 林剑锋译. 北京：法律出版社，2008.

[195] ［日］伊藤滋夫. 要件事实讲义 ［M］. 东京：商事法务株式会社，2008.

[196] ［日］田山辉明. 日本侵权行为法 ［M］. 顾祝轩，丁相顺译. 北京：北京大学出版社，2011.

[197] ［日］中西又三等. 21 世纪日本法的展望 ［M］. 江利红译. 中国政法大学出版社，2012.

[198] ［日］田中成明. 现在社会与审判：民事诉讼的地位和作用 ［M］. 郝振江译. 北京大学出版社，2016.

二、论文

[1] 石志泉. 诚实信用原则在诉讼法上之适用 ［A］. 杨建华. 民事诉讼法论文选辑（上）［C］. 台北：五南图书出版公司，1984.

[2] 蔡章麟. 民事诉讼法上的诚实信用原则 ［A］. 杨建华. 民事诉讼法论文选辑（上）［C］. 台北：五南图书出版公司，1984.

[3] 田平安. 论民事诉讼中的证明责任载 ［J］. 政治与法律，1985（6）.

[4] 邱联恭. 民事诉讼审理方式之检讨 ［M］//民事诉讼法研究基金会. 民事诉讼法之研讨（一）. 台北：三民书局有限公

司，1986.

[5] 任建新. 充分发挥国家审判机关的智能作用，更好地为"一个中心、两个基本点"服务［R］. 北京：第十四次全国法院工作会议，1988.

[6] 杨建华. 准备程序失权之效果［M］//杨建华. 问题研习民事诉讼法（三）. 台北：三民书局，1988.

[7] 段春生. 对民事诉讼举证责任的探讨［J］. 法学，1989（11）.

[8] 王甲乙等. 自由顺序主义之检讨［M］//民事诉讼法研究基金会. 民事诉讼法之研讨（一）. 台北：三民书局有限公司，1990.

[9] 曹鸿兰. 不必要证据之处理程序问题［M］//民事诉讼法研究基金会. 民事诉讼法之研讨（一）. 台北：三民书局有限公司，1990.

[10] 姜亚行. 民事诉讼举证责任理论研究综述［J］. 政治与法律，1990（5）.

[11] 魏江涛. 民事诉讼举证责任分配原则［J］. 现代法学，1990（4）.

[12] 王锡三. 试论举证责任的转换［J］. 现代法学，1990（4）.

[13] 李祥琴. 论民事诉讼中的举证责任［J］. 法学研究，1990（4）.

[14] 韩海东. 亦谈举证责任［J］. 当代法学，1990（2）.

[15] 隆崇东. 浅谈举证责任与证明责任［J］. 政法学刊，1991（4）.

[16] 单云涛. 举证责任的免除、举证命题的变更与举证责任的不可转移性［J］. 法学研究，1991（5）.

[17] 江伟. 民事诉讼举证责任若干问题的思考［J］. 政法论坛，1991（2）.

[18] 许康定，康均心. 论证明责任［J］. 法学评论，1991（4）.

[19] 李浩. 英国证据法中的证明责任［J］. 比较法研究，1992（4）.

[20] 秦拓. 也谈举证责任倒置［J］. 政治与法律，1992（6）.

［21］孔德然．简评民事诉讼中的"举证责任倒置"原则［J］．政治与法律，1992（1）．

［22］汤维建．论民事举证责任的法律性质［J］．法学研究，1992（3）．

［23］朱云．浅谈举证责任与证明责任异同问题［J］．法学杂志，1992．

［24］邓代红，王映辉．民事诉讼举证责任倒置的若干问题［J］．法学评论，1993（6）．

［25］杨秀清，安永茂．举证责任的分担及转换［J］．河北法学，1993（5）．

［26］柴发邦，李浩．两种含义举证责任之比较［J］．中国法学，1993（4）．

［27］卢风．西方社会科学方法论中的个人主义与整体主义之争［J］．哲学动态，1993（8）．

［28］汤维建．英美法上的证明责任概念［J］．环球法律评论，1993（2）．

［29］刘海东，徐伟群，尤海东．举证责任和证明责任［J］．法学，1993（3）．

［30］骆永家．阐明权［Z］．民事诉讼法研究基金会．民事诉讼法之研讨（四）［Z］．台北：三民书局有限公司，1993．

［31］马原．改进民事审判方式，正确执行民事诉讼法［Z］．在全国民事审判工作座谈会上的讲话，1994．

［32］梁慧星．诚实信用原则与漏洞补充［J］．法学研究，1994（2）．

［33］刘茂林．也谈宪法学体系的重构——评社会权利分析理论之争［J］．法学研究，1995（5）．

［34］孙笑侠．公、私法责任分析——论功利性补偿与道义性惩罚［J］．法学研究，1994（6）．

［35］李浩．民事举证责任分配的法哲学思考［J］．政法论坛，1996（1）．

［36］赵钢，占善刚．诉讼成本控制论［J］．法学评论，1997（1）．

［37］陈刚．证明责任概念辨析［J］．现代法学，1997（2）．

［38］赵钢，占善刚．论社会主义市场经济条件下我国公民应有的诉讼观念［J］．中国法学，1998（1）．

［39］陈石狮．事证开示（discovery）与发现真实［M］//民事诉讼法研究基金会．民事诉讼法之研讨（五）．台北：三民书局有限公司，1996．

［40］赵钢，占善刚．诉讼成本控制论［J］．法学评论，1997（1）．

［41］赵钢，刘海峰．试论证据法上的推定［J］．法律科学，1998（1）．

［42］赵钢．对被告应诉行为的定性分析［J］．法学评论，1999（6）．

［43］张卫平．论民事诉讼中失权的正义性［J］．法学研究，1999（6）．

［44］王福华．民事诉讼诚实信用原则论［J］．法商研究，1999（4）．

［45］许士宦．文书之开示与密匿［J］．台大法学论丛，1999（4）．

［46］李浩．证明责任：民事诉讼的脊椎［J］．中国律师，1999（12）．

［47］李益民，黄道诚．举证责任的分配与转移［J］．河北法学，1999（5）．

［48］毕玉谦．举证责任分配体系之构建［J］．法学研究，1999（2）．

［49］陈刚．证明责任问题散论［J］．法商研究，1999（5）．

［50］何家弘．司法证明方式和证据规则的历史沿革——对西方证据法的再认识［J］．外国法译评，1999（4）．

［51］王利明．惩罚性赔偿研究［J］．中国社会科学，2000（4）．

［52］陈刚．证明责任法与"当面点清"原则评析［J］．法学，2000（1）．

［53］赵钢．略论我国民事诉讼证据规则之应然体系［J］．法学家，2000（5）．

［54］邱联恭．争点整理方法论序（下）——概述其与民事诉讼法

有关促进审理集中化修正条文之关联 [J]. 月旦法学杂志，2000 (5).

[55] 沈冠伶. 论民事诉讼程序中当事人之不知陈述 [J]. 政大法学评论，2000 (3).

[56] 沈冠伶. 论民事诉讼法修正条文中法官之阐明义务与当事人之事案解明义务 [J]. 万国法律，2000 (6).

[57] 陈刚. 证明责任理论中若干误区之反思 [J]. 中央政法管理干部学院学报，2000 (2).

[58] 章武生，张其山. 论证明责任分配规则 [J]. 河南省政法管理干部学院学报，2000 (6).

[59] 聂明根. 民事诉讼法上诚实信用原则研究 [M] //陈光中，江伟. 诉讼法论丛（第4卷）. 北京：法律出版社，2000.

[60] 彭海青. 对民事诉讼适用诚信原侧的质疑 [J]. 东方论坛，2000 (4).

[61] 张卫平. 证明责任概念解析 [J]. 郑州大学学报，2000 (6).

[62] 齐树洁，冷根源. 英国《1998年民事诉讼规则》述评 [J]. 法学家，2000 (2).

[63] 骆永家. 证明妨碍 [J]. 月旦法学杂志，2001 (2).

[64] 张家慧. 当事人诉讼行为与诚实信用原则 [M] //陈光中，江伟. 诉讼法论丛（第6卷）. 北京：法律出版社，2001.

[65] 黄娟. 对在我国民事诉讼法中确立诚实信用原则的冷思考 [J]. 法商研究，2001 (6).

[66] 叶自强. 举证责任的确定性 [J]. 法学研究，2001 (3).

[67] 叶自强. 英美证明责任分层理论与我国证明责任概念 [J]. 环球法律评论，2001 (3).

[68] 张卫平. 证明责任倒置辨析 [J]. 人民司法，2001 (8).

[69] 陈刚. 抗辩与否认在证明责任法学领域中的意义 [J]. 政法论坛，2001 (3).

[70] [韩] 李时润，金玄卿. 论民事诉讼中的举证妨害行为 [M] //何家弘. 证据学论坛（第三卷）. 中国检察出版社，2001.

［71］赵钢，刘学在．实务性诠释与学理性批判——〈最高人民法院关于民事诉讼证据的若干规定〉初步研习之心得［M］//珞珈法学论坛，2002.

［72］齐树洁．德国民事司法改革及其借鉴意义［N］．人民法院报，2002-6-4（3）.

［73］徐昕．英国民事诉讼中的审前程序［M］//陈刚．比较民事诉讼法．北京：中国人民大学出版社，2002.

［74］姜世明．论民事程序之武器平等原则［J］．辅仁法学，2002（3）.

［75］熊跃敏．日本民事诉讼的文书提出命令制度及其对我国的启示［M］//陈光中，江伟．诉讼法论丛．北京：法律出版社，2002.

［76］叶峰，叶自强．推定对举证责任分担的影响［J］．法学研究，2002（3）.

［77］肖建国．论民事举证责任分配的价值蕴涵［J］．法律科学，2002（3）.

［78］单国军．民事举证责任倒置研究——兼谈民事举证责任的"正置"［J］．法律适用，2002（2）.

［79］姜世明．民事诉讼法失权规定之基本要件及其举证责任［M］//姜世明．新民事证据法论．台北：学林出版社，2002.

［80］姜炳俊．2002年德国民事诉讼法改革（上诉制度）［J］．月旦法学教室，2002（1）.

［81］赵钢．民事诉讼证据制度的新发展——兼述举证时限与证据交换制度［J］．河南大学学报，2003（1）.

［82］许士宦．逾时提出攻击防御方法之失权［M］//许士宦．程序保障与阐明义务．台北：学林出版社，2003.

［83］许士宦．第二审新攻击防御方法之提出［M］//许士宦．程序保障与阐明义务．台北：学林出版社，2003.

［84］许士宦．诉之变更、追加与阐明［J］．台大法学论丛，2003（3）.

［85］ 许士宦. 逾时提出之驳回与责问权之行使 ［J］. 月旦法学教室, 2003（3）.

［86］ 姜世明. 迟延提出攻击防御方法之失权 ［M］//姜世明. 民事程序法之发展与宪法原则. 台北：元照出版有限公司, 2003.

［87］ 姜世明. 民事诉讼法新修正——上诉审及其他程序部分 ［J］. 月旦法学教室, 2003（5）.

［88］ 黄国昌. 比较民事诉讼法下的当事人图像——由审理基本原则、证据收集权及证明度切入 ［J］. 政大法学评论, 2003（6）.

［89］ 魏大喨. 第二审新攻击防御方法提出之禁止与缓和——从德、日新法检讨我国新制 ［J］. 月旦法学杂志, 2003（5）.

［90］ 戴森雄. 民事诉讼有关建构金字塔型诉讼制度重要条文之修正及其评述 ［J］. 台北本土法学杂志, 2003（10）.

［91］ 王丹锋. 证明责任分配的价值取向 ［J］. 当代法学, 2003（9）.

［92］ 霍海红. 证明责任：一个"功能"的分析 ［J］. 华东政法学院学报, 2003（5）.

［93］ 翁晓斌. 论我国民事诉讼证明责任分配的一般原则 ［J］. 现代法学, 2003（4）.

［94］ 李浩. 证明责任与不适用规范说——罗森贝克的学说及其意义 ［J］. 现代法学, 2003（4）.

［95］ 李浩. 举证责任倒置：学理分析与问题研究 ［J］. 法商研究, 2003（4）.

［96］ 黄永, 蒋丽华. 论证明责任在程序上的顺序性 ［J］. 法制与社会发展, 2003（4）.

［97］ 包冰锋. 证明责任之经济分析 ［J］. 西南政法大学学报, 2003（4）.

［98］ 周国均. 证明责任与举证责任及其适用 ［J］. 山西大学学报, 2003（3）.

［99］ 周团结, 张建军. 论民事诉讼举证责任分配与民事责任归责

制度的衔接 [J]. 当代法学，2003（2）.

[100] 赵钢，华桦. 民事诉讼中当事人商定举证期限与法院指定举证期限之应然关系 [J]. 法学论坛，2004（6）.

[101] 最高人民法院诉讼调解规范化研究课题组. 关于人民法院调解工作的调研报告 [M] // 杨润时. 最高人民法院民事调解工作司法解释的理解与适用. 北京：人民法院出版社，2004.

[102] 李秀芬. 民事诉讼中证明的种类及证明责任的分配 [J]. 山东大学学报，2004（4）.

[103] 翁晓斌，王宓. 论我国民事诉讼中根据证明责任规范判决的前提 [J]. 法律适用，2004（11）.

[104] 管斌，王全兴. 社会法在中国的界定与意义 [M] // 经济法论丛（第二卷），2005.

[105] 赵钢，王杏飞. 我国法院调解制度的新发展——对《关于人民法院民事调解工作若干问题的规定》的初步解读 [J]. 法学评论，2005（6）.

[106] 赵钢. 论法官对诉讼请求变更事项的告知义务——以《关于民事诉讼证据的若干规定》第 35 条为分析基础 [J]. 法商研究，2005（6）.

[107] 蔡虹. 释明权：基础透视与制度构建 [J]. 法学评论，2005（1）.

[108] 侯利阳. 举证责任分配理论之重构 [J]. 北京理工大学学报，2005（1）.

[109] 张弢，王小林. 论我国证明责任理论与制度之重构——评英美证明责任理论和制度的借鉴价值 [J]. 现代法学，2005（2）.

[110] 王永明. 论两大法系证明责任理论的差异 [J]. 求索，2005（3）.

[111] 卢申玲. 对民事诉讼证明责任分配的实证分析 [J]. 政治与法律，2005（1）.

[112] 张永泉. 递进主张事实的证明责任分配——从个案分析入

手［J］. 法律适用，2005（8）.

[113] 肖建华；王德新. 证明责任判决的裁判方法论意义——兼评传统证明责任观之谬误［J］. 北京科技大学学报，2005（2）.

[114] 霍海红. 证明责任：一个功能的视角［J］. 北大法律评论，2005（1）.

[115] 许士宦. 民事诉讼上之适时审判请求权［J］. 台大法学论丛，2005（5）.

[116] 沈冠伶. 诉讼权保障与民事诉讼［J］. 台大法学论丛，2005（5）.

[117] 吴从周. 论迟误准备程序之失权［J］. 东吴法律学报，2005（3）.

[118] 吴从周. 阐明时效抗辩与法官回避——浏览与备忘2004年以来德国学说与实务见解的最新发展［J］. 台北本土法学杂志，2005（10）.

[119] 王亚新. 我国民事诉讼不宜引进"答辩失权［N］. 人民法院报，2005-4-6（B1）.

[120] 王亚新. 再论"答辩失权"与"不应诉判决"［N］. 人民法院报，2005-5-11（B1）.

[121] 裴苍龄. 再论推定［J］. 法学研究，2005（3）.

[122] 唐力. 有序与效率：日本民事诉讼"计划审理制度"介评［J］. 法学评论，2005（5）.

[123] 阎朝秀. 司法认知：证明责任的新视角［J］. 河北法学，2006（12）.

[124] 段文波. 民事要件事实与民事证明责任分配［J］. 学海，2006（5）.

[125] 宋世杰. 论举证责任及其科学概念的表述［J］. 河北法学，2006（10）.

[126] 罗筱琦. 证明责任分配与要件事实理论——兼议我国传统民法规范的转换［J］. 河北法学，2006（9）.

[127] 张丽. 试论民事诉讼中的证明责任［J］. 政治与法律，

2006（4）.

[128] 赵大伟．证明责任与其功能［J］．江西社会科学，2006（6）．

[129] 胡学军．证明责任虚无主义及其弊害分析——对我国司法实践中证明责任运用情况的实证考察［J］．前沿，2006（5）．

[130] 邱联恭．民事诉讼法修正后之审判实务［M］//法学丛刊杂志社．跨世纪法学新思维：法学丛刊创刊五十周年．台北：法学丛刊杂志社，2006.

[131] 肖建华．回归真实：民事诉讼法的真谛——对〈关于民事诉讼证据的若干规定〉的批判［J］．河南省政法管理干部学院学报，2006（1）．

[132] 姜世明．摸索证明例外性容许之考量因素［J］．月旦法学教室，2006（9）．

[133] 吴从周．"集中审理原则"实施满五周年再考——着重于回顾其在德国民事诉讼法史上之起源与在台湾之双重继受［M］//杨日然教授纪念文集编辑委员会．《杨日然教授纪念文集》．台北：元照出版有限公司，2006.

[134] 吴从周．第二审失权与补充第一审之攻击防御方法［J］．台北本土法学杂志，2006（8）．

[135] 齐树洁．诉权保障与当事人适格之扩张［J］．西南民族大学学报，2006（12）．

[136] 纪敏．全面理解和正确适用证据失权［N］．人民法院报，2006-12-25（5）．

[137] 苏泽林．在党的十六届六中全会精神指引下开创人民法院立案审判工作新局面——在全国法院立案审判实务座谈会上的讲话．苏泽林．《立案工作指导（2006年第2辑）》［Z］．北京：人民法院出版社，2007.

[138] 姜世明．争点简化协议之效力——着重于其与诉之变更追加等制度之体系冲突［J］．台北本土法学杂志，2007（5）．

[139] 宋朝武．证明责任倒置新论［J］．证据科学，2007（1）．

[140] 毕玉谦．试论表见证明的基本属性与应用功能之界定［J］．证据科学，2007（1）．

[141] 徐卫．论诉讼信托［J］．河北法学，2007（1）．

[142] 孙义刚，段文波．民事诉讼中证明责任论争及启示［J］．政治与法律，2007（6）．

[143] 罗飞云．文书提出义务与我国书证立法的完善［J］．江西社会科学，2007（10）．

[144] 刘磊．重构民事诉讼证明责任——对"法律要件分类说"的反思性检讨［J］．江苏行政学院学报，2007（6）．

[145] 李玲，蒋银华．在理性有限与法治价值之间——以民事举证责任制度设立之法理念为视角的实证分析［J］．中国地质大学学报，2007（1）．

[146] 裴苍龄，魏虹．举证责任不能倒置［J］．政治与法律，2007（1）．

[147] 宋艳菊．证明责任分配的特殊规则［J］．河南省政法管理干部学院学报，2007（6）．

[148] 叶名怡．过错及因果关系推定与证明责任倒置——从事实到价值的思考［J］．北方法学，2007（4）．

[149] 裴苍龄．构建全面的证明责任体系［J］．法商研究，2007（5）．

[150] 段后省．证明责任、证明标准和证明评价的实践互动与制度协调［J］．南京师大学报，2007（3）．

[151] 奚玮，余茂玉．论民事诉讼中的证明妨碍［J］．河北法学，2007（3）．

[152] 肖建国，谢俊．诉讼时效证明责任分配问题研究［J］．北京科技大学学报，2007（1）．

[153] 许士宦．法律关系之晓谕义务［J］．台北本土法学杂志，2007（9）．

[154] 姜世明．法官阐明制度发展之评估［J］．台北本土法学杂志，2007（11）．

[155] 赵钢．仓促的修订 局部的完善——对《关于修改中华人民

共和国民事诉讼法的决定》的初步解读 [J]. 法学评论，2008（1）.

[156] 许士宦. 法律见解之表明义务 [J]. 台北法学杂志，2008（8）.

[157] 姜世明. 准备程序之失权及其举证责任 [M] //姜世明. 民事证据法实例研习. 台北：新学林出版股份有限公司，2008.

[158] 吴从周. 迟误准备程序期日、不预纳诉讼费用与视为合意停止诉讼程序 [J]. 台北法学杂志，2008（3）.

[159] 吴从周. 再论第二审失权与补充第一审之攻击防御方法 [J]. 台北法学杂志，2008（12）.

[160] 黄国昌. 逾时提出攻击防御方法之失衡制裁：是"效率"还是"公平"[J]. 台大法学论丛，2008（2）.

[161] 陶婷. 文书提出命令的适用范围探讨 [J]. 西南政法大学学报，2008（2）.

[162] 宋晓明，刘竹梅，张雪楳. 最高人民法院关于《审理民事案件适用诉讼时效制度若干问题的规定》的理解与适用 [J]. 人民司法，2008（11）.

[163] 周成泓. 证明责任的本质：事实真伪不明时的裁判方法论——以民事诉讼为分析对象 [J]. 学术论坛，2008（8）.

[164] 毕玉谦. 解读民事证明责任在语义上的表述与基本属性 [J]. 法律适用，2008（7）.

[165] 毕玉谦. 关于主观证明责任的界定与基本范畴研究 [J]. 西南政法大学学报，2008（3）.

[166] 龙云辉，段文波. 略论证明责任与主张责任的相互关系 [J]. 法学评论，2008（3）.

[167] 霍海红. 论证明责任机制的限度 [J]. 当代法学，2008（3）.

[168] 占善刚. 证据协力义务之比较法分析 [J]. 法学研究，2008（5）.

[169] 占善刚. 论民事诉讼中的当事人之文书提出义务 [J]. 求

索，2008（3）.

[170] 占善刚．第三人之文书提出义务初探［J］．华中科技大学学报，2008（3）.

[171] 何家弘．从自然推定到人造推定——关于推定范畴的反思［J］．法学研究，2008（4）.

[172] 周成泓．论民事诉讼中的摸索证明［J］．法律科学，2008（4）.

[173] 王国征．民事证明责任中的罗森贝克规范说述评［J］．山东社会科学，2008（5）.

[174] 胡忠惠．证明责任分配契约探讨［J］．法学论坛，2008（1）.

[175] 许可．要件事实论的实体法基础：证明责任理论［M］//民事程序法研究，2008.

[176] 李浩．民事诉讼法典修改后的"新证据"——《审监解释》对"新证据"界定的可能意义［J］．中国法学，2009（3）.

[177] 李后龙，花玉军，葛文．再审新证据认定和运用的实证分析［J］．人民司法，2009（21）.

[178] 赵耀斌．略论证明责任的法律适用［J］．法学评论，2009（1）.

[179] 夏良田．证明责任分配法理分析［J］．社会科学家，2009（1）.

[180] 潘牧天．民事法律事实与民诉举证责任规则的配置［J］．苏州大学学报，2009（1）.

[181] 常淑静，韩玲．举证责任分配自由裁量规则在民事诉讼中的适用［J］．山东审判，2009（1）.

[182] 段文波．利益裁量与要件规制：美国民事证明责任理论与启示［J］．南京社会科学，2009（3）.

[183] 韩波．论证据收集力强弱与证明责任轻重［J］．证据科学，2009（2）.

[184] 赵耀斌．证明责任适用条件再探讨［J］．岭南学刊，2009（5）.

［185］王合静．论当事人之诉讼促进义务［J］．河北法学，2009
（6）．

［186］王学棉．事实推定：事实认定困境克服之手段［J］．清华法
学，2009（4）．

［187］肖建华，周伟．民事证明责任分配体系刍论［J］．北京科技
大学学报，2009（4）．

［188］张保生．推定是证明过程的中断［J］．法学研究，2009
（5）．

［189］霍海红．证明责任概念的分立论——基于中国语境的考察
［J］．社会科学，2009（6）．

［190］杨晓玲．经度与纬度之争：法官运用"经验法则"推定事
实——以"彭宇案"为逻辑分析起点［J］．中外法学，
2009（6）．

［191］刘辉．民事检察实务中证明责任理论的应用［J］．中国检察
官，2009（5）．

［192］许士宦．集中审理制度之新审理原则［J］．台大法学论丛，
2009（2）．

［193］姜世明．论民事诉讼法失权规定之缓和与逃避［M］//姜
世明．任意诉讼及部分程序争议问题，2009．

［194］姜世明．释明之研究——以其证明度为中心［J］．东吴法律
学报，2009（1）．

［195］黄国昌．限缩争点之拘束与新攻击防御方法之驳回［J］．台
北法学杂志，2009（1）．

［196］吕太郎．民事诉讼阐明之理论及其趋向［M］//吕太郎．民
事诉讼之基本理论，2009．

［197］吴从周．案件迟延之逆袭——从防止"逃避争点简化协议"
与"逃避失权"之角度出发整理与观察相关"最高法院"
判决［J］．台北法学杂志，2009（5）．

［198］牟爱华．论罗马法侵权归责原则及其举证责任［J］．求索，
2010（5）．

［199］张友好．论证明妨碍法律效果之择定——以文书提出妨碍

为例［J］.法律科学，2010（5）.

［200］郑世保.事实推定与证明责任——从"彭宇案"切入［J］.
法律科学，2010（3）.

［201］包冰锋，陶婷.证据收集程序之保障：文书提出命令制度
［J］.南通大学学报，2010（3）.

［202］肖建国.书证的真实性及其举证责任［J］.中国审判，2010
（7）.

［203］叶自强.我国举证责任概念的模糊性问题［J］.证据科学，
2010（6）.

［204］霍海红.证明责任配置裁量权之反思［J］.法学研究，2010
（1）.

［205］刘萍.论民事诉讼当事人之诉讼促进义务［J］.天津大学学
报，2010（1）.

［206］刘哲玮.论美国法上的证明责任——以诉讼程序为视角
［J］.当代法学，2010（3）.

［207］占善刚.证明妨害论——以德国法为中心的考察［J］.中国
法学，2010（3）.

［208］卢佩.民事诉讼证明责任分配规则实证分析［J］.昆明理工
大学学报，2010（2）.

［209］胡学军.法官分配证明责任：一个法学迷思概念的分析
［J］.清华法学，2010（4）.

［210］周翠.侵权责任法体系下的证明责任倒置与减轻规范与德
国法的比较［J］.中外法学，2010（5）.

［211］傅郁林.证明责任的特别规则及其正当性［J］.中外法学，
2010（5）.

［212］褚福民.事实推定的客观存在及其正当性质疑［J］.中外法
学，2010（5）.

［213］毕玉谦.关于创设民事诉讼证明妨碍制度的基本视野［J］.
证据科学，2010（5）.

［214］邵明.侵权证明责任分配释论［J］.人民司法，2010（19）.

［215］吴邦国.形成中国特色社会主义法律体系的重大意义和基

本经验［J］．求是，2011（3）．

［216］赵钢，王杏飞．论民事司法权中的司法规则创制权［J］．中国法学，2011（3）．

［217］褚福民．准法律推定——事实推定与法律推定的中间领域［J］．当代法学，2011（5）．

［218］包冰锋．多元化适用：证明妨碍法律效果的选择路径［J］．现代法学，2011（5）．

［219］毕玉谦．"一强多元"模式下的证明责任学说——以克服"规范说"局限性为重心［J］．政法论坛，2011（2）．

［220］李友根．论产品召回制度的法律责任属性——兼论预防性法律责任的生成［J］．法商研究，2011（6）．

［221］朱孝彦．民事诉讼证明责任与证明标准关系新探［J］．河南科技大学学报，2011（4）．

［222］陈浩．再论民事诉讼证明责任的转移［J］．政法论丛，2011（4）．

［223］包冰锋．民事诉讼证明妨碍制度的法理基础［J］．南通大学学报，2011（2）．

［224］叶自强．举证责任倒置规则的构成要素与适用［J］．河北法学，2011（5）．

［225］李浩．民事诉讼法修订中的举证责任问题［J］．清华法学，2011（3）．

［226］袁小荣．举证责任倒置在环境侵权诉讼中的适用［J］．人民司法，2011（20）．

［227］杜承秀．论民事诉讼证明责任判决制度及其适用［J］．学术论坛，2012（1）．

［228］胡学军．从"抽象证明责任"到"具体举证责任"——德、日民事证据法研究的实践转向及其对我国的启示［J］．法学家，2012（2）．

［229］包建华．论我国"证明责任倒置"规则［J］．东北大学学报，2012（6）．

［230］韩静茹．民事诉讼证明妨碍问题之反思——理论、实践及

制度优化语境下的思考 [J]. 时代法学，2012 (6).

[231] 张家骥. 侵权责任法中的举证责任倒置问题——以权利保障方式的不同为分析视角 [J]. 中国政法大学学报，2012 (2).

[232] 张海燕. 推定：事实真伪不明困境克服之优位选择 [J]. 山东大学学报，2012 (2).

[233] 赵信会，韩清. 民事诉讼证明妨碍制度的构建——以协同主义理论为视角 [J]. 河北法学，2012 (9).

[234] 郑春笋，李文桥，张吉来. 鉴定不能时的证明责任分析 [J]. 山东审判，2013 (6).

[235] 包冰锋. 实体与程序之调和：证明妨碍的客观要件探究 [J]. 证据科学，2013 (6).

[236] 胡学军. 具体举证责任视角下举证妨碍理论与制度的重构 [J]. 证据科学，2013 (6).

[237] 孙远. 论事实推定 [J]. 证据科学，2013 (6).

[238] 白迎春. 严格区分"证明责任"与"提供证据的责任" [J]. 前沿，2013 (16).

[239] 石达理，朱亚滨. 自由心证适用问题研究——以自由心证与证明责任关系为视角 [J]. 河南社会科学，2013 (8).

[240] 李美燕. 论证明责任的阶段性 [J]. 北京航空航天大学学报，2013 (4).

[241] 谭嘉臻. 论举证责任倒置制度的适用范围 [J]. 宁夏大学学报，2013 (3).

[242] 胡学军. 举证妨碍救济制度的重构 [J]. 甘肃政法学院学报，2013 (3).

[243] 胡学军. 从"证明责任分配"到"证明责任减轻"——论证明责任理论的现代发展趋势 [J]. 南昌大学学报，2013 (2).

[244] 魏庆玉. 摸索证明论 [J]. 当代法学，2013 (2).

[245] 韩艳. 我国民事证明责任分配的理性重构——事实真伪不明时法官的抉择 [J]. 法治研究，2013 (9).

［246］于鹏. 民事诉讼证明妨碍救济与制裁比较研究［J］. 法律适用，2013（12）.

［247］吴如巧. 摸索证明与民事诉讼证据收集开示的协作［J］. 西南政法大学学报，2013（6）.

［248］赵信会. 论证明妨碍救济措施之创设——以对英美法律制度的分析为参照［J］. 证据科学，2014（3）.

［249］刘鹏飞. 修正辩论主义与武器平等的证明责任［J］. 证据科学，2014（6）.

［250］付奇艺. 证明责任与举证责任的辨析［J］. 温州大学学报，2014（6）.

［251］胡学军. 表见证明理论批判［J］. 法律科学，2014（4）.

［252］谢文哲，宋春龙. 论主观证明责任的独立品格［J］. 天津法学，2014（2）.

［253］吐火加，包建华，陈宝贵. 论证据调查与证明责任的关系［J］. 法律适用，2014（5）.

［254］胡学军. 拥抱抑或拒斥：摸索证明论的中国境遇［J］. 东方法学，2014（5）.

［255］王国征. 证明责任应为一般侵权责任与特殊侵权责任的划分标准［J］. 齐鲁学刊，2014（1）.

［256］王亚新. 民事诉讼中的举证责任［J］. 证据科学，2014（1）.

［257］郑春笋，李文桥，张吉来. 鉴定不能时的证明责任该如何分配［J］. 中国审判，2014（1）.

［258］韩艳. 我国民事证明责任分配规则之正本清源——以"规范说"为理论基础［J］. 政治与法律，2014（1）.

［259］周翠. 从事实推定走向表见证明［J］. 现代法学，2014（6）.

［260］张海燕. 推定在书证真实性判断中的适用——以部分大陆法系国家和地区立法为借鉴［J］. 环球法律评论，2015（4）.

［261］赵信会. 美国证明妨碍推定的理论与实践［J］. 证据科学，

2015 （4）.

[262] 刘广林. 证明责任分配之基础：诉讼主张的识别 [J]. 西南民族大学学报，2015 （10）.

[263] 王雷. 我国民法典中证据规范的配置——以证明责任规范为中心 [J]. 法商研究，2015 （5）.

[264] 袁中华. 证明责任分配的一般原则及其适用——民事诉讼法司法解释第 91 条之述评 [J]. 法律适用，2015 （8）.

[265] 白迎春. 证明责任内涵的重新定位 [J]. 河北法学，2015 （6）.

[266] 吴伟华. 文书提出命令制度司法适用研究 [J]. 河北学刊，2015 （6）.

[267] 周成泓. 证明责任：徘徊在行为责任与结果责任之间——以民事诉讼为视角 [J]. 河南财经政法大学学报，2015 （1）.

[268] 陈召坤. 举证责任转换若干规则的归纳与应用 [J]. 山东审判，2015 （5）.

[269] 庞小菊，徐英倩. 不负证明责任当事人的事案解明义务 [J]. 国家检察官学院学报，2015 （3）.

[270] 李云波. 侵权方就排除因果关系举证不充分应承担民事责任 [J]. 人民司法，2015 （10）.

[271] 陈贤贵，林志杰. 论不负举证责任一方当事人的事案解明义务 [J]. 河南财经政法大学学报，2015 （6）.

[272] 马龙. 论德国民事诉讼中的证明妨碍制度——以德国联邦法院的判例为考察对象 [J]. 证据科学，2015 （6）.

[273] 陈磊. 不负证明责任当事人之事案解明义务研究 [J]. 学术论坛，2016 （7）.

[274] 袁琳. 证明责任视角下的抗辩与否认界别 [J]. 现代法学，2016 （6）.

[275] 许尚豪. 证明责任理论的证据语境批判 [J]. 政治与法律，2016 （11）.

[276] 潘剑锋. 民事证明责任论纲——对民事证明责任基本问题

的认识 [J]. 政治与法律, 2016 (11).

[277] 王刚. "两维度"证明责任分配标准的运用 [J]. 人民司法, 2016 (28).

[278] 陈磊. 不负证明责任当事人之事案解明义务研究 [J]. 学术论坛, 2016 (7).

[279] 胡东海. 民事证明责任分配的实质性原则 [J]. 中国法学, 2016 (4).

[280] 胡学军. 我国民事证明责任分配理论重述 [J]. 法学, 2016 (5).

[281] 李昌盛. 积极抗辩事由的证明责任: 误解与澄清 [J]. 法学研究, 2016 (2).

[282] 丁朋超. 民事诉讼中的摸索证明论 [J]. 大连理工大学学报, 2016 (2).

[283] 赵小军. 我国民事诉讼中举证责任分配契约研究 [J]. 证据科学, 2016 (6).

[284] 胡学军. 证明责任"规范说"理论重述 [J]. 法学家, 2017 (1).

[285] 许士宦. 起诉前之证据保全 [J]. 台大法学论丛 32 卷 (6).

[286] 许士宦. 起诉前证据保全之机能 [J]. 月旦法学教室 (1).

[287] 骆永家. 新种证据之证据调查 [J]. 月旦法学杂志 (11).

[288] 沈冠伶. 证据保全制度——从扩大制度机能之观点谈起 [J]. 月旦法学杂志, 76.

[289] 刘玉中. 证据保全之认知与运用 [J]. 玄奘法律学报, 2.

[290] 林钰雄. 德国证据禁止论之发展与特色 [J]. 律师杂志, 232.

[291] [英] 欧文勋爵. 向民事司法制度中的弊端开战 [J]. 蒋惠岭译. 人民司法, 1999 (1).

[292] [英]Cooper. *The Common Law and the Civil Law—A Scot's View* [J]. Harvard Law Review. Vol 63. 1950.

[293] [德] 迪特尔·莱波尔德. 当事人的诉讼促进义务与法官的责任 [M] // [德] 米夏埃尔·施蒂尔纳. 德国民事诉讼

法学文萃. 赵秀举译. 北京：中国政法大学出版社，2005.

[294] ［德］马克斯·福尔考默. 在民事诉讼中引入听审责问载 [M]//［德］米夏埃尔·施蒂尔纳. 德国民事诉讼法学文萃. 赵秀举译. 北京：中国政法大学出版社，2005.

[295] ［德］布鲁诺·里梅尔施帕赫尔. 控诉审中的事实和证据手段 [M]//［德］米夏埃尔·施蒂尔纳. 德国民事诉讼法学文萃. 赵秀举译. 北京：中国政法大学出版社，2005.

[296] ［日］营野耕毅. 诚实信用原则与禁止权力滥用法理的功能 [J]. 傅静坤译. 外国法译丛，1995（2）.

[297] ［日］石渡哲. 民事訴訟法における時機に後れた攻撃防禦方法の失権の根拠 [J]. 法学研究〔慶応義塾大学〕，1995（12）.

[298] ［日］伊东俊明. 不知陈述的规则（二）[J]. 民商法杂志，1998（6）.

[299] ［日］松原弘信. 当事人对立主义论 [J]. 熊本大学法学，1999（1）.

[300] ［日］伊东俊明. 证明责任的分配与当事人的事案解明义务 [J]. 商学研究，2001（2）.

[301] ［日］高桥宏志. 证据调べについて（十二）[J]. 法学教室，2002（1）.

[302] ［日］奥田隆艾. 司法研修所教育及对法学教育的期望 [J]. 丁相顺译. 法律适用，2002（6）.

[303] ［日］吉田大助. E-ディスカバリーに関する米国連邦民事訴訟規則の改正 [J]. 国際商事法務，2006（11）.

[304] ［日］安井英俊. 案件解明义务的法律依据与适用范围 [J]. 同志社法学，2006（7）.

[305] ［日］金子宏直. E-DISCOVERYと米国裁判所によるサンクションの問題 [M]//法と経済学学会第7回全国大会文集. 2009.